# 功勋

## "共和国勋章"获得者故事

任初轩 编

人民日报出版社
北京

## 图书在版编目（CIP）数据

功勋："共和国勋章"获得者故事 / 任初轩编. —— 北京：人民日报出版社，2024.10. —— ISBN 978-7-5115-8327-7

Ⅰ. K820.7

中国国家版本馆 CIP 数据核字第 2024SD5167 号

| | |
|---|---|
| 书　　名： | 功勋："共和国勋章"获得者故事 |
| | GONGXUN: "GONGHEGUO XUNZHANG" HUODEZHE GUSHI |
| 编　　者： | 任初轩 |
| 出 版 人： | 刘华新 |
| 策 划 人： | 欧阳辉 |
| 责任编辑： | 寇　诏　杨冬絮 |
| 版式设计： | 九章文化 |
| 出版发行： | 人民日报出版社 |
| 社　　址： | 北京金台西路 2 号 |
| 邮政编码： | 100733 |
| 发行热线： | （010）65369509　65369527　65369846　65369512 |
| 邮购热线： | （010）65369530　65363527 |
| 编辑热线： | （010）65363105 |
| 网　　址： | www.peopledailypress.com |
| 经　　销： | 新华书店 |
| 印　　刷： | 大厂回族自治县彩虹印刷有限公司 |
| 法律顾问： | 北京科宇律师事务所　（010）83622312 |
| 开　　本： | 710mm×1000mm　1/16 |
| 字　　数： | 336 千字 |
| 印　　张： | 19.25 |
| 版次印次： | 2024 年 10 月第 1 版　2024 年 10 月第 1 次印刷 |
| 书　　号： | ISBN 978-7-5115-8327-7 |
| 定　　价： | 68.00 元 |

# 致敬"共和国勋章"获得者

# 致敬功勋模范　弘扬英雄精神

### 本报评论员

　　国家勋章和国家荣誉称号是国家最高荣誉。十四届全国人大常委会第十一次会议经表决，通过了全国人大常委会关于在中华人民共和国成立七十五周年之际授予国家勋章和国家荣誉称号的决定。国家主席习近平签署主席令授予王永志等4人"共和国勋章"，授予迪尔玛·罗塞芙"友谊勋章"，授予王小谟等10人国家荣誉称号。

　　庆祝中华人民共和国成立75周年是党和国家政治生活中的一件大事，颁授国家勋章和国家荣誉称号是系列庆祝活动的重要组成部分。以最高规格褒奖为中华人民共和国建设和发展作出杰出贡献的功勋模范人物，必将进一步激发全国各族人民建设富强民主文明和谐美丽的社会主义现代化国家的积极性，为以中国式现代化全面推进强国建设、民族复兴伟业而团结奋斗；进一步激励更多国际友人参与我国社会主义现代化建设，为促进中外交流合作、维护世界和平、构建人类命运共同体作出新的更大贡献。

　　崇功颂德，勋功有章。功勋荣誉表彰是重要的国家制度。党的十八大以来，以习近平同志为核心的党中央从实现中华民族伟大复兴中国梦的战略高度出发，建立健全中国特色功勋荣誉表彰制度体系，代表党内、国家、军队最高荣誉的"五章"全部颁齐，多层级多类别多领域的功勋荣誉表彰体系日益丰富完备，功勋荣誉表彰精神引领、典型示范作用充分发挥，推动形成新时代英雄辈出的良好局面。

　　开展国家勋章和国家荣誉称号颁授活动，向全社会发出了关心英雄、珍爱英雄、尊崇英雄的强烈信号，有利于在全社会推动形成见贤思齐、崇尚英雄、争做先锋的良好氛围，为新时代新征程党和国家事业发展进一步凝心聚

I

力。这次评选颁授，丰富了新时代功勋荣誉表彰制度实践，对于强化国家尊崇和民族记忆、弘扬民族精神和时代精神、激发推进中国式现代化的精神力量，具有重大而深远的意义。

英雄是民族最闪亮的坐标。75年来，全国各族人民在党的坚强领导下，热情投身社会主义革命、建设、改革事业，顽强拼搏、不懈奋斗，涌现出无数感天动地的英雄模范。他们用智慧和汗水、甚至鲜血和生命，为国家富强、民族振兴、人民幸福书写了可歌可泣的壮丽篇章。参与制定中国载人航天发展蓝图的航天技术专家王永志，为保家卫国浴血奋战的战斗英雄黄宗德，屡次刷新集装箱装卸世界纪录的产业工人许振超，坚守为贫困地区人民服务50年承诺的"窑洞医生"路生梅……此次获得"共和国勋章"和国家荣誉称号的功勋模范人物，是千千万万为党和人民事业作出贡献的杰出人士的代表。他们身上生动体现了中华民族精神和社会主义核心价值观，他们的事迹和贡献将永远写在共和国史册上。

习近平总书记强调："崇尚英雄才会产生英雄，争做英雄才能英雄辈出。"75年非凡历程中闪耀着的一个个响亮名字、一段段感人故事，激励中华儿女弘扬忠诚、执着、朴实的鲜明品格，把个人的理想追求融入党和国家事业之中。新征程上，完成中心任务、实现战略目标，需要英雄，需要英雄精神。以功勋模范人物为榜样，将英雄精神内化于心、外化于行，像英雄模范那样坚守、像英雄模范那样奋斗，一定能共同谱写新时代人民共和国的壮丽凯歌，开辟中国式现代化更加广阔的前景。

《人民日报》（2024年9月14日5版）

# 目录 Contents

## 王永志　我国载人航天工程的开创者之一

飞天逐梦赤子心 / 3

使命高于一切 / 5

中国飞船 / 7

"星"光因梦想闪耀 / 22

## 王振义　著名血液学专家

潜心科研护健康 / 27

教癌细胞改邪归正 / 29

为科学服务　为人民服务 / 33

"上海方案"惠苍生 / 37

功勋："共和国勋章"获得者故事

## 李振声　著名遗传学家、小麦育种学家

扎根麦田助增产 / 47

惟愿天下仓廪实 / 49

小麦人生 / 51

大国粮仓的"科技脊梁" / 56

## 黄宗德　保家卫国不怕牺牲的战斗英雄

战斗英雄许党报国 / 63

英勇战斗　以身许国 / 65

亲爱的战友，今日的中国如你所愿 / 69

## 于　敏　一个曾经绝密28年的名字

一个曾经绝密28年的名字 / 73

九十三岁的"两弹一星功勋奖章"得主于敏走了 / 76

于敏：惊天事业，沉默人生 / 79

# 目 录

沉默是金 / 84

于敏：愿将一生献宏谋 / 88

## 申纪兰　处处以身作则　事事为了人民

处处以身作则　事事为了人民 / 99

人民代表申纪兰 / 102

人民日报记者眼中的申纪兰 / 111

癌症晚期仍赴京开会，去世前对县委书记留下重托 / 114

哪里有困难就应该到哪里去 / 120

## 孙家栋　一辈子与卫星打交道的航天大总师

一辈子与卫星打交道的航天大总师 / 125

航天赤子孙家栋 / 128

家国有栋梁　星辉耀东方 / 138

孙家栋：干航天，一辈子也不会累 / 143

## 李延年　荣誉属于所有烈士

荣誉属于所有烈士 / 151

闪亮赤子心 / 154

李延年：从小猪倌到战斗英雄 / 159

专访抗美援朝作战"一级英雄"李延年 / 162

我把自己的一切交给祖国 / 168

## 张富清　紧跟党走，做党的好战士

紧跟党走，做党的好战士 / 173

初心如炬 / 177

95岁高龄拿到"共和国勋章"，他却在镜头面前痛哭：功劳最大的不是我！ / 189

我要为党为人民奋斗一生 / 195

## 袁隆平　把对祖国的热忱结成饱满的稻穗

把对祖国的热忱结成饱满的稻穗 / 199

袁隆平，半世纪的盛名与争议 / 202

# 目录

超级稻造福人类 / 208

袁隆平家风：质朴与执着一脉相承 / 215

## 黄旭华　终生报国不言悔

终生报国不言悔 / 221

痴心不改强国梦 / 225

试问大海碧波，何谓以身许国 / 230

党的决定我从来没有含糊过 / 238

## 屠呦呦　与青蒿结缘 用中医药造福世界

与青蒿结缘 用中医药造福世界 / 243

没评上院士的屠呦呦，却拿了这个世纪大奖！比肩居里夫人、爱因斯坦，秒赞！ / 246

屠呦呦，非常诺奖之路 / 252

屠呦呦：一生倾情青蒿素 / 261

我要把青蒿素"做透" / 267

让中医造福全人类 / 269

## 钟南山 大医精诚写大爱

大医精诚写大爱 / 279

敢医敢言，生命至上 / 283

钟南山成长记 / 287

现实版"一门三进士"！钟南山不惜生命做逆行者，原来是传承了这样的好家风！/ 291

# 王永志

## ——我国载人航天工程的开创者之一

参与我国第一代、第二代战略火箭的研制工作，主持完成"长征"二号E大推力捆绑火箭研制任务，为首次载人航天飞行圆满成功、实现载人航天的历史性突破，作出巨大贡献。

## 王永志

王永志，男，汉族，中共党员，1932年11月生，2024年6月去世，辽宁昌图人，原总装备部921工程总设计师，中国工程院院士，第十一届全国政协委员。他是我国载人航天工程的开创者之一，主持我国多型号导弹研制、火箭研发和参与制定中国载人航天发展蓝图，为国防现代化建设和载人航天事业作出杰出贡献。荣获"载人航天功勋科学家"荣誉称号，国家最高科学技术奖、国家科学技术进步奖特等奖和"全国优秀共产党员"等称号。

王永志　我国载人航天工程的开创者之一

## 飞天逐梦赤子心

作为我国"两弹一星"工程重要技术骨干、第二代远程战略导弹技术带头人、载人航天工程的开创者之一，参加和主持了6个导弹型号、4个火箭型号和神舟系列飞船设计研制；荣获国家最高科学技术奖、国家科学技术进步奖特等奖，被中央军委授予"载人航天功勋科学家"荣誉称号……他就是中国载人航天工程首任总设计师、中国工程院院士王永志。

王永志生前曾说，他一生干了三件大事——参与完成"研制战略导弹、研发运载火箭、送中国人上太空并筹建'天宫'"。这三件事他一干就是一辈子，为国防现代化建设和载人航天事业作出杰出贡献。9月13日，他被授予"共和国勋章"。

1964年6月，王永志第一次走进大漠。此时的他正担任中近程火箭总体设计组组长，参加我国自行设计的第一枚中近程导弹"东风二号"的发射任务。

因天气炎热，火箭推进剂在高温下膨胀，燃料储箱内不能加注足量的燃料，致使导弹射程不够。在场专家十分焦急，想尽办法添加推进剂。

经过反复思考、严密计算，王永志却"反其道而行之"，提出可以把燃料泄出来一部分，减少自身重量后就可以实现预计目标了。

"本来火箭射程就不够，还要往外泄燃料？"在场专家有不同意见。

情急之下，王永志鼓起勇气敲开了发射现场技术总负责人钱学森的房门，充分交流后，钱学森肯定了王永志的方案。

1964年6月29日，"东风二号"导弹发射成功，标志着中国导弹事业走上了自主研制的道路。王永志也在不断历练中，成长为我国新一代远程战略导弹技术的领军人物。

打破常规的创新精神始终贯穿于王永志的科研工作中。"要想有创新，首先自己心里要有底，同时也要有勇气。这种勇气是出于事业心和责任感。"他说，"国家的需要就是我们的理想和志愿。"

1992年，王永志被任命为中国载人航天工程的总设计师。他带领团队开拓进取，取得一系列创新成果。经过不懈攻关，神舟飞船开始了迈向太空的征程。

王永志与航天人一道，满怀信心地迎来中国首次载人飞行。2003年10月16日，中国航天员杨利伟乘坐神舟五号载人飞船，在太空运行14圈，顺利完成各项预定操作任务后，安全返回主着陆场，首次载人航天飞行圆满成功。"这11年我们完全是埋头苦干，付出了很大的努力。"王永志说，中华民族千年的飞天梦想实现了。

特别能吃苦、特别能战斗、特别能攻关、特别能奉献，王永志始终保持忘我的工作状态。

神舟四号飞船发射前他突发急性胰腺炎，在院治疗期间仍电话远程指挥；2007年，他已75岁高龄，被任命为国家科技重大专项载人空间站工程实施方案编制组组长，对众多重大关键技术问题进行多次论证；在载人航天工程空间站核心舱发射的关键时期，他突发心脏病入院手术，急救刚结束就让工作人员把材料带到病床旁边，为前方提供咨询建议……直接从事导弹火箭研制30年、载人航天工程24年，退休后也没有离开科研战线。

2010年，为表彰王永志在中国载人航天事业中作出的突出贡献，经国际天文学联合会批准，第46669号小行星被永久命名为"王永志星"。

飞天逐梦赤子心。王永志的崇高品德、科学精神和突出成就，将永远闪耀在浩瀚苍穹。

《人民日报》（2024年9月16日4版，记者：金正波）

## 使命高于一切

"这是全体航天人的荣誉,我是代表他们来领这个奖。"面对祖国给予科技工作者的最高荣誉,年过七旬,操着浓重东北口音的王永志说出了自己的心里话。"这些年来我一直处于很兴奋的状态。使命高于一切,载人航天是一项历史使命,党中央、全国人民都寄予了重托。"王永志强调说,"载人航天工程是千军万马的事情,不是几个人能够干得了的,我个人也就起到一部分作用。"

"实际上,我的一生我自己选择的机会并不多,基本上都是党和国家给安排的。"王永志对记者说。但是在半个世纪前,王永志自己作出了人生最大的一次选择。

"我从小生活在农村,特别喜欢生物,想搞物种改良,现在说就是生命科学,但正赶上抗美援朝。"王永志回忆说,"当时就想,只想改良物种是不行的,有国无防是不行的,得有强大的国防,叫别人不敢欺负。"抱着"不让人欺负"的目标,王永志考入了清华大学航空系。1957年,王永志迎来人生的一大转折,他经常称之为"难忘的1957":这一年,他在莫斯科航空学院改学火箭导弹设计,从此,王永志的命运与中国航天紧紧相连。半个多世纪里,他先后领导和主持过多种新型运载火箭的研制,亲手创造了中国航天一次次创举。1992年,花甲之年的王永志接受了人生最大的一次挑战——担任载人航天工程总设计师。

"载人航天是当今世界非常'坐得住'的高技术领域,它被看作是一个国家综合实力的体现。"王永志说。但是,作为载人航天的领军人物,王永志感受最多的是压力:"因为这是搞载人航天,上头有人,怎么能确保它安全地返回,是非常关键的。另外,我国是在俄罗斯、美国已经搞了40年之后搞飞船,要搞一个什么样的飞船才能满足中国人民的愿望?怎么才能显示中国的综合实力?才能不使中国人感到失望?"

"因此，在拟制整个飞船工程方案的时候有一条要求：在确保安全可靠的前提下，从总体上体现中国特色和技术进步。"王永志说，"中国的飞船一上天，就要和国外搞了40年的飞船比翼齐飞，不相上下。"事实给了这句话最好的注解。

"认准了的事情，王永志就一定要干到底。"王永志的同事这样评价他。

20世纪80年代中期，国际发射市场出现运力短缺，为将中国的火箭打入国际发射市场，时任中国运载火箭研究院院长的王永志和他的同事们筹划着一个大胆的方案——以"长征"二号火箭为基础，研制大推力捆绑式火箭。1988年11月，在决策的关键时刻，王永志代表火箭研究院立下了"军令状"：一旦决定研制保证在规定的时间内将火箭竖立在发射台上。同年12月，国务院批准了这项任务，此时距离"规定的时间"仅有18个月。一些外国同行都认为他"疯"了，在他们看来，"没有3年是不可能完成的"。"成功"替王永志作出了最好的回答。1990年7月16日，"长二捆"火箭首飞获得成功。"长二捆"的研制成功，将原来的"长征"二号火箭的运载能力提高了近两倍，不仅加强了中国运载火箭在国际商业市场上的竞争力，也为今后载人航天工程奠定了坚实的基础。"这是怎样的18个月啊"，人们形容王永志和他的同事是"没了亲戚，没了朋友，什么都顾不上了"。18个月时间，仅设计出来的图纸就有44万张，设计人员平均一人一天要画17张。从立下"军令状"到火箭冲上九霄，王永志的体重整整减了11斤。

"我觉得这些年来我是非常投入的。国家在飞速发展，只要你努力，做一个有准备的人，机遇总是有的。"王永志说，很多机遇自己都"碰"上了，"但是这些机遇的获得并不完全取决于我个人的条件，很重要的一个，是我个人的愿望和国家的发展、国家的利益是一致的，所以它才总能实现。"

"'神舟'五号的成功，这是一个伟大的壮举。但是我想，更伟大的事情还在后头，宇宙是无边无际的，探索宇宙和利用宇宙空间也是无穷无尽的。"王永志说，"我已经过了70了，如果我是50岁就好了。但是，我很欣慰的是，通过搞了20多年的航天工作，我们一批年轻的航天人才已经起来了，他们完全有能力把这个事业推向更高的水平。"

《人民日报》（2004年2月21日5版，作者：廖文根）

# 中国飞船

## 中国载人航天工程总设计师王永志访谈录

总装备部副政委、中国作家协会会员朱增泉对中国载人航天工程总设计师王永志进行了访谈，请他就一些人们所关注的问题发表了见解。下面是这次访谈的实录。（朱增泉简称"朱"，总设计师王永志简称"王总"）

### 大思路是跨越式发展

**朱：** 王总，中国载人航天"首飞"获得圆满成功，举国欢庆，举世瞩目。你作为总设计师，我想请你谈一个问题：我国载人航天工程有什么主要特点？有哪些中国特色？为什么要请你谈谈这个问题呢，因为国外有的舆论认为，中国载人飞船"基本上是在模仿美国和俄罗斯的设计"，是这样吗？

**王总：** 好吧。我理解你的意思。我首先说明两点：第一，中国载人航天工程是一个庞大的系统工程，它完全是依靠我国自己的力量独立自主完成的。第二，我们搞载人航天工程是一个很大的队伍，大家都付出了艰辛劳动，许多人都作出了很大贡献，不是我一个人的功劳。

**朱：** 王总豁达大度。

**王总：** 下面谈正题。关于中国载人航天工程的一些特点，可以从我参与这个工程的论证决策过程说起。1992年1月8日中央专委会议上，明确了一个前提：中国载人航天以飞船起步。1月17日，指定我为中国载人飞船工程技术经济可行性论证组组长。1992年9月21日工程立项后，正式任命了4位工程负责人：总指挥丁衡高，副总指挥沈荣骏、刘纪元，我是工程总设计师。从那时起，我一直是中国载人航天工程的技术负责人，对中国载人航天工程的许多独创性，我有切身体会。

朱：中国载人航天以飞船起步，是不是相对航天飞机而言？

王总：是的。中国载人航天工程的起点究竟定在哪里？一种意见是从飞船起步；另一种意见认为，能不能把起点再抬得高一点？最后中央批准，根据中国国情，还是以飞船起步更为合适。但是，以飞船起步，也面临一个40年差距问题。我们1992年开始论证的时候，预计经过10年努力奋斗，到2002年我们的飞船可以上天。但是，到2002年的时候，苏联第一位宇航员加加林上天已经41年了，美国宇航员也上天40年了。当时就考虑一个问题，如果我们再去搞一艘和俄罗斯40年前同样水平的飞船，它能极大地增强我国人民的民族自豪感吗？

朱：你们这些中国航天科学家们恐怕也不甘心啊。

王总：可不是嘛！加加林40年前就上天了，全世界都轰动。如果我们40年后再搞出一个同加加林乘坐的飞船差不多水平的东西，我们还能有激情吗？

朱：你这句话就充满了激情，充满了爱国主义的激情。

王总：这样，我们就给自己出了一个难题：怎样才能有所跨越，有所创新？怎样才能在人家的飞船上天40年之后，我们搞出一个飞船来还能让中国人民感到自豪，还能壮了国威、振了民心？这对我是一个挺大的压力。当时，行政领导小组在研究这个问题，我们技术线也在思考这个问题。

朱：这是你们当年在论证决策过程中遇到的第一个重大问题。

王总：经过几次讨论，最后归纳起来，我们对中国载人航天工程提出的总体要求是：必须在确保安全可靠的前提下，在总体上体现出中国特色，体现出比苏联和美国早期飞船的技术进步。中国特色必须体现在总体上，不是体现在某个局部上。如果体现在某个局部上，如体现在计算机进步上，这个比较容易做到。

朱：今天的计算机水平肯定比加加林时代高得多。

**王总**：我们要的是在总体上体现出中国特色，体现出技术进步。我们的大思路是要跨越式发展。1992年9月21日党中央做出了重大决策：我国载人航天工程分三步走：第一步，发射两艘无人飞船和一艘载人飞船，建立初步配套的试验性载人飞船工程，开展空间应用研究。第二步，在第一艘载人飞船发射成功后，突破载人飞船和空间飞行器的交会对接技术，发射一个空间实验室，解决有一定规模的、短期有人照料的空间应用问题。第三步，建造20吨级的空间站，解决有较大规模的、长期有人照料的空间应用问题。党中央那次重要会议后，第一步工程正式立项，简称"921工程"。它要完成四项基本任务：一是突破载人航天基本技术；二是进行空间对地观测、空间科学及技术研究；三是提供初期的天地往返运输工具；四是为空间站工程大系统积累经验。

**朱**：你的思路都是从宏观上考虑问题，这就是总设计师的工作特点吧？

**王总笑道**：在我这个层次上，必须首先从宏观上理清思路，确立前进目标。如果我天天去编软件，那我就失职了。编软件不是我总设计师的职责，我要从宏观上解决比这更重大的事情。跨越式发展这篇文章靠谁去做呢？首先要靠制订方案的人。我是论证组的组长，后来又担任工程的总设计师，这个责任对我来说是义不容辞的。各大系统的主要技术方案我得提出来；或者由别人提出来，我得综合，把它肯定下来。我是管总体的，中国特色要从总体上去把握、去体现。这是我主持这个大工程的重大责任，也是一种很大的压力。脑子里一直在考虑，怎样才能在人家的飞船上天40年之后，我们做出一个飞船来还能振奋人心呢？不能让人家说："啊唷，这不是苏联的那个飞船嘛，搞出那么个玩意儿啊？"如果在我的主持下，国家花了这么多钱，结果搞出那么个玩意儿来，不是让人泄气吗？在这一点上，整个设计队伍都有压力。

**朱**：今天回过头去看，这样的压力反过来变成了追赶和超越的动力。

**王总**：是的，我们就是要跨越式地发展，要搞出新意来。我作为搞顶层设计的人，责任更大，压力也挺大。我们能搞出一些什么样的中国特色呢？当时确定的目标是：我们起步虽晚，但起点要高。我们要跨越式地发展，迎头赶超。我们必须达到这样一个目的：我们的飞船一面世，就要和人家搞了

40年的飞船基本上处在同一个档次，能够和它并驾齐驱，一步到位，甚至某些局部还可能有所赶超。

**朱**：这就叫雄心壮志。看来，没有这种豪情，没有这种雄心壮志，就别想搞出中国飞船来。

### 跨越从追赶开始

**王总**：拿谁作为赶超目标呢？在世界上，近地轨道载人飞船搞得最好的是俄罗斯。从苏联开始，到去年为止，俄罗斯飞船已经载人飞行92次，现在可能已经达到百次了。再加上它的运货飞船，飞行次数就更多了。俄罗斯飞船的性能最可靠，使用时间最长，使用效果最好。美国的飞船只用几次就不用了，完成试验任务以后再没有用过。直到今天，越看越觉得俄罗斯的飞船有它的优越性。所以，我们就拿它作为赶超目标。

**朱**：俄罗斯飞船从苏联搞到现在，是第几代了？

**王总**：苏联的第一代飞船是加加林上天用的"东方"号，第二代是列昂诺夫出舱活动用的"上升"号，第三代是"联盟"号。后来"联盟"号又经过了两次改进，这就是"联盟—T"和"联盟—TM"。它经过了三代加两种改进型，相当于第五代飞船了。应该说，俄罗斯的飞船技术是越来越完善、越来越成熟、越来越先进了。

**朱**：我们赶超的是俄罗斯第几代飞船？

**王总**：我们在1992年论证的时候，瞄准的赶超目标就是当时最先进的俄罗斯"联盟—TM"飞船，这是俄罗斯第三代飞船的第二种改进型，相当于第五代飞船，当时它是世界上最先进的飞船。要知道，俄罗斯是搞了30多年，对飞船技术不断改进和完善，才走到"联盟—TM"这一步的。我们把"联盟—TM"作为赶超目标，力争一步到位，赶上它的先进水平。

**朱**："联盟—TM"有什么主要技术特点呢？

**王总**：第一，它是三座飞船，一次可以上3个人。第二，它是三舱飞船，有三个舱段。它同加加林上天用的"东方"号和列昂诺夫出舱活动用的"上升"号相比，除了推进舱、返回舱外，又多了一个生活舱，航天员在太空的舒适性大大提高。飞船入轨以后，航天员可以解开身上的各种束缚带，到生活舱里去自由活动。此前的飞船，航天员只能在狭小的返回舱里待着，舒适性不行。后来贯彻以人为本的设计思想，多了一个生活舱，使航天员在太空有了一定活动空间，可以把腰伸直了，可以活动了，这是"联盟—TM"的一大特点。第三，它功能齐全，技术先进。在"联盟—TM"生活舱前头，有一个对接机构，可以和空间站对接。也就是说，它可以往返于地面和太空之间，成为天地间的运输工具，用它来回运人、运东西，为空间站接送宇航员，运送补给物资。如果没有这样完善的天地往返系统，空间站就没有支撑了。"联盟—TM"的这些先进功能一直用到今天。第四，从"联盟"号开始增加了逃逸塔，有了救生工具。过去加加林坐的"东方"号和列昂诺夫出舱用的"上升"号都没有逃逸塔，没有救生工具，一旦出了事就毫无办法。当时只有低空弹射座椅，它只有在低空马赫数很低的情况下才有用，马赫数高到一定程度，人一弹出来马上会丧命，所以它实际上不能救生。"联盟"号增加了逃逸塔，在待发段、低空、高空，一旦出事，它都可以救人了。"联盟"号出过两次事，都把人救出来了，显示了它技术上的先进性。总之，"联盟—TM"功能齐全、系统完善、技术先进、性能可靠。所以，我们就瞄准它来干，争取一步到位，这就是在总体设计上体现出来的跨越式发展。

**朱：**人家搞了40年才达到的水平，我们一步追赶到位，是非常了不起的跨越。

**王总：**我们的飞船一起步就搞三舱方案，刚开始我们内部也有不同意见。有人曾觉得三舱不如两舱简单、保险，因为两舱好做，加上第三舱就复杂多了。当时要统一大家思想还挺难。

**朱：**看来你是主张迎难而上的。

**王总：**由我主持向中央专委写的论证报告就是三舱方案。可是，方案复审过程中，意见不一致，天天吵啊，老是定不下来。这怎么办呢，我心里挺着急。最后航天部领导决定成立一个五人专家小组，把决定权交给了五人小组，说是"他们定啥就是啥"。

**朱**：集中了航天界的五位权威吗？

**王总**：是啊。组长是任新民老总，因为他是可行性论证的评审组组长。大家经过一段准备，任老总主持五人小组开会讨论，让大家表态。结果，四位组员的意见是两票对两票，二比二。这怎么办呢，任老总就很难表态啦，就说："这事今天就到这里，再等等。"就这样放下了。后来任老总也不开会了，在会外投了我一票，同意搞三舱方案，支持了我一把，我挺感激他的。

**朱**：好事多磨啊！

**王总**：最后确定搞三舱方案，我是挺高兴的。所以说，要赶超三四十年差距，要想一步到位，也不是很容易的事。当然，搞工程嘛，不能说谁的思路一定比谁的思路好，多种途径都可以达到目的，并不是只有一条路子可走。问题是侧重什么，选择什么。

**朱**：你刚才谈到，三舱方案是俄罗斯"联盟—TM"的先进性之一，我们的飞船也搞三舱方案，这里面的中国特色和技术进步又体现在哪里呢？

**王总**：我们的三舱方案是有自己特点的。我们的三舱，最前头是轨道舱，中间是返回舱，后头是推进舱。推进舱外国也叫设备舱，里面有发动机的推进剂储箱，有各种气瓶，氧气啊，氮气啊，都在后头这个舱里。推进舱不是气密的，返回舱和留轨舱有航天员活动，所以必须气密，要供氧的。我们同"联盟—TM"的最大不同，就在前头那个轨道舱。我们在轨道舱前头还有一个附加段，俄罗斯是没有的。要说赶超和跨越，这个多功能的轨道舱应该是赶超和跨越的主要标志。

**朱**：我一下子还弄不懂，你能否具体介绍一下？

**王总**：我刚才不是说，我们的载人航天工程是一个前提、两个体现、要完成四项基本任务吗？一个前提就是以飞船起步；两个体现就是体现中国特色和技术进步；四项基本任务我就不重复了。我坚持一上来就搞三舱方案，主要是考虑到同第二步发展目标相衔接，这是追赶和超越的关键所在。要追赶，要跨越，就必须在实施第一步时考虑到第二步、第三步。我当时考虑的问题是，我们的载人飞船一旦打成之后，能够留下一个初步的天地往返系统。

只要对它稍加完善，它就是一个天地往返运输工具，可以直接向空间站过渡，到时候就不必再单独立项为解决空间对接技术搞一个独立工程了。如果先搞两舱，那就得在两舱搞成之后再干一次，再立项，搞三舱对接试验，解决天地往返运输问题。我这样搞三舱方案，一次就完成了，一步到位了。

**朱**：什么叫跨越，连我这个外行也听懂了。

### 跨越"猴子阶段"

**王总**：我们的载人航天工程搞跨越式发展，还有一个体现，就是不做大动物试验。

**朱**：什么叫大动物试验？

**王总**：就是在飞船里面先放一个猴子什么的，打上去试验，看它能不能存活。我们没有搞这一步，把它跨越了。

**朱**：是啊，人们总是把飞船同猴子联系在一起。我们的"神舟"一号无人飞船打成以后，不少人见了我都问："里面放没放猴子？"有的人干脆问："里面的猴子死没死？"从"神舟"一号一直问到"神舟"四号，都在关心我们的飞船里面放没放猴子。

**王总**：中国载人航天工程不做大动物试验，理由是什么呢？你想想嘛，到我们的飞船上人的时候，俄罗斯宇航员已经上天40多年了，美国宇航员也上天40年了。我们论证的时候，美俄两家已经有上百人上过天了。到2001年底，世界各国的航天员已经有426人上过天了。要讲人次那就更多了，到2002年8月已经有906人次上过天了。最多的一位宇航员已经上天7次了。男的上去过，女的上去过，而且这些人上天回来都生儿育女，一切都正常。岁数最大的77岁都上去了。在太空时间最长的达到两年零17天15小时。人能不能适应升空和返回段的过载，能不能适应飞船在轨运行时的失重状态，这些问题都已经有了明确结论了，能行，没问题。难道我们还需要从头做试验，看看人进入太空行不行？显然没有这个必要了。要是连这一步都不敢跨越，我们岂不是只能永远跟在别人屁股后面亦步亦趋吗？人家干啥，我们也得干啥。人家先打上去一只狗，我们也得先打一只狗。他们先打一个猴，我们也得先打一个猴。他们再打个猩猩，我们也得打个猩猩。这实在没有必要。

**朱**：你讲得好，不能墨守陈规。

**王总**：但是，人家的飞船上人行，并不等于我们的飞船上人也一定行。问题在于我们飞船舱内的生命环境是不是可靠，它必须保证航天员的生存条件。特别是舱内的供氧怎么样，温度、湿度、大气成分、大气压力怎么样，都得有保证。我们的舱内条件究竟有没有保证，必须经过严格试验。怎么试验？老办法就是做大动物试验。

**朱**：先上猴子，先叫猴子做给人看。

**王总**：我们对上猴子的办法也进行过分析，实在不怎么样。据说，中国最聪明、最好训练的是云南的猴子。有人主张从云南买一批猴子回来训练。这就要搞动物饲养房、动物训练室。一算账，建一个猕猴饲养房就得3000万。其实猴子也不是很好训练的。飞船升空，有过载，有噪声，它一过载，一受惊，一害怕，不吃不喝怎么办。我们的飞船按设计可以在太空自主飞行7昼夜，如果猴子7天7夜不吃不喝，下来它死了，这算谁的账？究竟是飞船的问题，还是猴子自身的问题？很难说得清楚。反倒会给航天员增加思想负担，有顾虑了，不敢上了。另外，用猕猴也不能完全模拟出人的生存条件来，因为猴子的最大代谢能力只有人的1/6，对氧的消耗很慢。我们的飞船返回舱设计的是3名乘员，如果要模拟出3个人的生存条件，那就得用18只猴子，返回舱内也装不下啊（笑）。

**朱**：要是18只猴子上天，真是大闹天宫了。

**王总大笑**：可不是嘛！只能上一只猴、两只猴，这样消耗氧的速度很慢，舱内自动供氧的系统一下子启动不起来，得到的试验结果也就不太真实。

**朱**：那么，我们用什么办法来检验舱内的生存环境呢？

**王总**：我们用一台代谢模拟装置来检验，让这台科学仪器像人的呼吸一样，消耗氧，排出二氧化碳，然后再用另一台设备把排出的二氧化碳吸附、转化。根据上几个人、上多少天，把氧分压消耗到下限，这台仪器的氧传感器就会敏感到，自动补氧，补到上限。我们利用无人飞船连续试验了几次，模拟3个人飞行7天，供氧情况非常好。所以，我们就下决心跨越大动物试验阶段。直到去年，有些不太了解情况的人还通过领导向我传话，说美苏两家都是先做大动物试验，你怎么一下子就把人弄上去啊，是不是风险太大，要不要先做大动物试验啊。我告诉他们，没有事，没有风险。我给他们讲了上面这个道理，他们一听，哦，那可以。我们总得学会创造性地前进，不能永远跟在别人屁股后面走。否则，我们啥时候才能赶上人家，40年的差距啥时候才能缩小？

**朱：** 听了你这一段生动的讲述，我觉得这里面有一个人类文明的继承和创新的关系。人能不能上太空，美苏两家试验过不知多少次了，我们没有必要再从头来过。后人的实践活动中从来都会包含前人的经验，就像中国古人发明的火箭为人类搞载人航天提供了最重要的启示一样。但是，继承中又必须有所创造，有所发明，有所突破，才能有所超越。正是这种继承和创新的结合，形成了我国载人航天工程的许多独特做法。

**王总：** 我们用我们的办法干，不用猴子，直接上人。

**朱：** 打个比方，猴子变人，从爬行到直立。我们不再爬行了，一下子直立起来了。

## 轨道舱的妙用

**王总：** 中国载人航天的另一个重要特点，就是突出了空间应用。我们搞载人航天，不仅是为了在政治上产生重大影响，而是必须拿到实实在在的效益，这一点也是中国特色。

**朱：** 我国载人飞船获得圆满成功，必将极大地增强全国人民的民族自豪感，增强民族凝聚力，这就是重大的政治意义，也是重大的社会效益，它对我们各方面的事业都会产生推动和促进作用。

**王总：** 是的。但是，我们没有停留在这一点上，我们还要得到实实在在的效益。我们的实效体现在哪里呢？就是飞船上那个生活舱，我们叫它轨道舱，它实际上是个多功能舱。俄罗斯的"联盟"号飞5天之后，3个舱一起返回，先把前头的生活舱分离掉，在大气层烧毁了。接着又把后头的推进舱也分离掉，也在大气层烧毁了。它只有返回舱是带防热层的，人在里头坐着不烧毁，回收了。"联盟"号的生活舱只用5天就报废了，我们"神舟"号的轨道舱要在轨道上再飞半年，用它做科学实验。我们很多空间应用和研究项目都在轨道舱内，等于发射了一颗科学实验卫星。两三吨重的东西，把它推到8公里的速度，送上轨道，那是付出了巨大代价的。所以不能随便把它烧了，让它留轨运行，作为一个试验舱来利用。这样，我们就可以额外得到大量的科学实验数据，非常宝贵，这也是对社会很大的回报。

**朱：**这是一举多得。

**王总：**我们把轨道舱留在轨道上继续飞，也是为下一步研制工作做准备。什么东西适合放在空间站上，什么东西不适合，在轨道舱上做了许多试验。这样一来，也为中国科学院带起了一支搞空间科学和空间应用研究的队伍，他们的研究工作不再是从理论到理论，而是已经介入工程研究里去了。这十几年积累的东西是很可贵的，它为将来大规模的空间应用准备了技术基础、人才基础。我们在搞第一步的时候，就考虑到后面几步，叫做"步步衔接"。我们的飞船一起步，就要让它和后面的工程一步一步衔接起来。也就是说，我迈出左脚，不仅仅是为了向前跨进半米，同时也是为了向前迈出右脚找到一个支点。

**朱：**精彩！走一步看两步、看三步，步步衔接，这盘棋就下得越来越精彩了。这样一来，实际上把几个发展阶段的间隔缩短了，追赶40年差距的时间也缩短了。

**王总：**这样，我们的载人航天工程就可以一步一步往前走。我们把轨道舱留在轨道上继续飞，还有另一个更重要的目的，就是下一步要利用它搞太空交会对接。苏联和美国，交会对接试验都做过5次。因为如果不解决太空交会对接技术，航天员就无法来往于天地之间，就不能搞空间站。所以，搞空间站之前，非得在技术上解决交会对接不可。能对接上，人能进到空间站里去，还要能退出来，能回来。这一关非过不可。所以，苏联和美国载人飞船成功后，都很快做了交会对接试验，各做了5次。试验成功了，然后才敢发射空间实验室，才能建立空间站。美苏两家的交会对接试验是怎么做的呢？先发射一艘飞船到轨道上，紧接着再发射另一艘，与它同轨，然后前面一艘掉头，后头一艘同它对接上。然后再撤下来，再一个一个返回。发射第二艘的动作非得快不可，最迟第二天就得发射，因为他们的飞船只能在空间飞行5天，必须在5天以内把它对上。否则前面那一艘到了5天就会往下掉，后面一艘就追不上了，对接不成了。他们都是这么做的。

**朱：** 我们准备怎么做呢？

**王总：** 我们是先发射一艘飞船，把轨道舱留在轨道上，它可以飞行半年。我们要做对接试验时，只要发射一艘飞船，去和轨道舱对接。这里面可以有两个做法。一个做法是，如果我们搞一个轨道舱可以留轨飞行两年，那么两年内发射的飞船都可以和这个轨道舱去对接。另一个办法是，如果轨道舱只能留轨飞行半年，我们可以发射第二艘飞船去和第一艘飞船的轨道舱对接，然后把第二艘飞船的轨道舱留轨，把第一艘的轨道舱分离掉，因为它半年寿命已经到了。后面再发射第三个去和第二个对接，第四个再去和第三个对接。这样一艘一艘更替，轨道上始终有一个轨道舱可供对接。这样，我们每搞一次对接试验，只要发射一艘飞船就行了，不必每次都发射两艘。前提就是先放一个轨道舱在上头。因此，他们做5次交会对接试验都得发射10次，我们做5次交会对接试验只要发射6次就行了。如果n代表发射次数，他们是2n，我们是n+1。他们每做一次交会对接都得发射两艘飞船，我只要n+1就行，只要n>1我就占便宜。如果n是2我就少发射一个，如果n是5我就少发射4个。你想想，现在发射一次就是好几个亿啊，这样不就省钱了吗？

**朱：** 既要省钱，又能把事情办好，这就是中国特色。

**王总：** 还不止是省了发射飞船的钱，要是接二连三地发射，还得建设第二个发射工位。因为一个发射台今天发射了，明天不能接着又发射，必须在另一个工位上发射。那我们还得再建一个工位，建一个工位又得花多少钱啊。我们把这个钱也省了。这也是一个创新吧。这个主意是我出的。有一次我和王壮去莫斯科，俄罗斯飞控中心的技术主任巴丘卡耶夫，他是搞飞行控制的，是我和王壮的同学。王壮就问他，我们用这种方法搞交会对接行不行？巴丘卡耶夫先是一愣："嗯？咋不行，完全行啊。"王壮指着我说："这就是他出的主意。"巴丘卡耶夫感叹了一声，说："唉哟，都说中国人聪明，名不虚传！"

**朱：** 你为中国人争了光，让人听着长志气。王总笑道：要不总是当人家"儿子"，那算什么！

### 把航天员安全放在第一位

**朱**：今年2月1日，美国"哥伦比亚"号航天飞机失事，对国际航天界震动很大。我们在飞船的安全性上有哪些有效措施？

**王总**：确保航天员的生命安全是头等大事，这一点我们是非常明确的，就是要安全至上。现在回头去看，我们的飞船在设计上对安全措施考虑得比较周到，这也是我们的特点之一。在待发段就有4种救生模式，上升段有11种救生模式，飞船上还有8种救生模式。

**朱**：上天难啊，俗话说"比登天还难"，载人航天是高风险事业。你刚才说安全至上，这是一个非常重要的设计思想。

**王总**：飞船入轨之后一旦发生危险，我们还有很多救生措施。一个办法是，在轨道设计上，为飞船创造更多的机会能够返回着陆场。我们的飞船轨道最早设计要飞十多圈后再变轨，我说不行，第五圈就变轨。为什么？因为提前变成圆轨道后，返回地面的机会就多了。如果发生了紧急情况，航天员也可以启动应急程序自主返回，即使返回不了主着陆场，落到中国，落到外国，我们都选好了地点。假如飞船的控制系统坏了，或船箭没有分离，或太阳帆板没有展开，或着陆时大伞没有切掉，等等，凡是可能造成航天员生命危险的环节，我们在设计上都设有冗余，如果冗余的那套也失灵了，我们还有航天员手动控制的自救办法。我们就是这个观点，以人为本，安全至上。我们的设计人员在这上头花费了很多心血。

**朱**：我们的航天员要感谢你们。

**王总**：在我们论证的时候，还没有美国的"哥伦比亚"号事故。但是，当时咱们自己的一颗返回式卫星跑了，没能按时返回，过了好几年之后才回来。事故原因是有一个程序出了差错，反了，卫星往相反方向跑了。当时，这件事对我们震动很大。我们突然想到：要是将来我们的飞船也出现这样的情况，太危险了。这颗卫星是返回式的，我们的飞船也是返回式的，一旦飞船返回不了怎么办？飞船上带的食品不到十天的量，那肯定完了，葬身太空了。

**朱：** 看来，那次卫星事故，反倒对你们载人航天工程的设计提供了极大帮助。在人类进行的一切科学实验中，失败是成功之母，这是一条永恒真理。

**王总：** 我们马上又想到：要是那颗返回式卫星上有人，不是可以让他采取手控的办法自己回来吗？

**朱：** 哦，一种新的设计方案在奇思妙想中产生了。

**王总：** 我们既要千方百计为航天员的安全考虑，也要充分发挥航天员的主观能动性。我们把各种手控程序设计好，叫他自己控制返回。我们可以同他通话，指挥他，让他利用手控程序回来。我是管工程总体的，我一直督促搞具体设计的同志加手控。有的同志觉得加手控挺麻烦的，将信将疑地去找俄罗斯的航天员座谈，问他们要不要加手控？俄罗斯的航天员回答说，如果设计师没有给我设计手控，我有权利不登舱。这不，人家也主张加手控。

**朱：** 既把航天员作为确保安全的对象，又把航天员作为确保安全的主体；既有自己的创造性思维，也有对国外实践经验的借鉴。这些都是辩证思维，所以我国飞船的安全性比外国考虑得更加周密。

**王总：** 的确，这些地方，我们都想得很全。

## 海上点式搜救法

**王总：** 说到创新思维，还可以讲一个例子。发射飞船，在上升段火箭出事的可能性最大。一旦出事，就要赶快搜救航天员。陆地上还好办一些，从发射场到山东日照出海的地方是2200公里，我们设了四个点：东风、银川、榆林、邯郸。每个点上有两架直升机，只要落到哪个点上，很快可以救回来。如果火箭第二级在飞行中出事，就要落到太平洋里去，海上有5200公里范围。那是大海啊，在茫茫的太平洋上怎么救啊？而且要求24小时以内必须把返回舱捞上来，否则航天员有生命危险。如果开船去，船在海上走得特别慢，一小时就开二十几海里，5000多公里范围，那得雇多少船啊！美国当初是怎么搞的呢？它派了3艘航空母舰，21艘舰船，动用了126架飞机，设了16个点，几万人都在那儿等。我们也这么搜救不行，我们没有这么大航海力量，想在

5000多公里海域都布下搜救力量显然做不到。可是，航天员是宝贝啊，必须千方百计搜救。最后，咱们还是想出了一个中国式的办法：海上与天上互相配合。海上，我们在5200公里海域选出了三段较小的区域，在这些区域中配置搜救力量。天上，充分利用飞船上的资源。推进舱内带有约一吨燃料，是准备返回用的。一旦出事，我们就把飞船上的发动机启动起来，利用发动机提供的动力，按事先设定的程序，进行实时计算，靠近哪个区域就往哪个区域落。布置在各个区域的搜救船只再一配合，很快就能找到。这是一个创新，这是中国特色，世界上绝无仅有。

**朱：**这不是下围棋往要害处投子的办法吗！虽然不是"大海捞针"，这种"大海捞人"的办法也足以使人感到惊奇。

**王总：**可以说，为了保证航天员的安全，大家绞尽了脑汁。特别是火箭和飞船系统，在这方面花的精力很大。这一套设计也是很复杂的，我们有一个专门班子，11年一直干这件事。所以说，我们对飞船的安全设计，能想到的办法都想到了。美国人仰仗海军力量大，舰船多，落在哪儿都能去，他们飞船上的安全程序搞得比较简单。飞船上一简单，地面搜救工作就复杂了。我们把飞船上的安全程序搞得周到一点、复杂一点，但是把地面解放了，搜救工作简单多了。这些都是在可行性论证时确定的方案，这些就是我们的特色，就是我们的创造性发展。

**朱：**都是用事实说话，很有说服力。

## 中国飞船就是中国飞船

**王总：**中国飞船就是中国飞船，没有什么抄袭之嫌。这一点，不光是我们自己说的，也是国际航天界权威承认的。2001年俄罗斯举行加加林上天40周年庆祝活动，同时我的母校莫斯科航空学院也邀请我去参加授予我荣誉博士称号的仪式。穿上博士服，颁发证书仪式搞得挺正规，挺隆重。航空宇航系又授予我一枚杰出毕业生金质奖章。就在授予我称号和奖章的仪式上，他们让我介绍中国载人航天工程的特点，"联盟"号的总设计师，也是指导我毕业设计的导师米申院士主持,就坐在我旁边。在这之前,俄罗斯国内也有人在报纸上发表文章,说中国的"神舟"号和他们的"联盟"号一样。我在会上讲完后,米申院士大声说:"你们都听到了吧!中国飞船不是'联盟'号,中国飞船就是中国飞船!"我讲这些,主要是想说明,我国的载人航天工程是依靠自己的力量独立自主完成的,有我们自己的特色。中国在航天领域取得的突出成就,国际航天界权威都是承认的。

**朱:** 感谢王总,你今天讲得非常精彩,我听了很受感动,很受教育。在你身上,在中国航天界的广大科技人员身上,既有严谨的科学态度,又有发奋图强的雄心壮志;既尊重别国在载人航天领域的科学成就,又勇于自主创新,勇于攀登,勇于跨越,创造了中国载人航天的辉煌。在实现中华民族伟大复兴的奋斗进程中,需要大力弘扬这种精神。你今天的介绍,是一篇生动的爱国主义教材,我将拿去介绍给广大读者,让更多的人从中受到教育。

(本文作者为总装备部副政委,中国作家协会会员)
《人民日报》(2003年10月17日5版,作者:朱增泉)

## "星"光因梦想闪耀

舱门打开那一瞬，王永志仿佛又变成那个站在发射架前仰望星空的年轻人。

北京时间2021年12月26日，神舟十三号航天员叶光富、翟志刚身着我国新一代"飞天"舱外航天服，先后从天和核心舱节点舱成功出舱。

这则新闻，王永志看了一遍又一遍。

那片星空，承载着王永志的青春与梦想。为了推开中国人迈向太空的大门，他付出了多年的汗水和心血。

从我国第一枚自行设计的导弹成功发射，到今天我国进入空间站时代，担任运载火箭系列总设计师和中国载人航天工程首任总设计师的王永志，见证了我国国防科技和航天事业许多重要历史时刻。

当年发射架前的年轻人，如今已是耄耋老人。但他那颗向往星空、矢志报国的赤诚之心，从未改变。

"面对敌人的飞机大炮，我当时就想，国家得有强大的国防，叫别人不敢欺负。"抗美援朝战争爆发后，抱着"不让人欺负"的目标，王永志考入了清华大学航空系。

1957年，王永志迎来人生一大转折：这一年，他在莫斯科航空学院改学火箭导弹设计。从此，王永志的命运与中国航天紧紧相连。

针对我国第一枚自行设计的导弹射程不够的问题，王永志大胆提出解决方案：从火箭体内泄出600公斤燃烧剂，导弹就能达到预定射程。

本来火箭能量就不够，还要往外泄？当时，很多人认为这不可思议。王永志鼓起勇气找到发射场技术总指挥钱学森，谈了自己的想法。钱学森听后，马上把导弹总设计师叫过来叮嘱道："这个年轻人的意见对，就按他说的办!"果然，这个方案实施后，导弹射程增大了，连打3发都进入了目标区，试验取得成功。

这种大胆创新的精神始终贯穿在王永志的科研工作中。

1986年，时任中国运载火箭技术研究院院长的王永志，与一批科学家悄悄酝酿着一件后来震动航天界的大事：在"长征二号"火箭基础上，捆绑4个助推器，形成新型大推力火箭——"长二捆"。

王永志说："当时，我们想以'长征二号'火箭为基础，研制大推力捆绑火箭，把中国的运载火箭推向国际市场。"1988年底国家批准了这个项目，要求18个月内完成研制任务。王永志代表研究院立下"军令状"。在一些外国同行看来，没有3年时间是不可能完成这项任务的。王永志和同事们用事实作出了最好的回答——1990年7月16日，"长二捆"首飞成功。

1992年，花甲之年的王永志接受了人生又一次重大挑战——担任我国载人航天工程总设计师。他力主采用由轨道舱、返回舱和推进舱组成的三舱方案。

为提高航天员安全系数，王永志主持设计出能满足多种要求的载人航天飞行轨道。为了解决火箭上升阶段航天员海上应急搜救的难题，他创造性地提出了飞船就近飞往3个海上预定落区，实现海上选点的救生方案。

"把中国人送上太空，这是我心中的终极目标，即使再紧张再累，我也无怨无悔。"王永志忘不了给90多岁的钱学森贺寿时的情景。钱老把王永志送来的礼物端端正正放在书架上，时常认真端详——那是一艘"神舟"飞船模型。

2003年10月16日6时23分，我国第一艘载人航天飞船神舟五号返回地面，遨游太空的杨利伟走出舱门向大家挥手致意。

那一刻，举国欢腾，王永志激动得热泪盈眶。

2004年2月20日，一年一度的国家科学技术奖励大会在人民大会堂隆重举行。接过国家最高科学技术奖证书后，72岁的王永志动情地说："祖国的需要就是我们前进的方向，只有把自己的事业同祖国、同人民紧密联系在一起才能大有作为。"

当人们仰望星空时，在银河一隅，有一颗名叫"王永志星"的小行星。那是国际天文学联合会以王永志的名字命名的小行星，永久编号第46669号。

梦想绽放光芒。在茫茫太空中，这颗编号第46669号的小行星，仿佛沧海一粟。它像许许多多的航天人一样，默默运转在宇宙一隅。但是，这颗小行星因为梦想而闪耀，照亮了中国航天人前行的方向。

《解放军报》（2022年2月20日1版，记者：谭靓青、杨悦）

# 王振义

## 著名血液学专家

成功实现将恶性细胞改造为良性细胞的白血病临床治疗新策略，奠定了诱导分化理论的临床基础；确立了急性早幼粒细胞白血病（APL）治疗的"上海方案"，树立了基础与临床结合的成功典范；建立了我国血栓与止血的临床应用研究体系。

## 王振义

王振义，男，汉族，无党派人士，1924年11月生，江苏兴化人，原上海第二医科大学校长、上海血液学研究所原所长，瑞金医院终身教授，中国工程院院士，第七届全国人大代表。他是著名医学家和医学教育家，成功实现将恶性细胞改造为良性细胞的白血病临床治疗新策略，奠定了诱导分化理论的临床基础，确立了治疗"急性早幼粒细胞白血病"的"上海方案"，为医学实践和理论创新作出了重大贡献。他放弃申请药物专利，无私公开治疗方案，使更多患者受益。他多年来奋战在医学教育一线，培育了大批优秀医学人才。荣获国家最高科学技术奖。

王振义　著名血液学专家

# 潜心科研护健康

百岁人生，70多年从医，他始终致力于报效祖国、服务人民。从成为中国工程院院士、获得国家最高科学技术奖，到如今被授予"共和国勋章"，众多荣誉加身的他告诉青年学子：做人要有不断攀高的雄心，也要有一种正确对待荣誉和自我约束的要求与力量。

他，就是著名医学家和医学教育家王振义。

1924年出生在上海，1948年毕业于震旦大学医学系并以全班第一名的成绩留任学校附属的广慈医院（现上海交通大学医学院附属瑞金医院）。王振义说，从第一天穿上白大褂起，他就真心喜欢上医生这个职业。从医70多年，这份爱始终不变。

职业生涯早年，他曾参加抗美援朝医疗队，荣立二等功一次。在血友病等血液病领域，他为患者解决过大大小小的问题。但是，让他寝食不安、几十年不能放下的，是曾被称为"血癌"的白血病。

王振义对白血病的研究从上世纪50年代就已开始。工作多次调动，无论在哪里、干什么，他都兢兢业业、刻苦勤奋。70年代中期，他回到上海瑞金医院内科，白血病的诊治和研究再次成为他的攻关目标。王振义创新性提出了让肿瘤细胞转化为良性细胞的临床治疗新策略，找到了"全反式维甲酸"。

1986年，一个5岁的小女孩入住上海儿童医院，被确诊为急性早幼粒细胞白血病，出血严重，极度虚弱。王振义顶着压力，提议给孩子口服自己研究了8年的诱导分化药物——全反式维甲酸。7天后，女孩症状明显好转。这个小女孩是世界上第一个口服全反式维甲酸成功痊愈的急性早幼粒细胞白血病患者。

此后，他和团队一起研究提出"全反式维甲酸联合三氧化二砷"方案，使得白血病患者5年生存率大大提高。他和团队又从分子生物学角度找出疾病发病机理和药物作用的机制，使之成为全球公认的"上海方案"。国际肿瘤学界最高奖凯特林奖授奖时，将他称为"人类癌症治疗史上应用诱导分化疗法获得成功的第一人"。

从医执教多年，王振义桃李满天下。他在瑞金医院血液科自创了一种特殊的教学查房方式——"开卷考试"：每周初由学生们提交临床上遇到的疑难病例形成"考卷"，在现场查房、讨论病例之外，他集中时间搜索全球最新文献资料，不断学习、思考、分析后给出"答卷"，并与学生们一起探讨交流，找出病情线索和治疗方案。

"这是对我自己的'开卷考试'，也给青年医生们一点帮助，激励他们不断学习。"王振义说。这样的"开卷考试"坚持了20年，根据他的"开卷考试"答案梳理而成的著作《瑞金医院血液科疑难病例讨论集》已经连出3集。

王振义的家里挂着一幅题为《清贫的牡丹》的画。"牡丹，一般被认为象征荣华高贵。但我的这幅牡丹很恬淡、清雅。我想，做人也是如此，对事业要看得重，对名利要看得淡。"王振义这样解读这幅画。

在王振义眼里，最大的快活有两件事：一是学习，"把不知道的事变成知道"；二是治好患者的病。在与医学生们对话时，王振义说："人生的价值在于为人类做了什么事、作出怎样的贡献。医生是为人类健康事业作贡献的，捍卫生命是一种职责和义务。"

《人民日报》（2024年9月18日4版，记者：姜泓冰）

王振义　著名血液学专家

# 教癌细胞改邪归正

癌症，一个令人胆寒的字眼。因为人类目前尚无法征服它。

中国工程院院士、上海交通大学医学院附属瑞金医院上海血液学研究所名誉所长王振义教授独辟蹊径，采取药物诱导分化的方法，教癌细胞改邪归正，为人类探索出一条全新的癌症治疗途径。

### 创新思路，新疗法治白血病，并在国内外推广

时光退回到1986年。一个年仅5岁的小女孩小静不幸患上了晚期急性早幼粒细胞白血病，住进瑞金医院时出血严重，家人已经绝望了。关键时刻，医生给孩子用上了王振义研制成功的一种全新疗法：全反式维甲酸治疗。7天后，奇迹出现了：小静症状明显好转，一个月后达到完全缓解。20多年过去了，小静依然健康地生活着。

"小静是我用全反式维甲酸治疗的第一个病人。在首批治疗的24例病人中，完全缓解率达到九成多。这是我最感欣慰的。"王振义回忆道。

治疗白血病一般有两条研究途径：一是化疗，杀死白血病细胞。另一途径是诱导分化，将恶性的白血病细胞转变为良性细胞。在儒家"改邪归正"思想的影响下，王振义率领的研究组选择了诱导分化治疗白血病的途径。他的研究组证明全反式维甲酸在体内可使新鲜急性早幼粒细胞白血病细胞向成熟细胞分化。1980年，全反式维甲酸批准在临床上使用，用于治疗有些皮肤病。在取得病人和家属的同意后，他试用全反式维甲酸治疗晚期或化疗无效的急性早幼粒细胞白血病患者，取得惊人的效果。

1988年，王振义的学生黄萌珥带领课题组总结了24例急性早幼粒细胞白血病的治疗结果，证明其中23例完全缓解。该疗法很快向国内外推广，并提供那时只有国内可提供的全反式维甲酸。

1992年，在孙关林主持下，总结了我国544例急性早幼粒细胞白血病用全反式维甲酸治疗的结果，其中84%获完全缓解。此后，世界各国都先后证实了这种疗法的效果：法国1993年54例，完全缓解率91%；美国1995年79例，完全缓解率86%；日本1995年109例，完全缓解率89%。

实践证明，急性早幼粒细胞白血病应用全反式维甲酸治疗的病例早期完全缓解率高达85%~90%，这种方法副反应少、不抑制造血、不引起出血、使用方便（只要口服）、价格低廉。目前联合应用全反式维甲酸、砷剂及化疗，急性早幼粒细胞白血病患者的5年存活率已高达95%，成为第一种可以治愈的急性白血病。

## 融中国古代哲学思想与当代科学思想为一体，引领血液学研究不断冲向巅峰

1942年，免试直升进入震旦大学的王振义，毅然选择了学医。1948年，王振义从震旦大学医学院毕业，获医学博士学位，因成绩名列前茅，留在广慈医院（今瑞金医院前身）担任住院医师。

早在1959年，领导安排王振义负责白血病的病房工作，希望在短期内攻克这种"可怕"的疾病。他以极大的热情投入了病房工作，可是在短短的半年时间内，数十例急性白血病病人仍然离开人间。这一活生生的事实，教育了他单有热情而没有过硬的本领是挽救不了病人生命的，这也是激励他一定要深入研究白血病的治疗、造福病人的动力。

王振义从1982年开始就指导研究生开展免疫性血小板减少的研究，以后又开展肝素对血小板和巨核细胞刺激作用的研究。1997年应邀与沈志祥合写了《巨核细胞与血小板在免疫性血小板减少性紫癜中的变化》一文，这是中国学者第一次被邀在国际刊物上撰写有关血液学的论文。他与李家增、阮长

耿，以后又有王鸿利、韩忠朝、宋善俊参加主编的《血栓与止血》1988年第一版、1996年第二版及2004年第三版，已成为我国在这领域中的代表性专著。

王振义对学生从来不居高临下，而是平等地和学生一起探讨学术问题。对同行的研究更是抱着谦虚的态度去学习。2002年，王振义指导的课题组在研究中发现有一个抗白血病药物的水溶性差，实验效果很不理想，课题组陷入了停滞。听说郑州大学的教授在这方面有深入研究，当时已78岁高龄的王振义执意亲自上门请教。他认为，即便是院士，在自己不懂的问题上就是一个学生。郑州大学接待的同志听了随行人员的介绍，怎么都不敢相信眼前这位朴素和蔼的老人就是大名鼎鼎的王院士，这么一位著名的医学家怎么可能这么虚心地上门求教呢。人们看到了一名科学家虚怀若谷、诚实谦逊的风范和品格。

在60多年行医生涯中，王振义将基础学科与临床实践密切结合，将祖国医学和现代西医理论合二为一，将中国古代哲学思想与当代科学思想融为一体，引领着我国血液学研究冲向一个又一个巅峰。

## 甘为人梯，培养造就了一批国内顶级血液学研究人才

王振义不仅是一位著名的医学家，也是一名成功的教育家。60多年来，他先后为国家培养了一大批优秀的血液学专家。

1978年，陈竺以专业考分第一名的成绩成为王振义教授的硕士研究生。陈竺、陈赛娟夫妇不会忘记，是王振义手把手地指导他们进行血液病理生理的实验，耐心为他俩补习专业外语，后来又一起撰写论文。王振义每一次都坚持把他们列为论文的第一、第二作者，而把自己排在了最后！这为当时年仅31岁的陈竺脱颖而出创造了良好的环境。1984年，王振义力荐陈竺夫妇赴法留学。1989年，陈竺、陈赛娟夫妇俩学成回国，继续在导师指导下工作，并最终开辟出一块令人瞩目的基因研究新天地。"我一直以学生为荣，看到学生超过自己，这是当老师最大的欣慰"。

的确，在学生的眼中，王振义是一位谦逊、豁达的长者，是一位严谨求

实的学者，是一位爱才惜才的大师。"973"最年轻的首席科学家陈国强是王振义的另一位得意门生。

"博士研究生我还是要考王振义教授的！"陈国强回忆当年报考王教授博士研究生的情形，"那瞬间的选择，源自于王教授修改我的硕士研究生论文的过程。"在写论文还不用电脑的年代，导师一遍遍修改，学生就要根据修改的内容，重新整理、抄写，陈国强的硕士论文王教授先后改了10遍，陈国强将近2万字的论文共抄了10遍。王振义时任二医大校长，白天工作繁忙，只有利用晚上的时间修改学生的论文。王振义多次把陈国强叫到家里一起吃晚饭，一放下碗筷，师生两人就一头"扎进"了论文。王教授甘为人梯的品格激励着陈国强向更高的医学高峰迈进。陈国强现已成为上海交通大学医学院院长、博士生导师。

王振义先后担任过内科学基础、普通内科学、血液学、病理生理学等教学工作，培养了博士21人，硕士34人。

如今，已86岁的王振义又自创了"开卷有益"式的查房，每周四上午由学生对他进行提问，王振义对疑难病例进行分析和答疑，这种做法不仅培养了学生的诊断思路，更是给病人带去了福音。

王振义的客厅里挂着一幅《清贫的牡丹》。他说："我相信做人最本质的东西：胸膺填壮志，荣华视流水。"

《人民日报》（2011年1月15日2版，记者：蒋建科）

王振义　著名血液学专家

# 为科学服务　为人民服务

### 13元一盒的药物，挽救了无数人的生命

"前几天刚刚获得'感动上海年度十大人物'称号，我觉得和其他获奖人比起来，我没有什么可让人感动的。他们都是冒着生命危险去救人，而我，只是很幸运地找到了治病方法，做了一些我应该做的、小小的成绩。"

王振义所说的"小小的成绩"，就是他在国际上首创的，用全反式维甲酸治疗急性早幼粒细胞白血病。25年来，这种13元一盒、连续服用6盒就可缓解病情的药物，已经挽救了无数人的生命。

喜欢刨根问底又不服输的天性，促使王振义在医学道路上不断探索。他常说，科学研究最忌讳的就是浮躁，清贫与寂寞常常是科学家最好的朋友。

1986年，王振义遇到一名5岁女孩小静，她得了晚期急性早幼粒细胞白血病，出血严重，家人已经绝望。相比其他类型的白血病，这种白血病发病急，恶化速度极快，很多病人从诊断到死亡不过一周。根据以往经验，白血病治疗基本采用化疗，在把白血病细胞杀死的同时，正常的细胞也会受到损害，且损伤了人体的免疫系统，病很难根治。

当时，王振义正在进行全新的尝试。"何不用一种新思路治疗癌症？癌细胞侵害人体，能不能让它'改邪归正'，将它诱导成正常细胞呢？"王振义用中西医结合的思路开始了全新研究。他开创的全反式维甲酸诱导分化疗法在体外实验中获得成功。显微镜下，白血病癌细胞一个个"改邪归正"。

王振义说，小静是临床试验第一人。对于这个独创的全新概念，王振义受到极大的压力。"我有勇气，我尊重科学。"事实证明，他创造了奇迹：7天

后，小静症状明显好转，一个月后，病情完全缓解。20多年过去了，小静健康活泼，过着正常人一般的生活。从此，这种疗法开始在临床上全面使用，首批治疗的24例病人中，完全缓解率超过了90%。

实践表明，急性早幼粒细胞白血病应用全反式维甲酸治疗的病例早期完全缓解率高达85%~90%，这种方法副反应少、不抑制造血、不引起出血、只要口服、价格低廉。目前联合应用全反式维甲酸、砷剂及化疗，急性早幼粒细胞白血病患者的5年存活率已高达95%，成为第一种可以治愈的急性白血病。

"虽然急性早幼粒细胞白血病的问题基本解决了，但白血病有20余种之多，几十年来，研究进展缓慢。我们还有很多的工作要做，很多病人在等我们。"在王振义看来，判断一位科学家成功与否，不能只看在杂志上发表了多少论文，不能只靠论文的影响因子，科学家要注重成果的原创性，更要注重在群众中的地位，用自己的医德为人民服务。

### 学习是延迟大脑退化、不得老年痴呆症的最好办法

"一个人的一生要过不同的关，我毕业后留校任教，当学科主任，然后又当过校长，做过科研。人生每个阶段都有自己的作用，我退下来后也在思考，我还能做些什么？在管理上，我不能再插一手，这样不利于年轻人的成长和发展。于是，我敦促自己多看些书，多增长知识。"王振义说。

对于保持年轻的秘诀，王振义笑着透露："为了过好'老年关'，我60岁时学英语，70岁时学电脑……学习，是我延迟大脑退化、不得老年痴呆症的最好办法。"

王振义能为许多重危病人救治带来生机和希望，源于他善于思考，善于提出创新的治疗思路。

"我们需要创新，但首先要有足够的知识。我记得小时候也乱想过，但那是没有科学依据的。有些医学上的创新就是在人家已有研究的基础上，再多问一个为什么，没准就能发现新的理论。"王振义经常和学生探讨学术问题，

对学生的教导从来不是居高临下。"我在查房的时候，实习生喜欢听我的评论。很多疑难病症，你怎样来解决？有哪些思路？从哪几方面去考虑？比如我们都知道，有一种肿瘤干细胞，它可以生出肿瘤。如果你把这个干细胞搞清楚，把变为肿瘤的干细胞杀死，肿瘤也就治好了，这不就是一个方向吗？这也是一个想象。"

每周四，病房里都会有一场"开卷考试"，由临床医生提出问题，王振义带着问题回去查资料。两三天后再拿着做好的幻灯片来解答，和学生一起讨论多种解决方案。

"我跟他们说，在学习、生活当中会碰到很多事情，更会碰到不少困难。只有不断学习，不断充实自己，才能解决困难。"这是王振义对学生的要求，更是他对自己的要求。

在学生的眼中，王振义是一位谦逊、豁达的长者，是一位严谨求实的学者。多媒体制作中颜色是否协调、英文论文中哪个单词用的不确切、英语口语中的语音纠正，都是王振义所关心的。还有分子生物学的结构、显微镜下观察细胞、X片显影结果，即便是再小的环节，王振义总会要求学生再做一次。

退休后的王振义，依然热心于为同行和学生授业解惑。"国外学校请我去做报告，但我不能只汇报过去，更要重视现在，所以把我们所里的最新情况介绍给大家；学生则让我讲人生、讲我的过去、讲我的做法；为医生开讲座，我告诉他们科研人员应该有高尚的品德。"王振义说。

"这些讲座也是一场实现了医、教、研三结合的考试，"对于"考试成绩"，王振义给自己打60分。

### 淡泊名利，医生更应该追求为人类健康作贡献

今年1月，王振义获得2010年度国家最高科技奖，并得到500万元奖金。这500万中的450万元，王振义已经捐给血液所，另外50万元则分给研究团队中的年轻人。

"人人都喜欢地位、金钱，但当你离开这个世界时，别人不会计算你有多

少名、多少利，而是计算你为这个世界作了多少贡献。"王振义说，医生追求的是崇高的境界，为人类健康作出贡献，不计较名利。要做医生，就一定要有这样的境界。

"有人喜欢赚钱和得奖，我并不反对，但对奖要有正确的认识。我得了很多奖，但我更希望把这些奖给年轻人，鼓励一下年轻人。如果我追求名利，反而得不到人家对我客观的评价。"

与学生一起撰写论文，王振义总是坚持把自己的名字排在最后。"很多人问我为什么总是把自己的名字放在论文作者的最后一位，甚至不署名，我觉得很多论文是大家共同研究的结果，应该让更多人享受研究成果。"

重视年轻人的培养，一直是王振义所坚持的。他曾先后担任过内科学基础、普通内科学、血液学、病理生理学等领域的教学工作，共培养了博士21人，硕士34人。在他的学生中，有陈竺、陈赛娟这对著名的"院士夫妻"、"973"最年轻的首席科学家陈国强等。

为了奖励在基础研究、临床研究人员，特别是刻苦钻研的年轻人，王振义在获得凯特林癌症研究大奖后，特地拿出部分奖金在国内设立"白血病诱导分化疗法基金"，鼓励年轻人在这一领域多做研究，多作贡献。

《人民日报》（2011年10月31日19版，记者：王有佳）

王振义　著名血液学专家

# "上海方案"惠苍生

2015年，王振义收到一封海外来信，由于地址不明，这封信辗转了很多地方、时隔半年才来到王振义位于上海瑞金医院的办公桌上，却令王振义珍藏至今。

这是一封怎样的特别来信？打开信封，首先掉出一张陌生外国小朋友的照片，再读内容，令人动容：这是一名美国病人，28岁时被诊断为APL（急性早幼粒细胞白血病），濒临死亡，吃了全反式维甲酸，康复了，还生了两个孩子。若干年后，当她在阅读科学文章时，才知道该特效疗法是一名中国医生发现的。她开始收集与这名中国医生相关的报道读给孩子听，还决定提笔写信，表达感谢。

"因为你的努力，我战胜了病魔。我想对你说100万次的感谢，但我认为这依然不足以表达我的感谢。我对你的感谢难以用语言来形容。"她在信中写道。

多么真诚的"100万次感谢"，这应该是医者最有成就感的时刻，历经千辛万苦发现的医学成果，最终跨越国界，造福苍生。这也是王振义将这封越洋来信珍藏至今的一大原因。

时至今日，95岁的王振义依旧会收到类似的"海外问候"，有法国人、意大利人、日本人……因为这名中国医生的重要医学突破，全球获救者已难以计算。

癌症，多么令人胆寒，人类与其搏击百年，尚不敢说征服它。而在中国上海，有一名医生，取得了一点"小小的胜利"（用他自己的话来说）。他就是王振义。他教癌细胞"改邪归正"，为人类探索出一条全新的癌症治疗途径。他的故事被写进很多中英文读物，但都不如他改写的生命故事来得精彩。

## 生于"小康之家" 从小立志学医

上世纪20年代的中国，正处于民族资本主义发展的重要时期，中西文化交汇的上海，孕育着一股即将彻底扭转中国命运的新生力量。王振义就出生在这个年代。1924年，上海公共租界陈家浜珍福里（现成都北路、北京西路路口）一条石库门里弄里，王姓家族迎来了第三个孩子、第二个儿子，因是振字辈，得名振义。

王振义的父亲王文龙当时在荷商上海保险行工作，尽管每日浸润于新思想中，但从给孩子取名的这件事上，可以看出这是一个深受中国传统文化影响的人——若把王振义五兄弟名字的最后一个字连起来，就是"仁、义、礼、智、信"。

尽管是"小康之家"，但王文龙对子女要求十分严格，他不允许孩子们沾染一点富家子弟的做派。"做一个好人，一个老实人。"多年后，王振义还回忆父亲教给他的座右铭。他说，父亲的这句话影响了自己一生，"因为我如果讲一句假话，就会脸红，心跳加快。"

在"实业救国"的氛围下，王文龙尤其注重对子女的科学技术教育，要求孩子们好好读书，掌握一定的专业技术，做一个对国家有用的人。

重视教育的良好家风，令王家子女个个优秀。八名子女里，只有幼女王妙琪因北上参加革命未能完成大学学业，其他七人都是上海名校毕业，两人毕业于震旦大学，三人毕业于圣约翰大学，一人毕业于复旦大学，一人毕业于大同大学，并在日后都成为各自领域的杰出人才。

这其中，王振义格外与众不同。王振义自幼勤奋好学，凡事总有问不完的"为什么"。祖母是他最爱的老人，至今他还清晰记得自己7岁那年，祖母不幸患上伤寒，病势凶险，虽然请到了一位沪上名医来诊治，但限于当时的医疗水平，祖母还是未能获得有效救治。全家人悲痛欲绝，父亲由此也希望子女中有一人能从医。

当时只有7岁的王振义已经在思考：为什么这个病不能治呢？怎么会得这个病呢？难道就真的没有办法了吗？一个接一个的问号，在王振义的心中埋下对医学知识探求的渴望。

1942年，王振义免试直升进入震旦大学，毅然选择了学医。1948年，王振义从震旦大学医学院毕业，获医学博士学位，因成绩名列前茅，留在广慈医院(今瑞金医院前身)担任住院医师。

1952年医院院系调整，大内科趋向专业化。他想着血液病比较简单，就是"拿个显微镜看一下细胞怎么样，就可以诊断了"，选择专攻内科里的血液病方向。不过，这个"简单"的疾病非但不简单，反而最复杂，令王振义躬耕一生。

## 八年求索终不悔 "上海方案"惊世界

如今，大家都知王振义是"白血病专家"。其实，在血液病领域，王振义最先接触的是止血与血栓领域，并且取得了一系列重要成就。比如，首次在国内确立了血友病A、B的分型检测及其轻型的鉴别诊断方法，一下子解决不明原因出血的诊断和治疗问题。

当然，他最为瞩目的成就还是在白血病领域。急性早幼粒白血病曾是白血病家族中最为凶险的一种，很多病人往往在抢救几小时后就死亡了。直到上世纪80年代，全世界范围内也没有有效治疗手段，让全球医生们备感挫败。

上世纪70年代，王振义开始一场涉足未知的探险。"那时，物资缺乏，最简单的细胞培养，我们都不会，得出去学习。其次，能看到的书太有限了。"王振义回忆，当时做研究的难度很大，有人去国外开会回来，带点信息回来，就在如此有限的条件下，他们听说了"诱导分化"。不过，如何将肿瘤细胞"诱导分化"为好的细胞，谁都不晓得怎么做。

其时，瑞金医院里吹起科研之风，血液科的科研从一间小小的实验室蹒跚起步了。通过"道听途说"，王振义了解到一种氨基酸可能让肿瘤"改邪归正、诱导分化"。他带着学生想办法合成了这种氨基酸，抱了很大的希望。他的第一个研究生做的就是这个题目。结果，研究生毕业了，论文也发表了，但具体方法用在病人身上没效果。

探索走进了死胡同，一次次挫败对医生的打击，难以用言语来形容。"这条路大概就是走不通的，这个病大概就是治不好的……"有人就此接受了现状，可这个团队没有。

不久，他们获悉美国用维甲酸类药物诱导分化了肿瘤细胞，这个名叫13-顺维甲酸的药物用于治疗APL，获得对个别患者有效的成果，研究结果发表在《血液》杂志上。

国内没有13-顺维甲酸，却有一种全反式的维甲酸，这药当时被批准用于治疗皮肤病。大家兴奋地找到药厂，制药工程师听到医生要用药去研究如何救命，就送了这群医生几盒药。

体外研究开始了。王振义带领研究生经过一系列的实验，发现维生素A的氧化物——全反式维甲酸可以在体外实验中，将幼稚的白血病细胞转为成熟的细胞。这群医生欣喜若狂。不过，全反式维甲酸有一定副作用，而且从未在国际上报道过的新疗法，其临床应用要承受很大的压力。

1986年，他们等来了"001号"病人。上海市儿童医院血液科收治了一名5岁的小病人，病情危急。这正是王振义夫人、儿童血液科医生谢竞雄工作的医院。

眼看小生命奄奄一息，谢竞雄很焦急。"我在研究这个，你们试试看。"王振义提议。面对这种前所未有的疗法，孩子父母同意一搏，"死马当活马医！"

一个疗程后，病情真的缓解了！小病人最终实现治愈，存活至今，已结婚生子。这是诱导分化理论让癌细胞"改邪归正"的第一个成功案例。1998年，王振义的相关成果发表在国际期刊《血液》上，这篇论文已被他引1713次，成为全球百年来引证率最高和最具影响的86篇论文之一，医学界为之轰动。

此后，王振义与学生陈竺、陈赛娟等又创造性地提出"全反式维甲酸联合三氧化二砷"的治疗方法，让这种曾被视作最凶险白血病的急性早幼粒细胞白血病，成为世界上第一个可被治愈的白血病。该治疗方法被海外媒体誉为"上海方案"，与青蒿素的发明等并列为"20世纪新中国对世界医学的八大贡献"。

王振义据此获得国际肿瘤学界最高奖——凯特林奖。凯特林奖此前从未颁给中国人，评委会称他为"人类癌症治疗史上应用诱导分化疗法获得成功的第一人"。

这项研究前后历时整整八年，在1986年出现"001号"病人这个转机时，王振义已62岁。很多人说，你60多岁了，别折腾了，小心毁了清名。他却说："我为了病人，我是有试验依据的，我相信科学。"

## 甘为人梯 "一门四院士"传为美谈

王振义是一名本土培养的医学大家，他不但自己成就非凡，还创造了"一门四院士（陈竺、陈赛娟、陈国强都是他的学生）"的团队奇迹，为新中国培养一大批医学翘楚。

1978年，陈竺以专业考分第一名的成绩成为王振义教授的硕士研究生。1984年，王振义力荐陈竺、陈赛娟夫妇赴法留学。1989年，两人学成回国，继续在导师指导下工作，并最终开辟出一块令人瞩目的基因研究新天地。

"我一直以这两名学生为荣，看到学生超过自己，这是当老师最大的欣慰"。王振义说。

1996年，陈竺的研究日臻成熟，王振义主动把代表中国血液学研究最高水平的上海血液学研究所所长的位置交给陈竺，因为他看准了陈竺渊博的学识、大度的气量、出众的才能，一定能将血研所带向新的成功与辉煌。

那一年，陈竺42岁。后来，陈竺、陈赛娟都因杰出的科学成就当选为院士，陈竺还成为了中国卫生部部长。

在学生眼中，王振义始终是一位谦逊豁达的长者，严谨求实的学者，爱才惜才的大师。现任上海交大医学院院长、中国科学院院士陈国强是王振义的另一位得意门生。他至今难忘老师为自己修改硕士研究生论文的场景：王老师一遍遍修改，他就一遍遍整理抄写；王老师先后改了10遍，近二万字的毕业论文，陈国强就抄了10遍。

陈国强院士说，正是导师的言传身教，激励他向更高、更险的医学高峰迈进。

王振义先后担任过内科学基础、普通内科学、血液学、病理生理学等教学工作，培养了新中国血液学领域的一大批博士、硕士。由他创始并担任首任所长的上海血液学研究所先后成为上海市、卫生部、教育部的重点实验室，上海市"重中之重"重点学科，"211"工程重点建设专业，医学基因组学国家重点实验室等，承担了100多项国家级课题，一系列重要的科研成果写在人民的健康上。

### 放弃专利 始终不变是对患者的爱

如今，95岁高龄的他仍坚持每周四进行"开卷考试"。2003年，他将所有行政岗位"让贤"后，自创这一特殊的查房方式，即每周一由学生出题目，提交临床上遇到的疑难病例，他利用一周时间搜索最新文献，每周四与大家一起探讨。

"30多年过去了，我们只攻克了一种白血病，还有许多种白血病需要我们去攻克，还有很多工作要做。我只希望余生能再做些事，比如，学生们临床科研工作太忙了，没空广泛阅读文献，就由我来替他们泛读，然后精选给他们细读，帮助他们去救更多人。"老先生总说，这辈子看好了一种病，是欣慰也是遗憾。在给记者的题字上，他就写了四个字："学无止境"。可谓大道至简，大医精诚。

今年，根据王振义院士每周四"开卷考试"的答案梳理而成的专著《瑞金医院血液科疑难病例讨论集》第二集已出版发行，大家都说，这是王院士对青年医师最无私的奉献。

令人感动的是，这位老人不止在瑞金医院"交卷"，95岁高龄的他还会出现在徐汇区中心医院等区属医院。该医院血液科医生感慨地说，"没想到，如此蜚声国际学术界的老先生丝毫没有架子，这些年只要他自己身体无碍，风雨无阻都会来到患者身边。"

原来，2016年，瑞金医院在上海成立首个专科医联体"上海瑞金血液病医联体"，2017年又牵头成立全国首个血液专科医联体。正是随着"上海瑞金血液病医疗联合体"的组成，各兄弟医院的血液科参加了疑难病例的讨论。

"解决患者的问题"，这是王振义一生不懈探索医学创新的源头，也是他始终不变的医者初心。

近年来，因为一部电影《我不是药神》，吃不起"天价肿瘤药"的情景让很多人唏嘘，但有一种治疗白血病的药很便宜。今天，在中国，一盒10粒装的口服全反式维甲酸的售价仅290元，并纳入医保。这个"全球最低价"也得感谢这位老人，他在成功发现并应用全反式维甲酸这种特效药后，却没有申请专利。

"老实说，当时没专利意识，就想快点救病人。"王振义说，没想过以此去发大财。他向记者展示了母校震旦大学医学院的校训，九条校训也是九条从医誓言。"余于病者当悉心诊治，不因贫富而歧视，并当尽瘁科学，随其进化而深造，以期造福于人群。""余于正当诊金之外，绝不接受不义之财。"这两条被他标黑加粗。他说，当医生，在社会上收入不低，这就是"正当诊金"，够了。

这位被世界医学界誉为"癌症诱导分化第一人"、名噪国内外血液学领域的学者，客厅里挂着一幅《清贫的牡丹》。

"我认为这幅画表达的是清静向上的意思，做人要有不断攀高的雄心，但又要有一种正确对待荣誉和自我约束的要求。"对于这幅画的理解，印证了王振义为学、为人、为医、为师的人生观和价值观，也揭示了这位德高望重的医学科学家的成功之道。他说："我相信做人最本质的东西：胸膺填壮志，荣华视流水。"

《文汇报》（2019年8月18日8版，作者：唐闻佳）

# 李振声

## 著名遗传学家、小麦育种学家

系统研究了小麦与偃麦草远缘杂交并育成了"小偃"系列品种，开创了小麦磷、氮营养高效利用的育种新方向，是我国有重要影响的农业发展战略专家。

## 李振声

李振声，男，汉族，中共党员，1931年2月生，山东淄博人，中国科学院原副院长，中国科学院院士，第八、九届全国政协委员。他是我国小麦远缘杂交育种奠基人和农业发展战略专家，系统研究小麦与偃麦草远缘杂交并育成了"小偃"系列品种，开创了小麦远缘杂交品种在生产上大面积推广的先例。创建了蓝粒单体小麦和染色体工程育种新系统，开辟了小麦磷、氮营养高效利用的育种新方向。他组织实施农业科技"黄淮海战役"、提出并推动"渤海粮仓"项目建设，为促进我国粮食增产、保障国家粮食安全发挥了重要作用。荣获国家最高科学技术奖、国家技术发明奖一等奖和"全国劳动模范"等称号。

李振声　著名遗传学家、小麦育种学家

# 扎根麦田助增产

他是我国小麦远缘杂交育种奠基人和农业发展战略专家，培育推广抗病、高产的远缘杂交小麦；组织开展多项重大农业科技攻关，荣获国家最高科学技术奖、国家技术发明奖一等奖……数十年来，中国科学院院士李振声为促进我国粮食增产、保障国家粮食安全发挥了重要作用。

1956年，响应国家"支援大西北"号召，25岁的李振声踏上从北京开往陕西的列车，随身背包里除了简单的生活必需品外，还有牧草草根。

当时，小麦条锈病在我国黄河流域肆虐，一年便能导致小麦减产超百亿斤。李振声产生了一个大胆的想法：能不能将牧草与小麦杂交，培育出抗病性强的小麦品种？李振声把携带的牧草草根种在研究所的院子里，搭建了简易的半地下土温室，并牵头组建了一个青年科学家课题组。

经过20多年攻关，课题组在1979年育成了小麦新品种——"小偃6号"。"小偃6号"能同时抵抗8个条锈病菌生理小种，且产量高、品质好。这些品质让它成为中国小麦育种的重要骨干亲本，其衍生品种有80多个。

李振声不仅是麦田里亲力亲为的耕耘者，更是中国麦田谋划者、拓荒者。

1987年6月，李振声任中国科学院副院长。当时，我国粮食产量已出现连续3年的徘徊不前。如何进一步增产？他提出一个影响至深的建议——黄淮海中低产田治理。

为此，李振声和调研团队跑遍黄淮海地区。在河南封丘，调研团队了解到，当地推广中低产田治理措施后，给国家贡献更多粮食；在安徽蒙城，中低产田的治理成本也都得到回报。这些实践成果让李振声看到了中低产田治理的潜力。

充分调研和准备之后，1988年2月，中国科学院组织25个研究所400多名科技人员深入黄淮海地区，与地方科技人员合作开展了大面积中低产田治理工作。经过6年治理，仅黄淮海地区就增产504.8亿斤。

2013年，82岁的李振声组织实施"渤海粮仓科技示范工程"，实现环渤海地区5年增粮200多亿斤。2020年，年近90岁的李振声再次提出建设"滨海草带"的设想，以确保我国饲料粮安全。

李振声说："新中国让我有饭吃，又能上大学，这是我过去从不敢想的事情。国家培养了我，我应该回报国家。"这也是李振声一生科研工作的写照。

在不懈耕耘的过程中，李振声培养了一批中国农业科技领域的骨干人才。

学生陈化榜对李振声的关怀和培养记忆犹新。"对于指导学生，李先生更多是从大方向上把关。"陈化榜说，老师常说，科研创新要接地气，要跟着国家的需求选择自己要做的事情。

每年入冬前，李振声都要带学生去田里看小麦的苗期繁茂性；早春去调查小麦的抗寒性；5、6月在田里指导选种。"哪一块地有好材料，他都记得很清楚，要求学生也记得。"学生郑琪说。

如今，中国科学院遗传与发育生物学研究所成立了李振声"滨海草带"青年突击队，集中所内10多个育种和养殖团队的优势科研力量，在山东省东营市开展攻关。新时代的青年科技工作者，传承老一辈科学家的精神，继续在祖国的大地上书写自己的科技论文。

《人民日报》（2024年09月18日4版，记者：吴月辉）

李振声　著名遗传学家、小麦育种学家

# 惟愿天下仓廪实

## 记中国小麦远缘杂交育种奠基人

尽管已年过八旬，中国科学院院士李振声仍旧最热衷到田间地头去看小麦。他是通过小麦育种登上国家最高科技领奖台的科学家，最爱谈的话题是小麦，甚至连家里阳台上也种着小麦。

如此钟情于小麦，源自他对土地的热爱，对"三农"的深厚感情。

1956年，李振声响应国家支援大西北的号召，奔赴陕西杨凌镇，进入当时的中国科学院西北农业生物研究所工作。这一去，就是31载。

那一年，恰逢我国历史上最严重的小麦条锈病大流行，西北地区有的地方小麦因此减产20%~30%。经历过自然灾害、饿过肚子的李振声内心受到很大触动，他决定从事小麦改良研究，为农民培育优良抗病小麦。

"农民精心栽培小麦几千年，但小麦还是这么体弱多病；野草没人管，却生长得很好。"能不能通过小麦与天然牧草的杂交来培育一种抗病性强的小麦品种呢？李振声开始对小麦远缘杂交进行研究。说时容易做时难，小麦和野草是风马牛不相及的两个生物物种。

经过大量深入细致的研究，李振声带领课题组终于育成优质小麦新品种——"小偃6号"。"小偃6号"作为陕西省小麦骨干品种长达16年以上，农村流传着"要吃面，种小偃"的说法。"小偃6号"已成为我国小麦育种的重要骨干亲本，其衍生品种50多个，累计推广3亿多亩，增产小麦超过150亿斤。李振声也因此被称为"中国小麦远缘杂交之父"。

仅凭这一项成就，李振声就足以赢得世人的尊敬。但，他并没有停下科研的脚步，而是不懈探索着中国粮食的增产之路。

1987年，李振声调回中国科学院。在院长周光召的全力支持下，李振声与中科院的农业专家一起，提出了黄淮海中低产田治理方案。经过6年的治理，到1993年，全国粮食从8000亿斤增长到9000亿斤时，仅黄淮海地区就增产了504.8亿斤。

20世纪末，美国人布朗"谁来养活中国"的疑问，引发世界关注。在2005年4月的博鳌论坛上，李振声汇集了我国近15年的有关数据，与布朗预测的情况进行对比，结果发现布朗的三个推论都不正确，都不符合中国实际。"我们相信，凭着正确的政策和科技、经济的发展，中国人能够自己养活自己。"

如今，已是耄耋之龄的李振声院士，仍奋战在一线。他带领团队相继培育出的"小偃54""小偃81""小偃60"等优质品种，屡屡创下高产纪录。李振声又与中科院的农业专家筹划组织"渤海粮仓"工作，2013年4月，科技部与中科院联合组织的"渤海粮仓"项目启动。

1985年获国家技术发明一等奖，1988年获陈嘉庚农业科学奖，1995年获何梁何利科学与进步奖，2005年获首届"中华农业英才奖"，2006年获得国家最高科技奖……面对纷至沓来的荣誉，李振声却始终不忘初心："真正给我打分的是农民！"

《人民日报》（2014年5月17日6版，记者：冯华）

李振声　著名遗传学家、小麦育种学家

# 小麦人生

"6月正午的太阳照得人眼花，几个年轻人都躲在树荫下。可李振声戴着一顶草帽，从一大早就在田里查看麦苗，蹲下、起来，换个地方再蹲下、起来……整整一上午三四个小时就这样重复做蹲起运动。"

谁能相信，同行用这段文字描述的李振声，已近八十之龄！

谁能相信，李振声院士作为2006年度国家最高科学技术奖的唯一得主、小麦遗传育种学家，谦逊低调，以至于难于采访！

记者只得采取迂回战术，既采访本人，也采访他人，尽量立体再现李振声的"小麦人生"。

### 陈宜瑜："李振声开创了一个新领域"

2007年伊始，《李振声院士论文选集》要付梓出版。国家自然科学基金委主任陈宜瑜院士在序言中写道："李振声院士……在小麦遗传育种方面取得了具有创新性和实用性的系统研究成果，为提高我国在小麦遗传育种方面的国际影响和我国小麦的生产水平作出了突出贡献"，李振声"开创了一个新领域，打造了一个新的科研平台。沿着他开创的事业，后来者云集，极大地提高了我国遗传育种水平。"

往事，发生在20世纪50年代初：我国黄淮流域和北方冬麦区条锈病大流行，造成小麦严重减产。

"得了条锈病的小麦叶子会变黄，我们到田里转一圈，蓝裤子就变成黄裤子了。"李振声回忆说。

条锈病菌平均5.5年就产生一个新的生理小种，可小麦品种间杂交育种的常规方法要8年才能育成一个新品种——小麦新品种选育的速度远远赶不上病菌变异的速度。"小麦也是三种野生植物杂交后，经过9000多年的自然选择和人工选择的结果。那我们能不能让小麦同抗病、抗旱的野生草种再次杂交呢？"望着颗粒无收的麦田，年轻的李振声把目光聚焦在远缘杂交育种上。

从1956年开始，李振声用20年时间，攻克了远缘杂交不亲和、杂种不育、杂种后代疯狂分离三大困难，成功地将偃麦草的染色体组、染色体、染色体片段导入小麦，育成了高产、抗病、优质的小偃系列小麦新品种。其中小偃6号不仅对当时流行的8个条锈病生理小种都有较好的抗性，而且抗干热风、耐旱、产量稳定，在陕西、山西、河南、山东、河北等十余个省市已累计推广面积达1.5亿亩，增产小麦80亿斤，开创了小麦远缘杂交育种在生产上大面积推广的先例。小偃6号也是我国小麦育种重要的骨干亲本之一，用其作为亲本或直接系统选育成的品种达40余个。这些品种累计推广面积3亿亩以上，增产小麦已超过150亿斤。

"小偃6号的育成和大面积推广，证明远缘杂交确实是改良小麦品种的重要途径。但是20年的育种时间太长，这种成功别人很难重复，于是我想能不能另寻捷径"，李振声回忆说。

20世纪70年代后期，李振声研究出蓝粒单体小麦系统，在一个麦穗上可以长出深蓝、中蓝、浅蓝和白粒四种颜色的种子。李振声解释说："根据种子颜色，我们就能知道它染色体的数目。白色的只有40条染色体，叫缺体。可用它与远缘植物杂交，较易将外源染色体转移到小麦中。"

应用这个方法，他只用三年半就育成了小麦—黑麦异代换系，陕西长武农技站以它为亲本杂交育成了小麦新品种"长武134"，累计推广面积1000万亩以上。

### 陕西民谣："要吃面，种小偃"

羊肉泡馍、猫耳朵……陕西人爱吃面，可由于自然条件限制，过去陕西的小麦产量并不高。李振声培育出小偃系列后，陕西农村就流传开了这样一句民谣："要吃面，种小偃。"小偃6号作为陕西省骨干小麦品种，迄今种了16年，每年种植面积有50多万亩，为陕西小麦增产继续贡献着力量。

1987年，李振声调任中科院副院长，在更宽广的舞台上从事农业科技工作。

"从1984年到1987年，三年间，我国粮食产量出现三年徘徊，而人口增加了5000多万。党和政府急于找到打破徘徊的方案。"李振声回忆说。"我同科学院的农业专家，通过三个月的调查，提出了黄淮海中低产田治理方案。"

在时任中国科学院院长的周光召全力推动下，李振声带领着科学院25个研究所的400多名科技人员深入农村，打响了农业科技的"黄淮海战役"。1993年，全国粮食从8000亿斤增长到9000亿斤，其中黄淮海地区增产504.8亿斤，与李振声等500亿斤的预计十分吻合。

每当我国粮食产量出现徘徊，李振声都能及时给大家敲响警钟，指出问题所在，分析潜力和对策。

1995年，针对我国粮食产量出现连续4年徘徊的局面，李振声率领中科院组织的农业问题专家组进行调研，从具体国情出发写出了《我国农业生产的问题、潜力与对策》报告，重点分析了由9000亿斤增长到10000亿斤的潜力，并提出了相应的对策和实现目标的建议。

1999年至2003年，我国粮食生产出现连续5年减产。2004年4月，李振声发表题为"我国粮食生产的问题、原因与对策"的主题报告，分析了连续5年减产的原因，提出争取三年实现粮食恢复性增长的建议。

李振声，还在为中国人民"吃粮"奔忙。

### 李滨："我始终记得父亲卧室里深夜透出的灯光"

"亲人眼里无伟人。"

可在女儿李滨的心里，父亲李振声永远高大。"父亲为人正直严谨，谦和宽容。工作时一丝不苟，生活上但求温饱，他几乎是个完美的人。"

李滨女承父业，和父亲在一个实验室工作了近20年，她印象最深的就是父亲对工作的严谨。她说："记得有一年写调查报告，父亲每天都睡得很晚，似乎梦里也在思考，想到什么问题，醒了马上扭开台灯把问题记下来。那段时间，父亲的卧室经常在半夜或凌晨透出光亮。"

"父亲对工作的严谨贯彻始终。他64岁时，因工作需要向沈允钢院士、匡廷云院士请教有关光合作用的知识和研究方法。他听说中午时叶子的气孔会关闭，就和匡院士大日头底下一起跑到田里观察叶子。"李滨说。

1992年，李振声退居二线，而工作却没有停止。他在昌平平西府建立了一个育种基地。陈宜瑜回忆说："基地刚建起来的时候，没有食堂、没有卫生间、没有围墙，连路都不通。李振声就带个饭盒，在田里一呆就是一天。"就是在这个基地，李振声开创了小麦磷、氮营养高效利用的育种新方向，发现了一批"磷高效"和"氮高效"小麦种质资源，揭示了其生理机制与遗传基础。如今，他针对我国国情提出的"少投入、多产出、保护环境、持续发展"育种目标，已经成为农业973项目研究的重要指导原则。

"我来自一个普通的农民家庭，靠着亲戚的接济读到高中二年级，要不是1948年济南解放，山东农学院免费招生还提供吃住，也许我就随便找个工作了。"李振声说。"1942年山东大旱我挨过饿，知道粮食的珍贵。上大学时，我将一些优良品种引回家乡，确实增产了，乡亲们都来换。从那时起，我就决心将来从事小麦育种研究。"

"社会培养了我，我应该向社会做出回报"——就是这种朴素的感情，支持着李振声。无论是小偃系列那20年的默默无闻，还是功成名就后，李振声对工作从未有一丝的放松。

陈宜瑜说："在远缘杂交研究最初的20年里，振声先生面临的不仅仅是没有成果的寂寞，更有险遭批判的厄运。现在的年轻人总想着快出文章、快出成果，缺的就是这种对科研的执著。我想归根结底，也许是想个人想得太多，没有像振声先生一样以国计民生为己任，始终围绕国家需要开展自己的研究工作。"

### 李振声："学点哲学，少犯错误，少走弯路"

2006年元旦，学生到李振声家里拜年。李振声送给他们的礼物是影响自己的人生格言。学生童依平说："老师亲自念给我们听，每念完一条又给我们讲他对这句话的理解，这里面饱含他对事业、家庭的感悟以及对待失败和成功的正确态度。"

李振声说："几十年的经验使我深刻体会到，学点哲学可以少犯错误，少走弯路。"其中，艾思奇有关唯物论和辩证法的论述对他影响深刻。李振声说："对科学研究来说，具有重要指导作用的哲学原理是：世界是物质的，物质世界是可以认识的。人的认识，如果能正确反映客观规律，就是正确的认识，否则就是错误的。按照客观规律办事就能成功，否则就会失败。"

李振声说："回顾50多年来的历程，我觉得有四点在工作中发挥了重要作用。第一，社会责任感。第二，明确的工作目标，人的精力有限，一辈子能集中时间和精力做成一两件对社会真正有益的事情就不错了。第三，持之以恒的毅力。我欣赏顾炎武的名言：以兴趣始，以毅力终。我认为这对加强科技工作者的个人修养很有帮助。第四，依靠集体和团队，这是成功的保证。"

如今，李振声工作的重心主要放在培育青年一代和农业咨询工作上。他决定将全部奖金捐献给单位，建立助学基金，对经济困难的学生助一臂之力。

"荣誉首先应归于集体，没有集体的艰苦奋斗，就不可能有我今天的成就。"2月27日，站在领奖台上，李振声憧憬明天："发展农业是一个永恒的主题，我将继续为国家粮食安全和农民增收作出新的贡献。"

"小麦人生"，沉甸甸，亮闪闪。

《光明日报》（2007年2月28日，记者：齐芳）

# 大国粮仓的"科技脊梁"

璀璨灯光下，如簇鲜花中，他从国家领导人手中接过2006年度国家最高科学技术奖证书，成为中国第10位国家最高科学技术奖获得者。他就是中国科学院院士李振声。

保障国家粮食安全是维护经济社会稳定的基础。李振声一辈子都在为中国老百姓的"吃粮"问题奔忙。在他工作的中国科学院遗传与发育生物学研究所（以下简称遗传发育所），大家亲切地称他"老李"院士。

"老李"是麦田里的躬耕者，做事情不怕苦、不畏难，曾31年坚守陕西，培育出抗病、高产的远缘杂交小麦。出身农民家庭的他胸有丘壑，先后提出农业科技"黄淮海战役""渤海粮仓科技示范工程"等大型农业攻关项目，使我国粮食大幅增产。他为国家粮食安全发挥了"科技脊梁"的重要作用。

"李老师很少考虑自己，一辈子都在操心国家的事，始终想着让大家都有饭吃、都有好日子过。"他的弟子兼同事穆素梅在接受《中国科学报》采访时说。

## 扎根麦田，为了让老百姓不挨饿

李振声1931年出生在山东一个普通的农民家庭，小时候遇到连续大旱，村里人把树皮都吃光了。因为饥饿，他父亲患上严重的胃病，在他13岁时撒手人寰。这让李振声深知粮食的珍贵。

1948年，完成高中二年级学业的李振声为了减轻家里的负担，决定辍学到济南寻找工作。那时，山东农学院一则招生启事中的"免费食宿"吸引了他的注意,他试考成功,从此走上小麦育种的道路。1951年,李振声毕业后被分配到位于北京的中国科学院遗传选种实验馆,从事牧草栽培工作。1956年,响应国家支援大西北的号召,他被调往位于陕西杨凌的中国科学院西北农业生物研究所工作。

上世纪50年代,小麦条锈病一年能"吞掉"120多亿斤口粮,让本就吃不饱的中国人更加饥肠辘辘。在杨凌,李振声体会到条锈病的可怕:穿黑裤子在麦地里走一趟,裤子就会变成黄色,不少农民在田里抱头痛哭。

小麦一旦感染条锈病,就会减产30%到50%,甚至绝产。将外来抗病小麦与本地小麦杂交,培育抗病新品种需要8年左右,而小麦条锈病让这些"近亲繁殖"的新品种失去抗性平均只要5年半。

如何才能解决育种速度赶不上病菌变异速度的致命缺陷?

李振声苦苦思索后大胆设想:能不能通过牧草与小麦杂交,培育出一个抗病性强的小麦品种呢?"小麦经过了数千年的人工栽培,就像温室里的花朵,抗病基因逐渐丧失;野草在自然界通过层层筛选,是非常好的抗病基因库。"

李振声的设想得到了植物学家闻洪汉和植物病理学家李振岐的支持。他牵头组建青年科学家课题组,对牧草和小麦"远缘杂交"展开攻关。

开展远缘杂交研究有三道难关:杂交不亲和,很难实现杂交;杂种不育,后代像马和驴的后代骡子一样,没有生育能力;后代"疯狂分离",抗病性状很难保持。他们迎难而上,从数百种牧草中挑选了12种与小麦杂交,发现长穗偃麦草的后代长得最好。偃麦草花期比小麦晚,他们加灯补光调整开花期,使它提前两个月开花,成功授粉。一个杂交种看着很好,下一代却面目全非了,他们就一次次地重复鉴定、筛选。

1978年,李振声带领课题组"鏖战"22年的成果——高产、抗病、优质的小偃系列小麦新品种,在初步生产推广应用中取得良好效果,获得全国科学大会奖。

时光荏苒,李振声从20多岁的小伙子变成年近半百的"老李"。但他收获了陕西农民给他的最高评价——"要吃面,种小偃!"

特别是他们培育的"小偃6号",不仅对当时流行的8个条锈病生理小种都有较好的抗性,而且抗干热风、耐旱、产量稳定,从1981年通过品种审定到1985年获得国家科技发明奖一等奖,累计推广2400万亩,开创了小麦远缘杂交育种大面积推广的先例。它还是中国小麦育种的重要骨干亲本,衍生品种达80多个。

从1978年起,李振声又创建了蓝粒小麦和染色体工程育种新系统,将原本需要数十年的远缘杂交育种过程缩短至3年,为技术实用化开辟了一条新路。这项原创性成果让1986年第一届国际植物染色体工程学会会议落户西安,进一步扩大了我国小麦遗传育种在国际上的影响力。

"以兴趣始,以毅力终",李振声十分推崇明末清初思想家顾炎武的这句名言。这句话正是他数十年如一日育种工作的写照。

### 永不止步,为了让国家多产粮

1987年,李振声告别杨凌,担任中国科学院副院长,从亲力亲为的耕耘者成为运筹帷幄的中国麦田谋划者,在我国多次粮食"危机"中挺身而出。

当时,我国粮食生产连续3年徘徊在8000亿斤左右,但人口增长接近5000万。李振声会同中国科学院的农业专家,经过3个月的调查,提出了黄淮海中低产田治理方案。

"在推动什么事情时,我们常说'手中无典型,说话没人听'。"李振声说,为了找到鲜活的典型,他带队跑遍黄淮海地区。时间紧、任务急,他们就夜里坐车、白天调研。在一次次实地调研中,他逐渐成竹在胸。

李振声的女儿李滨记得,有一年为了写调查报告,父亲每天都睡得很晚,似乎梦里也在思考。他想到什么,醒来马上打开台灯,把问题记下来。那段时间,父亲的卧室经常在半夜或凌晨透出光亮。

1988年2月,在时任中国科学院院长周光召的支持下,李振声带领25个研究所的400多名科技人员深入黄淮海地区,与地方科技人员合作开展了大面积中低产田治理工作。我国粮食年产量从8000亿斤增长到9000亿斤,仅黄淮海地区就增产504.8亿斤。

我国粮食产量多次徘徊，李振声都及时敲响警钟，提出增产对策。

1991年至1994年，我国粮食生产出现4年徘徊。1995年，李振声率领中国科学院农业问题专家组进行调查研究，撰写了《我国农业生产的问题、潜力与对策》报告。

1999年至2003年，我国粮食生产出现5年连续减产。2004年，李振声在"中国科学与人文论坛"上发表题为《我国粮食生产的问题、原因与对策》的演讲，分析了连续5年减产的原因，提出了争取3年实现粮食恢复性增长的建议。

2005年，在博鳌论坛上，李振声对美国经济学家莱斯特·布朗10年前发表的文章《谁来养活中国》逐一批驳，并果敢地提出"中国人自己养活自己"的思路。

一个个响当当的科研创新成果和农业策略的落地，让李振声在1991年当选中国科学院院士，2006年获得国家最高科学技术奖。

但他并未止步。

"新中国让我有饭吃，又能上大学，这是我过去从不敢想的事情。"李振声说，"国家培养了我，我应该向国家作出回报。"

2013年，82岁的李振声组织实施"渤海粮仓科技示范工程"，历经5年攻关，实现环渤海地区增粮200多亿斤。2020年，年近90岁的李振声又提出建设"滨海草带"的设想，以确保我国饲料粮安全。

### 珍爱粮食，从不说"饭不好吃"

对于粮食，李振声一如既往地珍爱、敬畏。在李滨的印象里，父亲从没说过哪顿饭"不好吃"。

在陕西时，李振声总和农民打成一片。陕西人喜欢吃面，农户饭桌上经常放一盆面、一小盘醋、一小盘辣椒面、一小盘粗盐粒。李振声能很好地适应这种饮食，对初到陕西农村蹲点的穆素梅说："放几个盐粒，放点醋，放点辣椒，一搅就挺好吃。"

后来到了北京，他们实验室开完组会订饭时，李振声大多时候只点一碗牛肉面，怕"多了吃不了"。在昌平育种基地农场的食堂打完"份饭"后，担心自己吃不完，他会让学生先拨走一些再吃。他的餐盘里从不剩一粒米，而且要求学生也要做到。

"中国用全球9%的耕地养活了世界近20%的人口，这非常不容易。"李振声说。

在同事和学生眼中，爱惜粮食、要种好粮食的"老李"十分好学。

李振声64岁时，为了开展高光效育种，向中国科学院院士沈允钢和匡廷云请教光合作用的知识和研究方法。他听说叶子的气孔在中午关闭，就和匡廷云顶着大太阳，一起跑到田里观察叶子。

他40岁学英语、50岁学电脑、80多岁学用微信，样样不落。90岁后，他不能亲自到田间地头去，就用微信向学生、遗传发育所副研究员李宏伟了解"滨海草带"工作的落地情况。

李振声认为，科研生涯中能够取得一些成绩，除了要有社会责任感、持之以恒的毅力，依靠集体和团队外，还要有明确的目标。

在今天的遗传发育所，很多科研人员都知道李振声说过的这句话："做科研要'打大鸟'，而不是弄一堆'小麻雀'。"

李振声经常鼓励学生克服困难，做更重要的事情。遗传发育所副研究员郑琪继承了李振声的衣钵，根据他的要求创制小偃麦种质库，培育耐盐抗旱小麦新品种。郑琪把在北部冬麦区水肥地选育的小麦品系拿到黄淮麦区旱薄地试种时遇到了挫折，李振声用一幅字"行到水穷处，坐看云起时"鼓励她。

"一个人的精力有限、时间有限，一生中能做的事情有限，所以目标必须明确、集中。"李振声说。

《中国科学报》（2024年4月17日1版，记者：冯丽妃）

# 黄宗德

## 保家卫国不怕牺牲的战斗英雄

17岁入伍投身革命,先后参加渡江战役、江西剿匪、抗美援朝战争,在多场战役战斗中冲锋在前、屡立战功,为保家卫国浴血奋战,是英勇顽强、不怕牺牲的战斗英雄。

### 黄宗德

黄宗德，男，汉族，中共党员，1931年8月生，山东荣成人，中国人民解放军原52824部队副师职顾问。17岁入伍投身革命，先后参加渡江战役、江西剿匪、抗美援朝战争，在多场战役战斗中冲锋在前、屡立战功，为保家卫国浴血奋战，是英勇顽强、不怕牺牲的战斗英雄。荣获"二级战斗英雄"、胜利功勋荣誉章，荣立一等功、二等功各1次，被朝鲜授予"一级国旗勋章"。

# 战斗英雄许党报国

初秋时节，93岁高龄的黄宗德，身着微微泛黄的旧军装，缓慢而坚定地走上天津警备区某干部休养所党课教育讲台。"今天的幸福生活来之不易，它是无数革命先烈的鲜血换来的。作为新时代的革命军人，要继承好革命传统，苦练过硬本领，保卫好我们的祖国！"望着讲台下的官兵，黄宗德饱含深情地说。

黄宗德1931年出生于山东省荣成县（现荣成市），17岁时入伍投身革命，先后参加渡江战役、江西剿匪、抗美援朝战争，是英勇顽强、不怕牺牲的战斗英雄，曾荣获"二级战斗英雄"、胜利功勋荣誉章，荣立一等功、二等功各1次，被朝鲜授予"一级国旗勋章"。

1948年12月，解放战争进入战略决战的白热化阶段，黄宗德义无反顾报名参加解放军，光荣地成为一名革命战士。那年他只有17岁。

投身革命不久，黄宗德迎来了他军旅生涯中的第一场大仗。1949年4月，解放军发起渡江战役。一次战斗中，黄宗德和战友组成冲锋队。密密麻麻的子弹在身边穿梭，爆炸声不绝于耳。"砰"的一声，一枚手榴弹在冲锋队员的身边爆炸。"当我醒来的时候，发现自己已身负重伤，5个人牺牲了3个，还有1名战友的嘴里不停地往外吐血沫。"战友拼尽最后的力气睁开眼睛，望着黄宗德断断续续地说："替我向家里人捎个信，也替我看看咱们的新中国……"带着战友的心愿，黄宗德一次次在战斗中冲锋陷阵，为解放事业贡献力量。

抗美援朝战争中，志愿军发起第三阶段反击作战，黄宗德所在连队奉命攻打上九井西山。冲锋号响起，身为班长的黄宗德带领战士们快速冲出屯兵洞，突入敌前沿阵地。20多分钟后，部队从正面炸毁12个敌暗堡，而此时战友死伤已过半，黄宗德悲痛万分，带领幸存的战士直扑敌阵，最终将顽抗之敌一一歼灭，完全控制了上九井西山的表面阵地。

艰苦卓绝的战斗历程，也让他患上严重的皮肤病、风湿病，至今3块弹片仍留在体内无法取出。对此，黄宗德无怨无悔："与那些牺牲的革命先辈和并肩战斗的战友相比，这又算得了什么！"

"烽火岁月虽已远去，但我经常会在梦里重回战场，与战友们重逢，他们还是那般年轻。在梦里，我多次向战友们描述着今天的中国……"几十年来，每每回忆起那些生死相依的战友，黄宗德都难以控制自己的情绪，感念今天的幸福生活来之不易。

进入和平年代，黄宗德始终认为："作为共产党员、革命军人，硝烟散去，也要永远铭记自己许党报国的誓言。"

黄宗德在日常生活中积极学习党的创新理论，通过口述战斗历史、拍摄宣传视频、宣讲红色故事等方式宣传我党我军优良传统。"见证新中国的发展富强是我的荣幸，讲好红色故事是我的责任。"黄宗德说。

离休以后，黄宗德作弘扬革命传统的报告数十场。有人担心他年纪越来越大，身体吃不消。黄宗德总是微笑着回应："正因为我老了，所以更要争分夺秒做一些力所能及的事，这样才不负穿过的军装，不负牺牲战友的嘱托。"

新中国成立75周年之际，黄宗德再次走进校园。讲罢战斗故事，他和学生们漫步在学校操场上，谈话间语重心长："你们是国家未来的希望，一定要好好学习，为祖国贡献自己的力量。"

*《人民日报》（2024年09月19日2版，记者李龙伊，程吴昊参与采写）*

# 英勇战斗　以身许国

"雄赳赳，气昂昂，跨过鸭绿江……"每每听到这熟悉的旋律，17岁入伍投身革命，如今已93岁高龄的黄宗德依然热泪盈眶。

胸前一枚枚奖章，默默讲述着老英雄不朽的功勋：荣获"二级战斗英雄"、胜利功勋荣誉章，荣立一等功、二等功各1次，被朝鲜授予"一级国旗勋章"。

黄宗德时常会念起当年那些牺牲战友的名字，他说："我是幸存者，他们才是英雄！"

### 智勇双全：连破5个火力点，只身俘敌22人

74年前，当侵略者把战争强加到新生的共和国头上，亿万中国人民发出正义的呐喊：抗美援朝，保家卫国！

1952年8月，21岁的黄宗德奉命奔赴抗美援朝战场。

1953年7月，中国人民志愿军发起金城反击战。黄宗德所在的志愿军第24军74师220团2营5连奉命攻打上九井西山。他们面对的是南朝鲜军用雷区、铁丝网和火力点交织构筑起的防线，被敌人叫嚣为"模范阵地"。

13日夜，总攻开始。连长让因得痢疾正发高烧的黄宗德殿后。他却说："就是死也要死在战场上！"冒着敌人密集的弹雨，黄宗德第一个跃出阵地，率领全班突破7道铁丝网，攻下敌前哨阵地。

完成既定任务后，他带尖刀班主动策应两翼兄弟部队突破敌防线，连续摧毁敌5个火力点，打退敌1个班的反扑，攻占主峰。

战斗打了整整一夜,惨烈程度超乎想象。战斗结束后全连仅剩13人。

第二天,黄宗德独自一人遭遇了躲在坑道内的残敌。在冲锋枪被打坏、右前胸负伤的情况下,他没有退缩,而是抱着必死的决心,用仅有的手榴弹和炸药包炸开坑道。敌人纷纷缴枪投降。

"我的枪早就打不响了,为了稳住敌人,我大喊:'五班六班快过来。'"黄宗德说,"事实上只有我一个,哪有五班六班?"

此次战斗,黄宗德打掉敌地堡3个,毙敌7人,只身俘敌22人,缴获卡宾枪12支、步枪8支、冲锋枪4支、报话机2台。

因表现英勇,黄宗德被志愿军总部授予"二级战斗英雄"荣誉称号,并荣立一等功。

70多年过去了,回忆起当年牺牲的战友,黄宗德依然泣不成声,"他们才是英雄,我是替他们接受的荣誉。"

### 永感党恩:"是党把我从贫苦少年培养成革命战士"

1931年8月,黄宗德出生在山东荣成一户贫苦的农民家庭。

黄宗德的姐夫和姐姐都是地下党员。在他们的影响下,黄宗德加入了青年抗日先锋队,为组织传递消息,站岗放哨。

1948年12月,17岁的黄宗德参军入伍,成为山东省荣成县海防大队的一名战士。

1949年4月,解放军发起渡江战役。黄宗德被编入解放军第25军74师221团,第一次参加了战斗。黄宗德回忆说:"我不会水,但有一个信念,我绝不能牺牲在这,我们要解放全中国。"

渡过长江后,因为天降大雨,黄宗德和战友们分散在老乡家避雨。"几个国民党散兵也来敲门,我俘虏了3个敌人,立了三等功。"黄宗德说。

回忆起自己的革命历程,最让黄宗德骄傲的是,自己的政治生命和共和国同岁。75年过去了,入党时的细节老人记忆犹新:"1949年6月,在江苏镇江的一处破庙里，我宣誓加入了中国共产党。"

此后，黄宗德一路随军作战，多次立功。1949年10月1日，中华人民共和国成立。黄宗德回忆说，当时正在福建前线，消息传来，他和战友们一起欢呼拥抱，"别提多高兴了！"

"是党把我从贫苦少年培养成革命战士。"黄宗德说。

### 不忘初心："共产党员没有特殊的权利"

今年88岁的王锦华和黄宗德伉俪情深，已经共同度过了67个春秋。在她眼中，丈夫就是一名普通的军人。"他很少跟我和子女讲他过去的战斗经历。"王锦华说。

从朝鲜战场回国后，黄宗德先后担任团政治处主任、团副政治委员、团政治委员、师副政治委员等职务。

"三个孩子出生的时候，他都在部队，没在我身边。"在王锦华记忆中，丈夫一心扑在工作上，照顾家庭很少，"但我并不怨他。他是军人，属于军队，属于国家。"

在黄宗德影响下，三名子女都曾参军入伍。

二儿子黄毅从部队转业时请求父亲给予帮助，黄宗德对他说，共产党员没有特殊的权利，你自己该怎么办就怎么办。黄毅说："怨过父亲，但现在更感恩父亲。"

1986年，黄宗德从副师职顾问的岗位离休。尽管离开工作岗位，但他仍然关心国家大事，每天收看《新闻联播》，阅读《参考消息》。天津警备区某干休所工作人员李学武说，黄老每次学习文件，都是用手指着，一字一句地看。

离休后，黄宗德将大量精力投入开展爱国主义教育的工作中。干休所政委孟玮说，黄老是多所中小学的校外辅导员，曾到机关、企业、社区做过几十场报告。

如今，已年过九旬的黄宗德仍十分关心国防和军队建设。"强大的军队是国家安宁的保证。部队的同志们要忠于党和人民，好好提高本领，为保卫国家和世界和平作出更大贡献。"黄宗德说。

新华社天津9月16日电（李秉宣、李明刚、周文剑）

# 亲爱的战友，今日的中国如你所愿

蝉鸣鸟叫，艳阳高悬。8月16日，一位90岁高龄的老兵，身着一身微微泛黄的旧式军装，胸前佩戴着10余枚军功章，缓慢而坚定地走上天津警备区河东第四离职干部休养所党课教育讲台。

这位老人名叫黄宗德，1931年出生于山东荣成，1949年6月入党，参加过解放战争、抗美援朝战争等，荣立一等功和二等功各1次、三等功和四等功各4次。

"很高兴看到你们这些年轻、充满活力的面庞，你们是祖国的希望！今天的党课，我想从缝在衣服上的名字说起。"说罢，黄宗德便颤巍巍地解开衣扣，将衣角翻了过来。内衬上"黄宗德，山东荣成人"几个字虽洗得变了色，但仍依稀可见。

"当年在战场上，我曾看到有战友用针线在衣服上绣字，我不解地上前询问缘由，一位老兵笑着告诉我，'没想着活着回去，要是牺牲了，战友看到我的名字，就知道我是谁了。'"

"黄老，这就是向死而生吧？"台下，有人激动地问道。"是啊，一针一线留下的不仅仅是身份信息，更是战友们视死如归的信念。后来，我也借来针线，标记下我的信息。再后来，条件好了，我们都用墨水笔写下姓名。"

在渡江战役的一场战斗中，黄宗德所在的连队接到上级任务，要为后续部队撕开一个进攻的突破口。连长选了5名平时跑步快、脑子活的战士组成冲锋队，黄宗德就是其中之一。当时大家心里都清楚自己很可能回不来了，但没有一个人害怕，更没有一个人想要退缩。战场上，密密麻麻的子弹在身边穿梭，爆炸声不绝于耳，突然"砰"的一声，一枚手榴弹在冲锋队员的身边爆炸。"那时候什么都不知道了，也不知道疼，脑子一片空白，当我醒来的时候，发现自己已身负重伤，5个人牺牲了3个，还有1名战友的嘴里不停地往外吐血沫。"黄宗德强忍着疼痛，艰难地挪到那名战友身旁，大声呼喊："兄弟！不要睡！想想家人！想想你最想做的事！要活下来啊！"战友拼尽最后的力气睁开眼睛，望着他断断续续地说："替我向家里人捎个信，也替我看看咱们的新中国……"说完便闭上了双眼。

黄宗德一边将军装整理好，一边眼含热泪地说道："烽火岁月虽已远去，但我经常会在梦里重回战场，与战友们重逢，他们还是那般年轻，在梦里我多次向他们描述着今天的中国，他们都高兴极了，个个眉开眼笑……"

"亲爱的战友，今日的中国如你所愿！你们的血汗没有白流，中国人民站起来了，我们的祖国强起来了。"党课尾声，黄宗德眼睛望着前方，饱含深情地告慰牺牲的战友，并勉励在场的官兵，今天的幸福生活来之不易，它是无数革命先烈的鲜血换来的。作为新时代的革命军人，要继承好革命传统，苦练过硬本领，保卫好我们的祖国！

"见证新中国的发展壮大是我的荣幸，讲好红色故事是我的责任。"据了解，黄宗德1986年离休以来，坚持义务为部队、学校、工厂、党政机关、社区街道等单位，作弘扬革命传统的报告近百场。有人担心黄宗德年纪越来越大，这么"折腾"身体吃不消。对此，黄宗德总是微笑着回应："正是因为我老了，所以更要争分夺秒做一些力所能及的事，这样才不负曾经的那身军装，不负牺牲战友的嘱托。"

听完这堂特殊的党课，该干休所文职人员杨美倩在教育笔记本上写下自己的感悟：过往备受欺辱，但今日之中国举世瞩目，成就来之不易。我们一定要继承发扬革命先烈不畏艰难、勇于担当、甘于奉献、百折不挠的优秀品格，以高度的政治自觉，切实担负起我们这一代的历史使命。

《中国国防报》（2021年8月25日2版，作者：张志强、孟玮）

# 于敏

## ——一个曾经绝密28年的名字

他是我国著名核物理学家,长期领导并参加核武器的理论研究和设计,填补了我国原子核理论的空白,为氢弹突破作出卓越贡献。

## 于敏

于敏，男，汉族，中共党员，1926年8月生，2019年1月去世，天津宁河人，中国工程物理研究院高级科学顾问、研究员，中国科学院院士。他是我国著名核物理学家，长期领导并参加核武器的理论研究和设计，填补了我国原子核理论的空白，为氢弹突破作出卓越贡献。荣获"两弹一星"功勋奖章、国家最高科学技术奖和"全国劳动模范""改革先锋"等称号。

"共和国勋章"获得者于敏——

# 一个曾经绝密28年的名字

（国家勋章和国家荣誉称号获得者）

他二十八载隐姓埋名，填补了中国原子核理论的空白，为氢弹突破作出卓越贡献。

他荣获"两弹一星"功勋奖章、国家最高科学技术奖等崇高荣誉，盛名之下保持一颗初心："一个人的名字，早晚是要消失的，能把自己微薄的力量融进强国的事业之中，也就足以欣慰了。"

他是于敏，"共和国勋章"获得者。

## 夜以继日，终获突破

"国产专家一号"——人们这样亲切地称呼于敏。

没有留过洋，无碍他成为世界一流的理论物理学家；在原子核理论研究的巅峰时期，他毅然服从国家需要，开始从事氢弹理论的探索研究工作。

那是20世纪60年代。一切从头开始，装备实在简陋，除了一些桌椅外，只有几把算尺和一块黑板。一台每秒万次的计算机，需要解决各方涌来的问题，仅有5%的时长可以留给氢弹设计。

科研大楼里一宿一宿灯火通明，人们为了琢磨一个问题，常常通宵达旦。于敏的报告，与彭桓武、邓稼先等人的报告相互穿插，听讲的人常常把屋子挤得水泄不通。

"百日会战"令人难忘。100多个日日夜夜，于敏先是埋头于堆积如山的计算机纸带，然后做密集的报告，率领大家发现了氢弹自持热核燃烧的关键，找到了突破氢弹的技术路径，形成了从原理、材料到构型完整的氢弹物理设计方案。

1967年6月17日，罗布泊沙漠深处，蘑菇云腾空而起，一声巨响震惊世界。新华社对外庄严宣告：中国第一颗氢弹在西部地区上空爆炸成功！

从第一颗原子弹爆炸到第一颗氢弹试验成功，美国用了7年多，苏联用了4年，中国仅用了2年8个月。

《中国军事百科全书——核武器分册》记载：于敏在氢弹原理突破中起了关键作用。

### 青春无悔，铸就丰碑

有人尊称他为"氢弹之父"，于敏婉拒。他说，这是成千上万人的事业。

1926年，于敏生于天津一个小职员家庭，从小读书爱问为什么。进入北京大学理学院后，他的成绩名列榜首。导师张宗遂说：没见过物理像于敏这么好的。

新中国成立两年后，于敏在著名物理学家钱三强任所长的近代物理所开始了科研生涯。他与合作者提出了原子核相干结构模型，填补了中国原子核理论的空白。

正当于敏在原子核理论研究中可能取得重大成果时，1961年，钱三强找他谈话，交给他氢弹理论探索的任务。

于敏毫不犹豫地表示服从分配，转行。从那时起，他开始了长达28年隐姓埋名的生涯，连妻子都说：没想到老于是搞这么高级的秘密工作的。

20世纪80年代以来，于敏率领团队又在二代核武器研制中突破关键技术，使中国核武器技术发展迈上了一个新台阶。

他与邓稼先、胡仁宇、胡思得等科学家多次商议起草报告，分析我国相关实验的发展状况以及与国外的差距，提出争取时机、加快步伐的战略建议。

在核试验这条道路上，美国进行了1000余次，而我国只进行了45次，不及美国的1/25。

原子弹、氢弹、中子弹、核武器小型化……这是于敏和他的同事们用热血铸就的一座座振奋民族精神的历史丰碑！

### 淡泊明志，宁静致远

名字解密后，于敏收获了应得的荣誉。

20年前，在国庆50周年群众游行的观礼台上，刚刚被授予"两弹一星"功勋奖章的于敏，看着空前壮大的科技方队通过广场感慨万分："这是历史赋予我们每个科学家义不容辞的使命。"

2015年1月9日，于敏荣获2014年度国家最高科学技术奖。他坐在轮椅上，华发稀疏，谦逊与纯粹溢于言表。

我国国防科技事业改革发展的重要推动者、改革先锋……极高的荣誉纷至沓来，于敏一如既往地低调。于家客厅高悬一幅字："淡泊以明志，宁静以致远。"

一滴水，只有放进大海，才永远不会干涸。

2019年1月16日，于敏溘然长逝，享年93岁。

愿将一生献宏谋！——他兑现了对祖国的诺言，以精诚书写了中国现代史上一段荡气回肠的传奇。

（新华社北京9月17日电　记者　董瑞丰）
《人民日报》（2019年9月19日4版）

# 九十三岁的"两弹一星功勋奖章"得主于敏走了

*一辈子把自己的名字看得很淡*

2019年1月16日,"两弹一星功勋奖章"得主、国家最高科学技术奖获得者、改革先锋奖章获得者于敏去世,享年93岁。

于敏最后一次在公众前露面还是在2015年1月9日。那天,习近平总书记在人民大会堂为他亲自颁发了2014年度国家最高科学技术奖。

而这样的抛头露面,于敏也就经历过两次。上一次是1999年,在"表彰为研制'两弹一星'作出突出贡献的科技专家大会"上,他被授予了"两弹一星功勋奖章",并代表23位获奖科学家发言。

他并不习惯这样的大场合,因为此前的几十年里,他一直都是隐姓埋名。

### 一藏就是30年

其实,于敏自己也没想到这辈子会与氢弹结缘,没想到个人与国家的命运绑得这么紧。他原本以为会在钟爱的原子核理论研究道路上一直走下去。然而,一次与时任二机部副部长钱三强的秘密谈话,让他的人生改变了轨道。

1961年1月的一天,于敏应邀,冒雪来到钱三强的办公室。一见到于敏,钱三强就直言不讳地对他说:"经所里研究,请报上面批准,决定让你参加热核武器原理的预先研究,你看怎样?"

从钱三强极其严肃的神情里,于敏立即明白,祖国正在全力研制第一颗原子弹,氢弹的理论也要尽快进行。

接受任务后，于敏便转入了一个新的领域，从此开始了隐姓埋名的生活，一藏就是30年。

## 30个月的奋战

氢弹理论的探究是一个全新的领域。当时的核大国对氢弹的研究是绝对保密的，要想从报纸或者杂志上找到关于氢弹一星半点资料完全不可能。因此，要在短期内实现氢弹研制理论上的突破，绝不是一件轻而易举的事。

为了尽快研制出中国自己的氢弹，于敏和同事们知难而进，废寝忘食，昼夜奋战。然而，有好长一段时间，他们始终找不到氢弹原理的突破口。

转折发生在1965年。

那年9月，一场创造历史的上海"百日会战"最终打破僵局。在这次持续3个多月的艰难科研攻关中，于敏带领同事们发现了实现氢弹自持热核燃烧的关键，找到了突破氢弹的技术途径，形成了从原理、材料到构型完整的氢弹物理设计方案。

5个多月后，中国第一颗氢弹试验圆满成功。

当年，从基础研究转向氢弹研究工作，曾有不少人替于敏感到惋惜。

而于敏自己却从未后悔。童年亡国奴的屈辱生活给他留下了惨痛的记忆。他说，中华民族不欺负旁人，也不能受旁人欺负，核武器是一种保障手段，这种民族情感是我的精神动力。一个人的名字，早晚是要消失的，留取丹心照汗青，能把自己微薄的力量融进强国的事业之中，也就足以欣慰了。

## 回答问题有"三不"

于敏在科研中有一项特殊的本领，就是善于抓住物理本质来判断物理现象发展的结果，被简称为"粗估"。与他共事多年的何祚庥院士称："于敏的这种粗估方法是理论研究的灵魂。"

一次，一位法国物理学家在北京作学术报告。当时于敏只有32岁。这位专家刚把实验的准备、装置及过程介绍完，于敏便对坐在他旁边的何祚庥说出了这个过程的分支比大约是多少，边说边在左手心上写着这个数字。

"这是一个较为稀有的核反应过程，你怎么知道的？"何祚庥反问道。

"先听下去。"于敏摆手制止他追问。

最后，法国专家公布了他的实验结果，果然不出于敏所料。

"这个问题的实质并不复杂……掌握住这一方法就能估出它的数量级来。"于敏说的方法确实并不复杂，但要真正自如地掌握并运用并不容易。物理学家的水平高低常表现在对一些基本理论、方法、技巧的掌握上。而这正是于敏有很高造诣之所在。

在单位，大家都知道，向于敏请教有"三不"：一是不论时间、场合，随时随地可以提问题；二是不论范围，物理、力学乃至其他相关学科都可以问；三是不论问题大小难易，一样耐心解答。

许多同事都有这样的感觉，于敏总是将自己的知识、方法、诀窍乃至最重要的想法和盘托出，毫无保留地告诉大家。

有一次，所里一位姓曾的年轻科研人员与同事讨论一道难题，结果谁都做不出来。于是，他找到于敏。于敏边讲边算，答案很快就得出来了。可是小曾仍不满足，继续刨根问底。于敏一时想不出更好的办法了，便老老实实地说，回家后再想想。

第二天一上班，于敏就找到小曾说："你看看这个推导。"小曾一看，没想到于敏给他写了整整三页纸。

常年埋头工作，于敏能陪伴家人的时间少之又少。直到退居二线后，他终于有了更多的时间陪伴家人了。那段日子，每当夫妻二人外出时，同行的人总能够看到老夫妻相濡以沫、相互关照的温馨场景。

（本报记者　吴月辉）

《人民日报》（2019年1月17日16版）

# 于敏：惊天事业，沉默人生

离乱中寻觅一张安静的书桌，未曾向洋已砺就锋锷。受命之日，寝不安席，当年吴钩，申城淬火，十月出塞，大器初成。一句嘱托，许下一生；一声巨响，惊诧世界；一个名字，隐形近30载。

不为物欲所惑，不为权势所屈，不为利害所移，宁静致远，淡泊明志，终成一番大业。他是中国科学院学部委员（院士）、国家最高科技奖获得者、"共和国勋章"获得者于敏。

"两弹一星"功勋奖章、国家最高科学技术奖获得者，国防科技事业改革发展的重要推动者9月17日，于敏的荣誉簿上又添重要一笔——"共和国勋章"获得者。

生前面对荣誉，于敏始终淡然处之，他说："一个人的名字，早晚是要没有的，能把微薄的力量融进祖国的强盛之中，便足以自慰了。"

他，半个世纪与核共舞，干着惊天的事业，名字却"隐形"长达28年。

## 肩负重任，祖国的需要高于一切

"55年前，我从莫斯科留学回来后进入核武器研究院理论部接触到于敏，从核武器到激光研究，我和他一直密切配合，并在他的指导下工作。"中国工程院院士杜祥琬告诉记者，于敏比自己大12岁，理论部有一个传统，都不称官衔，当时大家叫于敏"老于"。

杜祥琬说，非宁静无以致远，是老于生前特别喜欢的格言，也是他事业和人生的写照。

1961年1月,于敏迎来人生中一次重要转型——作为副组长领导和参加氢弹理论的预先研究工作。

在杜祥琬看来,对一个刚刚崭露头角的青年科学家来说,这次转型意味着巨大牺牲,核武器研制集体性强,需要隐姓埋名常年奔波。

尽管如此,于敏不假思索接受了任务,从此名字"隐形"长达28年。

在研制核武器的权威物理学家中,只有于敏未曾留过学。一个日本代表团访华时,称他是"土专家一号"。于敏对此颇多感触。"在我国自己培养的专家中,我是比较早成熟起来的,但'土'字并不好,有局限性。"于敏说,科学研究需要各种思想碰撞,在大的学术气氛中,更有利于成长。

由于保密和历史的原因,于敏直接带的学生不多。

培养的唯一博士蓝可毕业时,于敏亲自写推荐信,让她出国工作两年,开阔眼界,同时不忘嘱咐:"不要等老了才回来,落叶归根只能起点肥料作用,应该开花结果的时候回来。"

### 百日会战,形成氢弹设计方案

在国际上,氢弹是真正意义上的战略核武器,氢弹研究被核大国列为涉及国家安全的最高机密。

没有任何经验可以借鉴。于敏虽然基础理论雄厚、知识面宽,但对系统复杂的氢弹仍然陌生。

1965年9月底,于敏带领理论部几十位同志一起去上海华东计算所做计算物理实验,计算哪一个氢弹原理是可行的,创造历史的"百日会战"开始了。

当时计算机性能不稳定,机时又很宝贵,不到40岁的于敏在计算机房值大夜班(连续12小时),一摞摞黑色的纸带出来后,他趴在地上看,仔细分析结果。

核武器的结构有很多层,各种材料爆炸以后,每一个时间点、空间点上，都有它的温度、速度、压力、加速度等物理量。于敏突然发现，某个量从某个点开始突然不正常了。大家马上去查原因。杜祥琬去查方程、参数，没有发现错误；做计算数学、编程序的人去查原因，也没发现错误。最后检查发现，原来一个加法器的原件坏了，换掉这个晶体管，物理量马上就正常了。"这件事给我留下了非常深刻的印象。于敏高人一筹的地方，就是对物理规律理解得非常透彻。他总是那个能踢出临门一脚的人。"杜祥琬说，"尽管老于不愿称呼自己为'氢弹之父'，但在氢弹研制过程中，他的确起到了关键作用。"

最终，于敏挑出了3个用不同核材料设计的模型，并且剥茧抽丝，让氢弹构型方向越来越清晰，和团队形成了从原理、材料到构型完整的氢弹物理设计方案。

### 爆炸成功，创下最短研究周期纪录

于敏从事的是武器理论设计，但他对实验相当重视。为了研制第一代核武器，于敏八上高原，六到戈壁，拖着疲弱的身子来回奔波。

1966年12月28日，我国首次氢弹原理试验，为确保能拿到测试结果，试验前于敏顶着戈壁滩零下三四十摄氏度的刺骨严寒，半夜爬上102米的铁塔顶端，检查和校正测试项目屏蔽体的摆置。

西北核武器研制基地地处青海高原，于敏高原反应非常强烈。他每餐只能吃下一二两米饭。食无味、觉无眠，从宿舍到办公室只有百米，有时要歇好几次，吐好几次。即便如此，他仍坚持到技术问题解决后才离开基地。

1967年6月17日，罗布泊沙漠腹地，一朵巨大无比的蘑菇状紫色烟云产生的强烈冲击波卷起沙尘，以雷霆万钧之势横扫戈壁滩。

我国第一颗氢弹爆炸成功了。那一刻，于敏并没有在现场，而是在2500多公里外的北京。一直守在电话机旁的他得知爆炸的威力和自己计算的结果完全一致，长长地舒了口气。

从第一颗原子弹成功爆炸到氢弹爆炸成功，我国仅用时26个月，创下了全世界最短的研究周期纪录。这对超级大国的核讹诈、核威胁是一记漂亮的反击。

### 敏锐严谨，让核武器科研少走弯路

20世纪60年代以来，于敏承担的全是体现国家意志的科研任务，不能有丝毫的疏漏和马虎。

"他多次说，要防止'落入悬崖（指风险区）'，防止功亏一篑。"杜祥琬说，老于的治学作风极为严谨，这不仅是科学家的一个基本素质，也源于他对事业的高度负责精神。

第一颗氢弹只是试验装置，尺寸重量较大，还不能用作导弹运载的核弹头，属于第一代核武器。要与运载装置导弹适配，核装置还必须提高威力并小型化，发展第二代核武器，难度大大增加。

20世纪70年代末80年代初，因为种种原因，一大批优秀的科学家和科技骨干相继调离，于敏被任命为核武器研究院副院长兼核武器理论研究所所长，全面负责领导突破二代核武器初级和次级原理，发挥两个至关重要的作用：决策、把关。

干着第一代，看着第二代，想着第三代甚至第四代，于敏对核武器发展有着独到的眼光和敏锐的判断。

相比美苏上千次、法国200多次的核试验次数，我国的核试验次数仅为45次，不及美国的1/25。

"我国仅用45次试验就达到国际先进水平，很大功劳应归于老于。"与于敏共事过的郑绍唐老人说，核试验用的材料比金子还贵，每次核试验耗资巨大，万一失败，团队要好几年才能缓过劲来。老于选择的是既有发展前途，又踏实稳妥的途径，大多时间是在计算机上做模拟试验，集思广益，保证了技术路线几乎没有走过弯路。

杜祥琬至今保留着1992年的一份谈话记录。"当时我起草了一份事关重大的'决策建议'初稿，送老于阅改，他对其中几个不确切的提法，一一作了修改,并说明了修改的道理。"在杜祥琬看来,对这种科学性很强、责任又很重的工作,严格和谨慎是绝对必要的。"近年来,我国学术界越来越意识到抑制学术浮躁的重要性,我没有问过于敏,但我想,他也许根本不知道'学术浮躁'为何物。搞学术怎么可以浮躁呢,浮躁怎么可能作出真正的学术成果呢?"

(本报记者 陈瑜)
《科技日报》(2019年9月24日4版)

## 沉默是金

历史的天空风云变幻，岁月的江河奔流浩荡。唯一不变的是，总有丹心赤子甘为国家鞠躬尽瘁，总有殷殷志士愿为民族负重前行。

那个爱皱眉头、喜欢思考的著名核物理学家走了。2019年1月，"两弹一星"功勋奖章、国家最高科学技术奖、改革先锋奖章获得者于敏去世，享年93岁。

于敏最后一次出现在公众视野中还是在2015年1月9日。那天，他从习近平总书记手中，接过了当年唯一的国家最高科学技术奖获奖证书。

这样的"抛头露面"，于敏只经历过两次。上一次是1999年，在表彰为研制"两弹一星"作出突出贡献的科技专家大会上，他被授予了"两弹一星"功勋奖章，并代表23位获奖科学家发言。

对于这样的大场合，于敏并不习惯。因为此前几十年里，作为我国核武器事业重要奠基人之一的他，一直都隐姓埋名。

"一个人的名字，早晚是要没有的。能把自己微薄的力量融进祖国的强盛之中，便足以自慰了。"这是于敏生前的一次自白。今天，当我们再次提起这个名字时，他已经成为一座永远矗立的丰碑。

生命无法永恒，精神却能不朽。

**人物小传**：于敏，著名的核物理学家。生于1926年8月16日，1949年毕业于北京大学物理系。他填补了我国原子核理论的空白，对我国科技自主创新能力的提升和国防实力的增强作出了开创性贡献。

### "我不能有另一种选择"

于敏生前的卧室里，一本《三国演义》摆放在案头。和煦的阳光从窗口透进来，照着泛黄起皱的封皮。可想而知，那位温文尔雅的主人，曾经多少次倚在窗前的靠椅上，翻阅着心爱的书籍。

其实，于敏自己也没想到这辈子会与氢弹结缘，更没想过个人与国家的命运会紧紧联系在一起。当时，正在中国科学院原子能研究所工作的他，原本以为会在钟爱的原子核理论研究道路上一直走下去。

然而，一次与时任二机部副部长、原子能研究所所长钱三强的谈话，让他的人生发生了重大转变。1961年1月的一天，雪花飘舞，于敏应邀来到钱三强的办公室。一见到于敏，钱三强就直言不讳地说："经所里研究，报请上级批准，决定让你参加热核武器原理的预先研究，你看怎样？"

从钱三强坚毅的眼神中，于敏立刻明白，国家正在全力研制第一颗原子弹，氢弹理论的预先研究也要尽快进行。

于敏感到很突然，甚至还有几分不解。一向沉默的他，喜欢做基础理论研究。不过，于敏没有犹豫，因为他忘不了童年"亡国奴的屈辱生活"带给他的惨痛记忆。

"中华民族不欺负旁人，也不能受旁人欺负，核武器是一种保障手段，这种民族情感是我的精神动力。"于敏后来这样说。

"我们国家没有自己的核力量，就不能真正地独立。面对这样庞大又严肃的题目，我不能有另一种选择。"这是于敏当时的想法。

这个决定，改变了于敏的一生。自此开始了隐姓埋名的生活，把自己的一切奉献给了我国的核武器科技事业。

### "土专家"的"真把式"

未曾出国留学的于敏，自谦是"地道的国产"。但他对自己的学生说，"土专家"不足为法，科学需要开放交流和开阔视野。因此，他鼓励学生出国留学，但有一个条件——"开过眼界后就回国作贡献"。

氢弹理论的探究是一个全新的领域，当时被核大国列为涉及国家安全的最高机密。因此，要在短期内实现氢弹研制理论上的突破，绝不是一件轻而易举的事。

干惊天动地的事，做隐姓埋名的人。为了尽快研制出我国自己的氢弹，于敏和同事们知难而进、昼夜奋战。然而，有好长一段时间，他们始终找不到氢弹原理的突破口。

重大转折点发生在那一年秋天，于敏带领一批年轻人前往外地用计算机进行优化计算。在"百日会战"里，他和同事们找到了突破氢弹的技术途径，形成了从原理、材料到构型完整的氢弹物理设计方案。

氢弹原理一经突破，所有人斗志昂扬，恨不得立马造出氢弹。但是原理还需经过核试验的检验。

试验场远在西北大漠，生活条件相当艰苦，吃的是夹杂沙子的馒头，喝的是苦碱水；茫茫戈壁上飞沙走石，大风如刀削一般，冬天气温达-30℃，道路冻得像搓衣板……而于敏都甘之若饴。

1966年12月28日，氢弹原理试验取得圆满成功。1967年6月17日，我国又成功进行全威力氢弹的空投爆炸试验。

试验成功的那一刻，于敏很平静，"回去就睡觉了，睡得很踏实"。

直到于敏的工作逐步解密后，他的妻子孙玉芹才恍然大悟："没想到老于是搞这么高级的秘密工作。"

### 踏踏实实地做一个"无名英雄"

在我国第一颗氢弹成功空投爆炸指挥现场，于敏凝望着半空中腾起的蘑菇云，一言不发，直至听到测试队报来的测试结果时，才脱口而出："与理论预估的结果完全一样！"

尽管在氢弹研制中居功至伟，但对别人送来的"中国氢弹之父"的称呼，于敏并不接受。"核武器的研制是集科学、技术、工程于一体的大科学系统，需要多种学科、多方面的力量才能取得现在的成绩，我只是起到了一定的作用，氢弹又不能有好几个'父亲'。"他说。

完成了时代赋予的使命,于敏没有停止追寻的脚步。为了研发第二代核武器,于敏隐身大山,继续加班加点搞科研,他的身体变得越来越虚弱,几次与死神擦肩而过。

此身长报国,拿命换科研,这是何等的奉献!在那些日子,于敏常常会想起诸葛亮,矢志不渝,六出祁山。

1984年冬天,格外的冷。于敏在西北核试验场进行核武器试验,他早已记不清自己是第几次站在这严寒的戈壁上。

"臣受命之日,寝不安席,食不甘味……"在试验前的讨论会上,于敏和陈能宽感慨地朗诵起了诸葛亮的《后出师表》。

不同于蜀汉丞相的"出师未捷身先死"以及"知其不可为而为之",于敏的事业是"可为""有为"的。就像他沉默的事业一样,于敏是个喜欢安静的人。他曾对身边人说,别计较有名无名,要踏踏实实地做一个"无名英雄"。

这种"安静",在于敏子女的记忆中却有点模糊。儿子于辛小时候对父亲的记忆就是一个字:忙。"整天待在房间里想东西,很多人来找他。"女儿于元亦很难觅寻儿时对父亲的记忆,因为父女俩不曾有太多交流。

于敏对"安静"有着自己的解释,"所谓安静,对于一个科学家,就是不为物欲所惑,不为权势所屈,不为利害所移,始终保持严谨的科学精神。"他倾慕文天祥的威武不屈,以及"丹心照汗青",这丹心于他就是坚持科学,就是献身宏谋。

正如他73岁那年在一首题为《抒怀》的七言律诗中表达的那样,即使"身为一叶无轻重",也要"愿将一生献宏谋"。

"于敏先生那一代人,身上有一种共性,他们有一种强烈的家国情怀。这种精神影响了一代又一代人,希望这种精神能够不断传承下去。"与他一起工作了50多年的中国工程物理研究院原副院长杜祥琬说。

一棵大树俯身而卧的地方,正在长出一片森林。

(本报记者 张天南 通讯员 付思远 潘振军)
《解放军报》(2019年4月12日10版)

# 于敏：愿将一生献宏谋

少年于敏有一个执着的信念：在那个内乱外侮的国土上，尽管自己不能像古代英雄人物那样驰骋沙场，但他相信，总会有诸葛亮、岳飞式的盖世英雄出现，能够荡寇平虏，重振河山。

于敏怎么也想不到，半个世纪后，自己会成为这样的"盖世英雄"。

## 男儿何不带吴钩

1926年，于敏出生于天津，青少年时代历经军阀混战和抗日战争，在战乱中度过。在那个自视为"亡国奴"的屈辱年代里，于敏看到的是岳飞《满江红·登黄鹤楼有感》里"兵安在？膏锋锷。民安在？填沟壑"的国殇。

兵火轰隆的日子里，于敏性喜安静，喜欢读唐诗宋词和历史演义。他崇拜诸葛亮运筹帷幄、决战千里之外的智慧，向往其鞠躬尽瘁、死而后已的精神，倾慕岳飞和杨家将的精忠报国以及文天祥的威武不屈和凛然正气。他把为国纾困的希望寄托在这些人物身上。

1941年，于敏进入天津木斋中学读高中，因成绩优异被推荐转学至耀华中学读高三。此时，他遇到了两位恩师。

语文老师王守惠，讲解古文和古诗词时，必会把每一篇作品置于一个大的时空中，将写作的背景、文学的渊源和价值以及作者的家事等讲得透彻明了。这种教学方法使于敏很受启发：思考和分析问题也应如此，将对象置于一个大的环境之中，用高屋建瓴的眼光去观察和分析。他也因此发现了自己为何会倾心于《三国演义》里的恢宏场面和弘大背景，诸葛亮的运筹帷幄、决胜千里，正是源于其开阔的视野以及善于把微观的事情放在宏观的大环境中进行分解和缕析。

另一位是数学老师赵伯炎，讲课时喜欢讲授数学题的各种解法以及不同解法的来由，要求学生不仅要知其然，而且要知其所以然。这种耳濡目染尽管只有一年，却使于敏受益终生，他由此逐渐养成了自己的一套思维方式，善于从宏观角度处理微观问题，具有开阔视野和战略眼光，且知其然更知其所以然，善于抓住问题的本质。

于敏意识到，他找到了一条适合自己的纾困之路——内向好静思，不喜交际，喜欢动脑不喜欢动手，这样的自己适合学习科学。因此，当朗诵起李贺的"男儿何不带吴钩，收取关山五十州"时，于敏想到，他的"吴钩"就是科学，他要用科学收取"关山五十州"。

1945年高中毕业后，于敏考取了北京大学工学院电机系。但他发现那儿的老师并不喜欢刨根问底和追本溯源，难掩失落。更失落的是，强调动手能力的工科，并不适合"心灵手不巧"的他。沉静好思的性格使他更倾心于理科，他喜欢并选修了理论物理，并最终弃工从理，转至理学院物理系。

在物理系，于敏的学号1234013常年排在成绩排行榜的第一名。

1949年，于敏以物理系第一名的成绩成为新中国成立后的第一批大学毕业生，并考取了张宗燧的研究生。1951年研究生毕业后，被我国核物理学家彭桓武和钱三强器重，调入近代物理研究所工作，从事原子核理论研究。

当时，国内没人懂原子核理论，于敏的研究对于中国来说是一项开创性的工作。他很快就掌握了国际原子核物理的发展情况和研究焦点，对原子核物理知其然并知其所以然，站在了国际前沿。

20世纪50年代，基本粒子研究尚无大进展，于敏在平均场独立粒子运动方面发表了《关于重原子核的壳结构理论》《关于原子核独立粒子结构的力学基础》等颇有分量的论文。

1955年，以朝永振一郎（后因量子力学研究获诺贝尔物理学奖）为团长的日本原子核物理和场论方面的代表团访华，对于敏的才华和研究成果大为惊叹。回日本后发表文章，称于敏为中国的"国产土专家一号"。

1962年,在原子核理论中创立了集体运动模型的丹麦诺贝尔物理学奖得主A.玻尔访问北京,于敏担任翻译,两人探讨过学术问题。玻尔称赞于敏是"一个出类拔萃的人",亲自邀请他去哥本哈根,于敏婉谢。

与同时期从事核武器研制的大多数同仁不同,于敏不曾出国留学或进修。王淦昌曾留学德国,邓稼先和朱光亚曾留学美国,郭永怀曾留学加拿大和美国,彭桓武和程开甲曾留学英国。

于敏那时却不曾踏出国门一步,他对此有些许遗憾。"如果生在现在,重新上大学,我当然会留学。"他说,"土专家"不足为法,科学需要开放交流和广阔视野,但留学后须"回国再给国家做点事儿",而且"不要到老了才回来,落叶归根只能起点肥料作用,应该开花结果的时候回来"。

三十余年后,当自己唯一的博士研究生蓝可即将毕业时,于敏并没要求她留在身边做研究。"于老师希望我出国留学,完成他的'留学梦'。"蓝可说。

"但是,他还是一如既往地强调献身祖国。"蓝可说,"于老师建议我出国两年,开过眼界后就回国作贡献。"

### 了却君王天下事

1960年12月,我国作出部署,由核武器研究院集中攻关,突破原子弹,同时,原子能研究所先行一步对氢弹作理论探索。

1961年1月12日,于敏被叫到了钱三强的办公室。钱三强告诉他,经研究批准,决定让他作为副组长领导"轻核理论组",参加氢弹理论的预先研究工作。

于敏感到很突然,甚至有些不解。他内向沉默,喜欢做基础理论研究,不喜欢搞应用研究,自认为不适宜从事研制氢弹这种大系统科学工程。而且,他当时的原子核理论研究正处于可能取得重要成果的关键时期。

不过,于敏没有犹豫,因为他忘不了"童年亡国奴的屈辱生活"带给他的惨痛记忆,他忘不了少年时代的那个关于"盖世英雄"的信念。

"这次改变决定了我的一生。"于敏说,"中华民族不欺负旁人,也不能受旁人欺负，核武器是一种保障手段，这种民族情感是我的精神动力。"

于敏所说的"欺负"，并非仅指过去而言。20世纪50年代，美国等核大国多次威胁使用核武器来打击中国。"抗美援朝的时候，美军统帅麦克阿瑟就曾建议用核武器袭击中国。它是真的在进行核讹诈、核威慑，不是报纸上说说玩儿的。"于敏回忆道。

自此，于敏走上了氢弹等核武器研制的道路，他愿"了却君王天下事"，但并不为了"赢得身前身后名"。

于敏的身影在这条道路上渐行渐远，消失于公众的视野。他的夫人孙玉芹甚至都不知道他在做什么工作，二十多年后才恍然，"没想到老于是搞这么高级的秘密工作"。

1960年到1965年初，"轻核理论组"在于敏等人的带领下，对氢弹原理和结构作了初步探索，并解决了一系列热核材料燃烧的应用问题，产生了六十多篇论文，但均作为秘密文件保存。

1965年1月，于敏率领"轻核理论组"携带所有资料和科研成果，奉命调入二机部第九研究院（中国工程物理研究院前身）。

1965年9月底，于敏率领研究人员赶在国庆节前夕奔赴上海华东计算技术研究所，利用该所假期间空出的J501计算机（运算速度为每秒5万次，当时国内速度最快）完成了加强型原子弹的优化设计。

同年10月下旬，于敏为上海研究人员作了"氢弹原理设想"系列学术报告，提出了两级氢弹的原理和构形的设想，并在计算机上进行了数值模拟计算。

在上海的近百个日夜，于敏形成了一套从氢弹初级到能量传输到氢弹次级的原理到构形基本完整的氢弹理论方案。

当于敏将整理出来的方案再一次向大家报告时，同志们群情激奋，高呼"老于请客！"请客的还有另外一人。当氢弹原理的方案传到北京后，邓稼先第二天即飞到上海，听完于敏的汇报后十分兴奋，请大家吃了一顿螃蟹。

氢弹原理一突破，大家斗志昂扬，恨不得立马就造出氢弹。但是，氢弹原理还需经过核试验的检验。接下来的一年，于敏他们忙于氢弹原理试验准备工作。

1966年12月28日,氢弹原理试验取得圆满成功。中国成为继美国、苏联和英国之后,第四个掌握氢弹原理和制造技术的国家。

但在试验现场的于敏,看着蘑菇云翻滚而上,仍不觉得圆满,直至听到测试队报来的测试结果时,脱口而出:"与理论预估的结果完全一样!"

于敏确信他的氢弹原理是正确的,他也确信,我国已经取得了设计实战氢弹的自由。

1967年6月17日,我国又成功进行了全威力氢弹的空投爆炸试验。这次的蘑菇云更大,仿佛一颗人造"大太阳",爆炸点以北250公里处仍能看到,烟云升离地面10公里。

从第一颗原子弹爆炸到第一颗氢弹试验成功,中国的速度为世界之最。美国用时7年3个月,苏联为6年3个月,英国为4年7个月,法国为8年6个月,而我国仅用了2年8个月。

爆炸成功后,氢弹须根据实战需要进行武器化并装备部队。于敏接着对氢弹的小型化、提高比威力和核武器生存能力、降低过早"点火"几率等作了优化设计,并定型为我国第一代核武器装备部队。

尽管在氢弹研制中居功至伟,但对于别人送来的"氢弹之父"称呼,于敏并不接受。"核武器的研制是集科学、技术、工程于一体的大科学系统,需要多种学科、多方面的力量才能取得现在的成绩,我只是起到了一定的作用,氢弹又不能有好几个'父亲'。"他说。

### 更看谋略称筹幄

于敏完成了时代赋予的使命,他想起了当初听到钱三强告诉自己那个决定时,脑海中闪过的一个念头:突破氢弹技术后,回去做基础研究。"文革"后,钱三强也数次问于敏是否想回科学院。但于敏最终没有"回去"。

20世纪80年代,在原子弹、氢弹等技术相继突破后,彭桓武、邓稼先、周光召、黄祖洽、秦元勋等曾经共同奋战在核武器研制一线的骨干相继离开九院。

昔日群星闪耀，如今只剩下于敏、周毓麟、何桂莲三人。

于敏也想过离开，但"估计自己走不了"。他知道，第一代热核武器虽然解决了有无问题，但性能还需提高，必须发展第二代核武器。于是，他留了下来，突破第二代核武器技术和中子弹技术。

在那些日子，于敏会常常想起诸葛亮，矢志不渝，六出祁山。

1984年冬天，于敏在西北高原试验场进行核武器试验。他已记不清自己是第几次站在这严寒的高原上了，他曾在这片试验场休克昏倒，他还记得多年前自己曾在这黄沙大漠中大声吟诵"不破楼兰终不还"。

此刻，高原上响起了另外的高亢朗诵之声。

"先帝深虑汉、贼不两立，王业不偏安，故托臣以讨贼也……"在试验前的讨论会上，于敏和陈能宽感慨忧虑，不由地朗诵起了诸葛亮的《后出师表》。

"臣受命之日，寝不安席，食不甘味……"会场最后只剩下了于敏一个人的声音，他一口气将《后出师表》背诵到底——

"夫难平者，事也！昔先帝败军于楚，当此时，曹操拊手，谓天下以定。然后先帝东连吴越，西取巴蜀，举兵北征，夏侯授首，此操之失计，而汉事将成也。然后吴更违盟，关羽毁败，秭归蹉跌，曹丕称帝。凡事如是，难可逆见。臣鞠躬尽瘁，死而后已；至于成败利钝，非臣之明所能逆睹也。"

不过，不同于诸葛亮的"出师未捷身先死"以及"知其不可为而为之"，于敏的事业是"可为"的，而且凡事大多"逆见"。这次试验很成功，为我国掌握中子弹技术奠定了基础。

1986年，于敏对世界核武器发展趋势作了深刻分析，认为美国核战斗部的设计水平已接近极限，再多做核试验，其性能不会有很大提高。为了保持自己的核优势，限制别人发展，他们很可能会加快核裁军谈判进程，全面禁止核试验。倘若那时我国该做的热核试验还没做，该掌握的数据还未得到，核武器事业可能功亏一篑。

于敏向邓稼先表达了自己的忧虑，邓稼先也有同感。于敏建议上书中央。

于是，由于敏起草，邓稼先修改，胡思得执笔，向中央递交报告，希望加快热核试验进程。

后面发生的事果然如于敏所料。1992年，美国提出进行全面禁止核试验的谈判。1996年，全面禁核试条约签署。那次上书为我国争取了10年的热核试验时间。接着，于敏又提出，用精密计算机模拟来保证核武器的安全、可靠和有效。这个建议被采纳并演化为我国核武器事业发展的指导思想。

"这次上书建议可以与原子弹和氢弹技术突破相提并论。不然，我国的核武器水平会相当低。"胡思得直言。

正如宋朝诗人吕声之诗中所言："更看谋略称筹幄，会见精神坐折冲。"于敏的谋略，"折"掉了美国的阴谋。因此，于敏又被视为我国核武器事业发展的战略家，从某种程度上看，他甚至做到了像诸葛亮那样，运筹帷幄，料事如神。

### 留取丹心照汗青

就像他沉默的事业一样，于敏是一个喜欢安静的人，他毕生信奉诸葛亮的"淡泊以明志，宁静以致远"。他曾对身边人说，不要计较有名无名，踏踏实实地做一个"无名英雄"。

这种"宁静"使于敏在子女的记忆中是失声的。

儿子于辛小时候对父亲的唯一记忆就是一个字：忙。"整天待在房间里想东西，很多人来找他。"女儿于元亦很难觅寻对儿时父亲的记忆，因为父女俩不曾亲昵过。

但于元总算还是找到了一个"声音"，听着很好笑：有一天，小于元淘气跑进爸爸房间，听到他正对别人说 $\rho$（希腊文字母，表示密度，音近"肉"），高兴地跑出来对妈妈说："今天有肉吃了！"

于敏对"宁静"有着自己的解释。"非宁静无以致远。所谓宁静，对于一个科学家，就是不为物欲所惑，不为权势所屈，不为利害所移，始终保持严格的科学精神。"他倾慕文天祥的威武不屈，以及"丹心照汗青"，这丹心于他就是坚持科学，就是献身宏谋。

所以，当"文革"期间，军管领导胁迫于敏将某次试验中的技术问题定调为科研路线问题时，他并未屈服，反而在会议上挺身而出，鲜明地指出并论证那次试验的理论方案并无问题，只是一些新的技术问题需要解决，从来不存在所谓路线问题。

于是，于敏成了被批判的对象，但他无悔："如果我说假话，我可以轻松过关，但我经受不了历史和真理的考验。我宁愿现在挨整，决不说对不起历史的话，不说违背真理的话。"

当时，处于极"左"思潮统治下，军管组动辄干预并批判他们的技术工作，技术讨论会上甚至不允许使用外文字母作符号。很多技术人员自叹如倾巢之卵，噤若寒蝉，即使慎重、委婉地表达看法，也仍常遭批判。但每次讨论会上，于敏仍坚持讲真话，明确地讲出自己对技术问题的看法，绝不随声附和。

与于敏深交并共事三十余年的邓稼先曾说："于敏是很有骨气的人。他坚持真理，从不说假话。"因此，有争论的时候，邓稼先常会说，"我相信老于的。"

于敏不屈服威权，能让他屈服的是科学和事实。还有一个能"屈服"他的，是唐诗宋词的艺术。

胡思得说，每次和于敏出差，都能在他床头发现一本唐诗或宋词。于敏晚上睡不着觉，就躺在床上捧着看。

蓝可说，李白、杜甫的诗，他们刚读完第一句，后面的诗句于敏都能直接背下来，还给他们分析这首诗的特点。

陪孙子时，于敏会教他背诵古诗词。他教孙子学会的第一首词就是岳飞的《满江红·写怀》："怒发冲冠，凭栏处、潇潇雨歇。抬望眼，仰天长啸，壮怀激烈……"

为何如此倾心古典诗词艺术？于敏说："艺术可以陶冶情操，使志存高远。而非志无以广学，非学无以广才呀。"

就像他的"宁静"可以致远一样，诗词艺术带给于敏的是在核武器事业上不断寻求突破的远志广学，是一生致力于为国谋策的鞠躬尽瘁。

虽然于敏爱诗，但甚少写诗。在73岁那年，他却以一首《抒怀》为题的七言律诗总结了自己沉默而又轰烈的一生：

忆昔峥嵘岁月稠，

朋辈同心方案求，

亲历新旧两时代，

愿将一生献宏谋；

身为一叶无轻重，

众志成城镇贼酋，

喜看中华振兴日，

百家争鸣竞风流。

于敏，绝大多数时候在这个世上"沉默无闻"，是"无轻重"的一叶，但他从未抛弃"献宏谋"的一片丹心。

（本报记者　陈海波）

《光明日报》（2015年1月10日5版）

# 申纪兰

## 处处以身作则　事事为了人民

她积极维护新中国妇女劳动权利，倡导并推动"男女同工同酬"写入宪法。改革开放以来，她勇于改革，大胆创新，为发展农业和农村集体经济，推动老区经济建设和老区人民脱贫攻坚作出巨大贡献。

## 申纪兰

申纪兰，女，汉族，中共党员，1929年12月生，山西平顺人，山西省平顺县西沟村党总支副书记，第一届至第十三届全国人大代表。她积极维护新中国妇女劳动权利，倡导并推动"男女同工同酬"写入宪法。改革开放以来，她勇于改革，大胆创新，为发展农业和农村集体经济，推动老区经济建设和老区人民脱贫攻坚作出巨大贡献。荣获"全国劳动模范""全国优秀共产党员""全国脱贫攻坚'奋进奖'""改革先锋"等称号。

## "共和国勋章"获得者申纪兰——

## 处处以身作则 事事为了人民

### （国家勋章和国家荣誉称号获得者）

青青太行，劲松屹立。

山西省平顺县西沟村，自古就是要与河道抢耕地、与老天抢粮食的地方。沧海桑田。曾经撂荒的山坡上，如今或已披绿，或梯田成片……

这里有一位执拗的耄耋老者，年复一年，仍坚持着自己劳作。春天播种，下地秋收，冬天除雪，步履日渐蹒跚，但她干起活来仍充满力量。除了不时整理行装进京开会，几乎没什么能把她和普通农妇一眼区别开。

她是申纪兰，山西省平顺县西沟村党总支副书记，第一届至第十三届全国人大代表，"共和国勋章"获得者。

### "男女干一样的活，应记一样的工分"

申纪兰1929年出生于山西省平顺县山南底村。抗战时期，她就担任过村里纺花织布小组的组长。一嫁到西沟村，她就积极参加劳动。1951年西沟村成立初级农业合作社时，她成了副社长。这对奉行"好男人走到县，好女子不出院"古训的山里人来说，已让人刮目相看。但在她心里，有一个坎始终过不去：为啥妇女的劳动报酬要少一半？

申纪兰介绍说，按照当时的分工计酬方式，如果男人干一天活记10个工分，那么妇女只能记5个。不平等的报酬挫伤着妇女的劳动积极性，很多妇女只愿意干"家里活",不愿出门参加社会劳动,而这又成为阻碍妇女地位提高的关键。

为了让妇女得到真正的解放,申纪兰走家串户,向妇女宣传"劳动才能获得解放"的道理,同时努力做男社员的思想工作,积极争取男女同工同酬。开始,男社员很多不同意。申纪兰认为,只有干出成果,才能让妇女不再受歧视。

村里本来是男女共同协作劳动的。经申纪兰申请,社里专门给女社员划出一块地,和男社员进行劳动竞赛。男社员认为稳操胜券,该休息就休息;被发动起来的妇女为了争取自己的权益,始终在田间争分夺秒。最后,女社员赢得了竞赛。

这场劳动竞赛在西沟村产生了意想不到的效果,许多男社员都开始支持男女同工同酬。

不久,全国妇联、山西省妇联的同志来到西沟村:一是考察;二是帮着申纪兰出谋划策。在妇联的支持下,申纪兰带领西沟村妇女提高劳动技能,还设立了农忙托儿所,使妇女能专注劳动。

到1952年,西沟村已经实现了"男女干一样的活,应记一样的工分"。1954年9月,在中华人民共和国第一届全国人民代表大会上,申纪兰提出的"男女同工同酬"倡议被写入了中华人民共和国第一部宪法。

### "当人大代表,就要代表人民,代表人民说话,代表人民办事"

1983年,西沟村全面推行家庭联产承包责任制,但其中也出现了许多新问题。1984年,申纪兰从村民的根本利益出发,大胆进行改革。

她主张:成林和有林山坡地仍归集体管理;耕地仍然包产到户、自主经营,但实行三年一小调、五年一大调,添人增地、减人减地,确保土地不撂荒。最终,改革宜统则统、宜分则分,统分适度,实现优势互补。

1985年,结合申纪兰外出考察的经验,利用当地的硅矿资源优势,西沟村建立起第一个村办企业铁合金厂,当年实现利润150万元。此后,西沟村又建立起磁钢厂、石料厂、饮料厂,村办企业成了西沟村的经济支柱。

但为了响应党中央保护环境的号召，不把污染留给子孙后代，2012年，申纪兰和西沟村民决定，拆除了不符合国家产业政策和环保要求的铁合金厂，重新寻找发展定位。几年间，西沟村的红色旅游基础设施一一兴建，新产业基地拔地而起，引进的知名服饰公司开工生产。

作为唯一连任十三届的全国人大代表，申纪兰通过建议和议案将老区脱贫振兴带入了快车道。中西部开发、引黄入晋工程、太旧高速公路、山西老工业基地改造等促进了经济发展；平顺县提水工程、平顺县二级公路建设、平顺县集中供热、集中供气工程等改善了当地群众的生活。

"当人大代表，就要代表人民，代表人民说话，代表人民办事。"申纪兰是这样说的，也是这样做的。

### "按照党的要求干，就没有什么干不成的事情"

她的"学历"是扫盲班毕业，她一辈子坚持自己只是个农民。1973年至1983年担任山西省妇联主任期间，她坚决不领厅级领导干部的工资，不转干部身份。女儿去省城太原看她，辛苦坐了一路卡车，她也只在单位院外匆匆见了一面，就让孩子回去了。

她曾荣获"全国劳动模范""全国优秀共产党员""全国脱贫攻坚'奋进奖'""改革先锋"等称号。但她只把荣誉看作一种鞭策。她"勿忘人民、勿忘劳动"的话语，成了自己对人生的一种诠释。

每有团体到西沟村参观学习，她总会在西沟村的会堂给大家介绍：半个多世纪里，在党的带领下，农村发生的翻天覆地变化。申纪兰说："我的话，就是一个农民对党的恩情由衷的感激。"永远跟党走是申纪兰不变的初心。"共产党就是要全心全意为人民服务，要立党为公，两袖清风，一身正气。"申纪兰说，"按照党的要求干，就没有什么干不成的事情。"

（新华社太原9月18日电　记者　许雄）

《人民日报》（2019年9月20日6版）

# 人民代表申纪兰

申纪兰，山西省长治市平顺县西沟村人，2018年89岁。她很平凡，是中国千千万万妇女中的普通一员，也是黄土地上生养的亿万农民之一；她也很不平凡，作为一名全国人大代表，在从1954年至今超过60年的时光里，她一直在努力地为自己代表的妇女和农民争取权益。与共和国一起成长的她，不仅是中国人民代表大会制度的见证者，更是唯一一位出席从第一届到第十三届全国人民代表大会的人大代表，一位了不起的平民代表。

在申纪兰家里，有两面照片墙，在那些照片里，中华人民共和国人民代表大会制度发展的伟大历程和宏伟图景徐徐展开。看着定格在照片中的历史，我们可以感受到人民当家作主那震撼人心的澎湃力量，那是源自中国特色社会主义制度、属于中国人民的民主的力量。

2018年2月11日，山西省长治市平顺县西沟村，一个阳光明媚的上午。

在窗明几净的房间里，一位老大姐坐在沙发靠窗的地方，手里捧着一份《人民日报》，眯着眼睛，仔细地读着。老大姐的穿着很朴素，灰布做的外套袖口已经磨损了，暗灰色的光感显示出衣服的年代久远，虽然旧了，却很干净。在一片灰得有点发白的胸前那一抹鲜艳的红色格外醒目。那是一枚党章，在照入窗内的阳光下熠熠生辉。

滴答、滴答……老杭州钟表的秒针一下一下地走着。屋内很安静，静得仿佛能听见时间的流逝。放眼看去，无论是过时的老钟表、20世纪90年代的电视机，还是山西农村常见的老木头箱子，件件散发出岁月的味道。屋内最醒目的，还是老人身后和右侧墙面悬挂的那些巨幅照片，在那一幅幅黑白和彩色交汇的影像中，数十年的时光在上面留了影。太阳光透窗而入，空气中微微浮起山西农村特有的黄土味。在这些影像的簇拥下，这所时间小屋的主人就那样静静地坐在沙发上，认真地读报。

老人名叫申纪兰，89岁。此时此刻，在她耳边的白发间、在那镌刻岁月的满墙照片上，中华人民共和国人民代表大会制度发展的伟大历程定格在这间小屋中。

## 为妇女争口气
## 当上了人大代表

如今，走在城市的大街上，徜徉在乡村的阡陌间，人们呼吸着自由的空气，享受着公平正义的社会给自己带来的福利。每个人，不论性别如何，都能享受发展带来的机遇，获取劳动创造的收益，拥有奋斗得来的幸福。

然而70多年前的中国社会，并不是现在这个样子。解放前，重男轻女的封建思想是压在妇女身上的一座大山。这种落后观念剥夺了妇女的自由，打压着妇女的社会地位，让中国妇女们不能和男人一样被平等对待。

那时，在申纪兰的家乡，山西省长治市平顺县，有一句流传甚久的说法——"好男走到县，好女走到院"。每次想起这个说法的时候，申纪兰都很生气。

"旧社会呀，不把妇女当人。妇女只能到院里头，男人就高一步了，就能到县里头。你说这话能有道理吗？我就不服气。"

1951年，正值解放初，西沟村成立了初级农业生产合作社，申纪兰被选为副社长。当时社里劳动力短缺，社长李顺达鼓励申纪兰发动妇女下地劳动。

"动员妇女真难呀！"回想刚开始那段时间，申纪兰非常感慨。那年才20出头的她，很快召开了农业社妇女大会，动员村里妇女下地干活。可是到会的还不到一半人，就连那些过去妇救会的积极分子很多人都打了退堂鼓。申纪兰只好挨家挨户去说服。不仅男人们不支持，就连妇女们也觉得出来劳动不如在家看孩子给男人做饭，工作进行得很艰难。

突破口的打开，始于一位叫李二妞的村妇的改变。

李二妞是村里出了名的"不出门",手脚慢不说,对村里的事情也没什么热心。要是能让李二妞下地,其他人的工作就好做了。想到这,申纪兰起身去了李二妞家。

"刚进她家,我就问:'家里有人吗?'李二妞在里头说:'没人。'"回忆到这里,申纪兰叹了口气,"你说明明她就是个人,她还说没人,以前的妇女就是这,只要男人不在家,就当自家没人。妇女在家里没地位,在社会上能有地位?"

刚开始,对于申纪兰要自己下地这件事,李二妞是很抗拒的。

"你进步,你去下地。我活了半辈子,死了就是一辈子,解放不解放吧,无所谓。"

申纪兰急了:"他爹(李二妞丈夫)瞧不起你,你能怨谁?你要劳动了,就能挣上工分,多劳动多挣工分,想换件新衣裳就换,不用靠他爹!"

第二天,李二妞真的扛个锄头下地了。原来妇女们都不相信她能来,一看连她都来了,全村妇女也就都下地了。

然而,即便人都来了,积极性还是不高。

"我黑来(方言:夜里)就想,妇女们不想出来,除了男人们阻拦之外,觉得挣不了几个工分也是个重要原因。"当时,妇女都下地了,可是挣的工分还是"老5分"。那时候10分算一个劳动力,两个妇女只能算一个男劳力,所以妇女只能记5分,这按性别划分的不公道的计分方式,让妇女们没什么干活的劲头。

只有男女同工同酬,才能彻底解决问题!

申纪兰决定在村里组织妇女和男人比赛。

"理不辩不明!同工同酬为个甚?是说妇女有能力,也能干男人的活儿!要想挣10工分,就要跟男人们比一比,跟他都干一样的活,看谁干得好!"

以在地里撒肥为例,以前都是妇女们装肥,男人们撒肥。撒肥是个技术活,不容易撒匀,申纪兰和妇女们下定决心要在这里跟男人们比一比。他们各要了一块同样大小的地,比谁能先撒完,并且撒得又快又好。要赢在体力和经验上有优势的男人,关键在于使巧劲。在申纪兰的带领下,女人们先把地划成行，然后一行一行地撒肥，撒进去的肥料又匀又实。不到晌午，女人们就干完了自己的地。

反观男人们，他们是干一干，歇一歇，抽袋烟，到晌午也没干完。一看妇女干完了，他们有些后悔，后悔不该抽那几袋烟。回忆到这儿，申纪兰笑着说："妇女们不吸烟，不耽误工夫。"第一次，女人们挣到了10个工分，和男人一样多。

就这样，男女同工同酬，在这个中国太行山脚下的小山村里率先实现。申纪兰也因此当上了第一届全国人大代表。

回想过去，申纪兰用无比坚定的话表达了自己的决心："我带领妇女争同工同酬，就是这个决心，为妇女争口气！人家都说妇女是半边天，我们就要为'半边天'争光，争气！要是妇女不给妇女争光，你代表什么妇女！"

## 《人民日报》报道
### 推动男女同工同酬写入宪法

对于新中国而言，男女同工同酬，有划时代的意义。只有在经济地位上实现与男人的平等，妇女的政治地位和社会地位才能真正快速提高。平等的权利本来就是要争取的。男女同工同酬，在禁锢中国妇女几千年的封建思想上砸出了巨大的裂缝。

在申纪兰入党的这一年，1953年1月25日，《人民日报》发表了记者蓝邨的长篇通讯《"劳动就是解放，斗争才有地位"——李顺达农林畜牧生产合作社妇女争取同工同酬的经过》，文章中写到："经过去年一年来的斗争，妇女们无论在社会上或家庭里的地位都大大的改变了。农林畜牧生产合作社的妇女干部已由三人增加到八人。大家都很关心妇女。男社员们说：'财旺还得人旺，妇女们要注意身体，不要累坏了。'社内的生产已按男女的特长和体力的强弱作了科学分工。"

这篇报道在最后这样写道："美满、幸福的家庭，就这样普遍地在西沟村出现了。申纪兰在总结她们一年来在劳动战线上所作的斗争时说：'劳动就是解放，斗争才有地位。'"

文章发表后，申纪兰的故事在全国激起热烈反响。男女同工同酬作为一个重要的政治命题得到广泛关注，并受到了党中央的高度重视。后来召开的第一届人代会，则把男女同工同酬正式写入《中华人民共和国宪法》。在《宪法》第82条第二款规定："国家保护妇女的权利和利益，实行男女同工同酬。"

如今，男女同工同酬已经成为我国的基本国策和全民共识，妇女在各行各业发挥着越来越大的作用。谁又能想到，打破坚冰的，是几十年前山西大山深处的这个普通农村妇女呢？

### "把毛主席的名字圈起来，画得圆圆的"

在暖和的家里，申纪兰放下了报纸。走到面对大门的那面墙前，静静地看着左边那张个人独照。那是她当选劳模时的照片。照片上60年前的自己，年轻有活力，眼里充满了对未来美好生活的憧憬，青春的面庞上略带些羞涩。

申纪兰伸出手去，轻轻拂拭着相片外的玻璃。

"那时候真年轻啊！"

由于男女同工同酬的巨大影响力，1954年，申纪兰作为劳模代表，当选为第一届全国人民代表大会的代表。

"选上我当代表了，我还不知道。那会儿既没有电话，又没有电视，什么都没有。"回想第一次参加人代会的情景，申纪兰笑着说，"等到发通知了，有些同志就问我，你是个妇女怎么还能当代表了？我就跟他说，那是党和人民对我们妇女的关心，不是我一个人的问题。"

"选上人大代表了，群众就非常关心，跟我说，纪兰，你去了北京，一定要选上毛主席。领导和群众都是嘱咐着要选上毛主席，还有周总理、刘少奇。群众非常关心这一次会议，那可是全国第一次人代会啊！"说到这里，申纪兰眼中亮了起来，"人民当家作主了，可不是一个小事情。没有共产党，就当不了代表。没有共产党，就不能参加选举。"

第一次去北京，年轻的申纪兰是骑着毛驴出发的。"过去我们条件太差，连电都没有，路也不好，就没有路，就是拨拉拨拉（指自己开辟路）走个小路。走到岭上了，人们说要找头毛驴送我。我瞧了瞧，骑上毛驴我觉得很危险，要是掉到沟里面我就不能参加会议了。"申纪兰笑了笑，"我就步行，跟上同志们，步行7个小时。到长治再倒车，才能到太原。到太原再倒车才能走到北京，得走4天。"

第一次出席全国人大的经历，让申纪兰终身难忘。"第一次开的人代会，是在中南海的礼堂里面开的。那时候还没有大会堂，大会堂是1958年才修建起来的。投票是把纸发到手里头，我们真的是人民当家作主了。我们选毛主席，把毛主席的名字圈起来画得圆圆的。"说到这，申纪兰很郑重地强调了一下，"我们这次投票是代表人民投票，不是代表个人。"

在那组宏伟的照片墙左侧，有一张四人合影，那是参加第一届人代会时山西4位女性代表的合影。从左到右分别是刘胡兰的母亲胡文秀、歌唱家郭兰英、政府代表李辉、劳模代表申纪兰。有趣的是，从照片上看，四位女代表的穿衣打扮风格各有不同，却能反映出他们各自的职业和身份。胡文秀穿着圆领小棉袄，从上到下透出一股母亲特有的慈祥；站在她旁边的郭兰英年轻秀气，穿了一件白色花边衬衣，外面套件小唐装，文艺范十足；政府专员李辉一身白色的正装，举手投足之间透露出严谨和规矩；而最右边的申纪兰，则穿了一件稍微显大的棉袄，看起来宽松方便，衣服的风格衬托着质朴的脸庞，农民特有的勤劳朴实的气息跃然眼前。这是属于那个时代女性的风采，是新生的共和国和首届人民代表大会留给我们的记忆。

1954年9月15日，第一届全国人民代表大会第一次会议在北京中南海举行，会议历时14天，参会代表1226名，其中妇女代表147名。从这一次会议开始，中国人民自己的民主政治制度——人民代表大会制度正式实行。

在那一次会议上，新中国的伟人们和来自各地的代表在同一个大厅里就着白水啃着干粮等待计票结果；妇女们第一次真正参与到国家最高权力中心的决策中；普通民众的心声可以直接面对面地说给国家的决策者们；人民对领袖的爱戴热切而真挚，而对他们的拥护报以回应的，则是中国共产党为人民服务的庄严承诺和坚定初心。

那是一个开天辟地的年代。国家主席的选举、共和国第一部宪法的制定……每一件事，都深远地影响着数十年后的中国。

而现在，那惊天动地的辉煌，静静地留存在墙上的照片中；当年参会的青年，如今已是白发苍苍，满是皱纹的手轻轻地抚摸着过去；而他们憧憬的中华盛世，此时正以无比灿烂的辉煌姿态，绽放在新时代。

当历史的期待成为现实，通往未来的大门已经掌握在党和人民的手中。

### "相信共产党，拥护共产党"

在申纪兰家主墙面的正中央，是一个将近40寸的大相片，站在中央和她合影的，是周恩来总理。

周总理最后一次参加人代会作报告的景象，对申纪兰来说，记忆犹新。

"周总理最后一次作报告是在1975年第四届人代会上。我们很关心他，去了看到他很瘦，代表都是含着眼泪。一看到总理出来，要作报告了，大家热烈鼓掌就不坐下。总理跟大家一直打招呼，大家一直不坐；总理一直跟大家打招呼……大家都是含着眼泪。我们就是最后一次见总理了，四届人大的时候，大家都一直鼓掌。瞧见他也瘦了，最后我的眼也落了泪。"

说到这儿，申纪兰忽然说不下去了，泪水早已不受控制地涌出，片刻之后，收拾好情绪的她对本报记者道了个歉。"不好意思，想起来了有点难过。总理是我们最好的总理，他为人民、为群众办了不知多少实事。就是想起总理来控制不住眼泪，我真的很想念他。"

照片中的周恩来，面目慈祥，笑容可掬。故人已逝，唯有海棠依旧，几十年过去了，如今的中国，与当年相比，早已不可同日而语。这盛世，如您所愿了吗？申纪兰望着周总理的相片，充满了欣慰。

从周总理的相片往右看去，可以看到申纪兰与邓小平、江泽民、胡锦涛、习近平等党和国家领导人的合影。从1954年当选第一届全国人大代表，到2018年当选第十三届全国人大代表，她是全国唯一一位从第一届连任到第十三届的全国人大代表，被国际友人称为资格最老的"国会议员"。每一届人代会申纪兰都会去现场参加，没有一次缺席。每一次参加都认真地做笔记，回来后认真作报告。

在过去的60多年里，她曾先后13次见到过毛主席、周总理，周总理还在西花厅专门宴请过她，邓小平同志称赞过她，江泽民同志称赞她"凤毛麟角"，胡锦涛同志叫她"申大姐"，习近平同志亲自到西沟看望过她。作为新中国的妇女代表，她到丹麦哥本哈根参加过世界妇女代表大会；美国著名记者斯特朗采访过她；苏联青年英雄卓娅的母亲给她写过信。

回顾自己的难忘经历，申纪兰感慨万千："从1949年到现在，快70年了，共产党领导这么大一个国家发展到现在这个样子不容易。我是个没知识水平的人，劳动给了我巨大的荣誉，党培养了我，李顺达带着我，西沟百姓支持我，我走到了今天。共产党把一个十三亿人口的国家带向富强，多难呀！不论是作为一个党员，还是一个普普通通的农民，我坚信，只有相信共产党，拥护共产党，中国才能走向繁荣富强！"

曾经有人问申纪兰："你这一生要用两个字来说，是什么？"

"忠诚。"

忠于党、忠于人民、忠于祖国，这就是人民代表申纪兰坚守一生的品格。

### "习近平总书记是为人民服务的好书记"

时间就像山上的白云，飘然而过。

改革开放让西沟这个当年吃不饱饭的贫困村发生了巨大的变化，村里盖起了小洋房，部分村民开上了小汽车。村办企业越来越兴旺，外来的大企业也愿意来村里投资，荒山绿化极大地改变了大山的面貌。

多年来，申纪兰保持了勤俭朴素的生活作风，家里东西不多，地面是硬水泥，家具大多是20多年前的老物件。有一次开人代会，一个代表送了一件绣花旗袍给申纪兰当礼物。回到家，申纪兰就把它深藏箱底。"回来不能穿这个，不是我们农村人的风格。"

妇女代表，农民代表，这就是申纪兰对自己的定位。"咱是个农村人，是个农民，能参加上一届人代会就不错了。从第一届参加到现在，这是党和人民赋予我的责任，我必须把这个代表当好了，把群众的声音带到中央去，把党的声音带回来。"

2009年5月，习近平到平顺县西沟乡西沟村看望全国劳动模范申纪兰并与老党员、老劳模和村民代表等座谈。习近平说，申纪兰的劳模精神，需要好好总结和发扬。

"太行精神光耀千秋，纪兰精神代代相传"，这是习近平对申纪兰代表的评价。

提起总书记，申纪兰显得很激动："习近平总书记是个好书记，是为人民服务的好书记。习近平总书记抓艰苦奋斗，支持群众，爱护群众，要在中国消除贫困，作为一个农民，我对他的政策非常拥护。特别是十八届六中全会，提出了以习近平同志为核心的党中央，我们很高兴，这下子，全国人民有了主心骨了！"

进入新时代，作为中国人民代表大会制度的见证者，申纪兰认为："人民代表就得代表人民。从人民代表大会来说，是一次比一次好，一个时期跟一个时期不一样，都是前进的方向。现在进入了新时代，就是要紧跟习近平总书记，紧跟党中央，撸起袖子加油干，争取早日实现中国梦！"

有人问了，人大代表申纪兰有没有级别？"有级别，我的级别是农民。"申纪兰笑了。

如今，这位89岁的农村妇女代表再次赴京，参加第十三届全国人代会，她人生中的第十三次全国人民代表大会。

（记者　杨俊峰）

《人民日报海外版》（2018年3月1日5版）

# 人民日报记者眼中的申纪兰

据山西长治平顺县宣传部消息,全国人大代表申纪兰于今天凌晨在山西长治逝世,享年91岁。

想起第一次见到申纪兰时,她已88岁的高龄。当时,老人看到记者时,远远地打着招呼,问着"冷不冷"。进屋后,又细心地问来客"抽不抽烟?我专门拿了烟"。

申纪兰被亲切称为"申大姐"。她连续十三届当选全国人大代表,从"骑驴坐车一周进京"到"高铁速达",她目睹了共和国的飞速发展,带着西沟村全体村民克服困难,发展集体经济,形成了战天斗地的"纪兰精神"。

她在接受记者采访时说:"种树时我们没钱买树苗,就是直接撒籽,成活率低,但最终还是把林子都绿化了。'人听党话,自然听人话,翻天覆地力量大。'"这种不畏自然、艰苦奋斗的精神,也被称作"纪兰精神"。

改革开放时,西沟又率先搞发展。"闯市场就闯市场,难道说比当年石头上栽树还难?"过去西沟人站在村口看山头,眼睛只看到坡坡梁梁的变化,现在西沟人是站在山头看外头,发展的劲头更足了。

但艰苦奋斗的作风仍没有丢。西沟村主任王根考犹记得,村里刚开始办企业的时候,申纪兰和"大队"的人出去考察,舍不得花村里的一分钱吃碗面,几个人硬生生在外跑了一天,回来才生火造饭。

申纪兰一直是一名先锋党员、坚定的共产主义者。当年参加第一届人民代表大会,住在北京东四的小旅馆里,《人民日报》记者来采访她,问她最想说的是什么,她局促地搓着双手,问了一句大实话:"能不能见到毛主席?"后来,毛泽东主席亲自接见过她,周恩来总理还请她和妇女代表们吃饭,老人指着墙上一张大幅的合影照片，激动万分："周总理那会请我们吃饭，我们都说不出话来。吃完了，还是周总理主动说与我们合照的。"

在西沟村申纪兰屋子里的那面墙上，有习近平总书记与她和乡亲们的合影。那是2009年，习近平去西沟探望了申纪兰，在村头和乡亲们留下一张珍贵照片。当时他说："西沟60多年的发展，是社会主义革命、建设和改革开放的缩影。这里李顺达、申纪兰的劳模精神，值得发扬。"十九大刚结束那几天，晚上不忙的时候，申纪兰就开始抄报告。她的字体向一旁斜倾，颇具特点。几个大本上密密麻麻地记录着她的成果，那是她在台灯下一笔一划抄出来的，她说："党员说话行动要保持一致，不学习怎么保持一致？"

"申大姐"是个敢为人先的农民代言人。记者此前采访她时，她带着浓重的平顺口音，却总能用简洁的"四六句"瞬间击穿理解障碍。讲起当时绿化西沟时的场景，她说"石头山石头沟，谁干都发愁"；说到他们艰苦奋斗，她说"要想打胜仗，男女老少一起上""人听党话，自然听人话，齐心协力力量大"。

她对自己的身份认识简单、深刻。"人民代表就要代表人民的利益，要是代表自己，就不是人民代表了。"

20世纪五十年代，她当上农业社"副社长"的时候，她就敢打破妇女"老五分"，提出了"同工同酬"并最终被写入宪法；她和全国劳模李顺达一起，带头在石头沟里搞绿化、搞种植，总能带领大家提前完成任务要求，个人先后被评为"全国劳动模范""全国三八红旗手"；在山西省担任妇联主席时，提出不转户口、不定级别、不领工资、不要住房、不调工作关系、不脱离劳动。

她更见证了全国人大代表制度的不断完善，堪称全国人大代表制度的"常青树"和"活化石"。

遥想当年，刚知道自己选上人大代表的时候，已经"六七天之后的事情了"。申纪兰接受记者采访时说："当时村里人拿着报纸跑过来，边跑边喊着对我说'纪兰，你当上人大代表了'，我都不敢相信。"

第一次从平顺县去北京开人代会，乡里给她找了个毛驴，但是大山里坡太陡，石头山上的小路，让第一次出远门的她吓得不敢骑。步行去了长治，又从长治倒"班车"去太谷，再从太谷坐火车到太原、辗转到北京，耗时好几天。

64年来，平顺到北京的路线她每年都要走，春夏秋冬、来来回回。她也越走越明白，人民群众多年的选择，才有了今天的自己。"要不是人民信任我，要不是有这么好的人民代表大会制度，我一个基层农民，怎么能当这么多届人民代表？"

脑中一直播放着申大姐热情招呼记者合影时的画面。两会时候，申大姐虽行走缓慢，但步履坚定，记者竟也未料到这是最后一面。故人已乘黄鹤去，但纪兰精神仍照耀西沟，温暖着太行。

（记者 乔栋）
人民网山西频道（2020年6月28日）

## "传奇代表"申纪兰辞世：

## 癌症晚期仍赴京开会，去世前对县委书记留下重托

这么多年过去，申纪兰获得的功勋奖章越来越多，但她一直保持农民的本色，作为老党员，将一生全部献给党的事业。

据山西长治平顺县委宣传部消息，全国人大代表申纪兰于今天凌晨逝世，享年91岁。

环球人物记者在奔赴当地途中了解到，申纪兰此前身患癌症已近晚期，在2020年赴京开会期间病发，入住空军总医院，后因病重被接回长治医院。

平顺县前任县委书记陈鹏飞对记者称，6月26日，也就是申纪兰去世前两天，他和现任县委书记吴小华到医院探望申纪兰。病重到已体力不支的申纪兰仍然坚持坐起，对他们再三叮咛："我已经老了，没多少时间了。你们一定要按党的指示办事，听党话，跟党走，在习近平总书记领导下，扑下身子，真抓实干，为民造福。"

陈鹏飞眼中的申纪兰勤劳朴实，一身正气，"她对党无限忠诚，对人民有深厚感情，紧跟时代前进步伐，一心为民造福。"

农民出身的申纪兰很平凡，她是中国千千万万妇女中的普通一员，也是黄土地上生养的亿万农民之一；她也很不平凡，连续13届当选全国人大代表，在从1954年至今超过60年的时间里，一直努力为自己代表的妇女和农民争取权益。

这么多年过去，申纪兰获得的功勋奖章越来越多，但她一直保持农民的本色，作为老党员，将一生全部献给党的事业。直到住院前，她还一直坚持和村民一起下地干活，坚守工作岗位。

### "劳动就是解放，斗争才有地位"

申纪兰的老家平顺县是太行山区的一个国家级贫困县，山大沟深，村庄散落在大大小小的山沟里。

在当地，有一句流传甚久的说法——"好男走到县，好女走到院"。每次想起这个说法的时候，申纪兰都很生气。

以前，受老旧观念影响，妇女很少能走向社会参加劳动。新中国刚成立没多久，当时二十出头的申纪兰没有像别的妇女一样整天围着锅台、炕台转，而是主动下地和男人一样干活。后来，村里农业生产合作社社长李顺达提出，让勤奋能干的申纪兰担任副社长，发动妇女一同参加劳动。

就这样，申纪兰克服种种阻力，走村串户劝说妇女姐妹走出家门，下地干活。然而，即便人都来了，她们的积极性还是不高。

原来，当时的妇女和男性下地干同样的活，挣的工分却不同。男性一个人算一个劳动力计10分，两个妇女却只能算一个劳动力，每人只记5分。这样按性别划分的不公道计分方式，让妇女们没有干活的劲头。

申纪兰想到，唯有让男女同工同酬，才能彻底解决问题。于是，她和社里说，要妇女和男人比赛在地里撒肥。同样大小的地，比谁能先撒完，并且撒得又快又好。

撒肥是个技术活，不容易撒匀。以前都是妇女们装肥，男人们撒肥。这次，申纪兰和妇女们下定决心要跟男人们比个高低出来。

在申纪兰的带领下，女人们先把地划成行，然后一行一行地撒肥，撒进去的肥料就又匀又实。不到晌午，女人们就干完了自己地里的活。而另一边的男人们，则是干一会儿活，歇一会儿，抽袋烟，到晌午也没干完活。

悬殊的比赛结果，让社里改变了工分计算方式，妇女可以获得和男人一样多的工分。就这样，"男女同工同酬"在这个中国太行山脚下的小山村里率先实现。

虽然申纪兰的初衷是为了让妇女也能下地干活，但其眼界与胸怀已远远超越她生活的农村。对新中国而言，男女同工同酬更有划时代的意义。

1953年1月25日，《人民日报》发表了记者蓝邨的长篇通讯《"劳动就是解放，斗争才有地位"——李顺达农林畜牧生产合作社妇女争取同工同酬的经过》，文章在最后这样写道："美满、幸福的家庭，就这样普遍地在西沟村出现了。申纪兰在总结她们一年来在劳动战线上所作的斗争时说：'劳动就是解放，斗争才有地位。'"

文章发表后，申纪兰的故事在全国激起热烈反响。男女同工同酬作为一个重要的政治命题得到广泛关注，并受到了党中央的高度重视。

1954年，申纪兰当选为第一届全国人大代表，并由此确立了她在中国妇女平等史上的地位。

后来召开的第一届全国人大代表会，把男女同工同酬正式写入《中华人民共和国宪法》。在《宪法》第82条第二款规定："国家保护妇女的权利和利益，实行男女同工同酬。"

只有在经济地位上实现与男人的平等，妇女的政治地位和社会地位才能真正快速提高。平等的权利本来就是要争取的。男女同工同酬，在禁锢中国妇女几千年的封建思想上砸出了巨大的裂缝。

## 连任十三届全国人大代表

为党为国为民奉献了一辈子的申纪兰，最被人熟知的还是"连任了十三届全国人大代表"。

从1954年当选第一届全国人大代表，到2018年当选第十三届全国人大代表，她是全国唯一一位从第一届连任到第十三届的全国人大代表。每一届人代会她都会去到现场，从未缺席。有国际友人称她为"资格最老的国会议员"。

这话不假。在人大会议的会场上，申纪兰用了64年来见证共和国的发展。

1954年，25岁的申纪兰以农民代表的身份出席第一届全国人民代表大会。在这次会议上，她见证了毛泽东当选国家主席。

1956年6月，一届全国人大三次会议通过了《高级农业生产合作社示范章程》，这也是她提出"同工同酬"的那一年。

2004年，十届全国人大二次会议，已经75岁的申纪兰提交了保护耕地的议案。她说："中国人这么多，土地是命根子。没有地种庄稼，大家吃甚？"

几十年当中，申纪兰提过无数提案，帮无数群众奔走呼号。为了调研议案建议，她每年都要走访大量的群众，多多听取群众的心声。她曾提出过很多"接地气"的提案，比如加快农村基础设施建设、重视粮食生产、减轻农民负担、维护妇女儿童合法权益等。

申纪兰的付出被党和国家看在眼里。她曾先后13次见到过毛主席、周总理，周总理还在西花厅专门宴请过她，邓小平同志称赞过她，江泽民同志称赞她"凤毛麟角"，胡锦涛同志叫她"申大姐"，习近平同志亲自到西沟看望过她。

难能可贵的是，获得如此多殊荣的她并没有忘记"从群众中来到群众中去"。不管什么时候，她都没有脱离群众。

1973年3月，中共山西省委决定，任命申纪兰为山西省妇联主任。这是一个"正厅级"的职位，但她主动向组织提出了"六不"约定——不转户口，不定级别，不领工资，不要住房，不调动工作关系，不脱离农村。

在担任省妇联主任的10年里，她从未给子女办过任何私事，每月只领取50元的补贴。

1984年冬天，她主动辞去了这个正厅级的职务，回到了西沟。在那里，有一项更伟大的任务正等待着她——带领群众脱贫。

她带着几名村干部一路南下考察，之后办起了平顺县第一个村办企业。村民们回忆，改革开放40年，西沟村的变化翻天覆地，乱石滩变成了"米粮川"，关停村办污染企业建起香菇大棚，引进光伏发电和服饰床品，发展红色乡村休闲旅游……

申纪兰也曾担任过一些企业的董事长，但从来不占股份，也不领工资，没从村办企业中拿一分钱。关于这些，她曾说：

"不是西沟离不开我，是我离不开西沟，离不开劳动。我的根在农村，我只是一名农民。"

### 面对非议"身正不怕影子歪"

耄耋之年的申纪兰，获得过的荣誉不胜枚举。全国劳动模范、全国三八红旗手、全国优秀共产党员、全国脱贫攻坚"奋进奖"、全国"双百人物"等奖项，她都拿了个遍。

2018年12月，党中央、国务院授予申纪兰同志改革先锋称号，颁授改革先锋奖章。2019年9月，申纪兰与袁隆平、屠呦呦等8人获得由习近平主席亲自签发授予的"共和国勋章"，这也是中华人民共和国的最高荣誉勋章。

作为一名普通劳动妇女，申纪兰靠自己的努力获得了在党和人民心中如此崇高的地位，私下里却始终坚守自己"农民"的本分，将自己的一生扎根在家乡的土地。

据陈鹏飞回忆，2009年，西沟村山上失火，80岁的申纪兰坚决要上山救火，谁也拦不住，直到火灭了才肯下山。她的想法很简单，几千亩荒山披上绿装，是她带着村民每年一棵棵树栽种的成果，不能弃之不顾。她说："人要文化，山要绿化。"

2017年9月，农业部举办"家乡的味道——我为品牌农产品代言"大型公益活动，申纪兰家乡盛产的沁州黄小米在物色代言人，她成了首选。在得知可以为家乡助力时，还卧病在床挂着吊瓶的申纪兰二话没说，当天晚上就去了北京，为沁州黄小米"带货"。

这些年，对于网上的一些非议，申纪兰从来没有在乎过。她没有智能手机，亲近的人告诉她外界对她的一些偏颇之词，她也不急不恼，就一句话——"不用管它，咱自己身正不怕影子歪。"

2020年因疫情原因推迟到5月份才召开的全国两会上，已经患病的申纪兰仍然没有缺席，她不能放弃任何一个为民请命的机会。

据山西广播电视台消息，5月23日上午，十三届全国人大三次会议山西代表团举行的小组会议上，申纪兰发言："今年我们最大的任务就是脱贫攻坚，打赢这场硬仗。我是农民代表，每天生活在农村，知道农民想啥盼啥。脱贫致富奔小康，我们有信心有决心。"

申纪兰生前最后一次在媒体亮相,是担任山西省禁毒宣传形象名誉大使,助力禁毒工作。

6月26日,也就是在她去世的前两天,国家禁毒委员会发布之前请申纪兰录制的视频。视频中的她依然字字铿锵,坚决与残害人民的毒品斗争到底。

她是村民眼中最飒的"申大姐",是资历最老的劳模,也是社会改革、时代变迁的见证者。如今斯人已逝,但她对党的诚挚之心、对人民的泣血之情,人民不会忘记。

申老,一路走好!

(作者:咖喱 二水 隋唐 刘元亮)

《环球人物》微信公众号(2020年6月28日)

## "共和国勋章"获得者申纪兰：

## 哪里有困难就应该到哪里去

新华网北京9月30日电（记者 袁晗）"共和国勋章"获得者申纪兰，初心不改的农村先进模范，第一至第十三届全国人大代表，倡导并推动"男女同工同酬"写入宪法，60多年来带领群众艰苦奋斗，为老区建设作出巨大贡献。近日，申纪兰接受新华网记者专访。

新华网：对于国家给予您的荣誉称号，你有什么感受？

申纪兰：我是从电视上得知被授予"共和国勋章"的。党和人民给了我这么高的荣誉，我自己做得太少了，我自己非常感动，也很激动。

新华网：您这么多年一直扎根农村，是什么使您坚定一直扎根农村这个做法？

申纪兰：我是一个农民，还是一位共产党员，对基层情况也比较熟悉，跟群众战斗在一起，生活在一起，哪里有困难就应该到哪里去。

新华网：70年来，您感受最大的变化是什么？

申纪兰：譬如看病难的问题，现在合作医疗，一家有病，大家支援，大病大报，小病小报，不但能在县里面瞧好，而且还能到长治，还能去北京，没想到的都得到了，好处就说不完。

譬如，像过去交通问题，我自己第一次到北京开会，平顺到长治连公路也没有，走的是羊肠小路，县里给了我一头毛驴，让我骑到长治，走了7个小时才到长治，再坐上大卡车到太谷，然后随代表团一同进京，一共花了4天时间。现在从长治乘飞机到北京，只花1个多小时。现在大路大修小路小修。修通路迈大步，才能致富，我感觉这个交通发展变化最大。这么多年来，我们国家实现了卫星绕月亮、火车进西藏、农业免了税、奥运来北京、农民喜洋洋的惊人巨变。

新华网：中华人民共和国成立70周年，请送上对祖国的祝福。

申纪兰：我爱我的祖国，70年来，在党的领导下，伟大的共和国给人民带来了光明、带来了幸福，祝愿我们的国家更加繁荣富强！

新华访谈（2019年9月30日）

# 孙家栋

## 一辈子与卫星打交道的航天大总师

他是我国人造卫星技术和深空探测技术的开创者之一,担任月球探测一期工程总设计师,为我国突破卫星基本技术、卫星返回技术、地球静止轨道卫星发射和定点技术、导航卫星组网技术和深空探测基本技术作出卓越贡献。

## 孙家栋

孙家栋,男,汉族,中共党员,1929年4月生,辽宁复县人,原航空航天工业部副部长、科技委主任,中国航天科技集团有限公司原高级技术顾问,中国科学院院士,第七、八、九、十二届全国政协委员。他是我国人造卫星技术和深空探测技术的开创者之一,担任月球探测一期工程总设计师,为我国突破卫星基本技术、卫星返回技术、地球静止轨道卫星发射和定点技术、导航卫星组网技术和深空探测基本技术作出卓越贡献。荣获"两弹一星"功勋奖章、国家最高科学技术奖、国家科学技术进步奖特等奖和"全国优秀共产党员""改革先锋"等称号。

## "共和国勋章"获得者孙家栋——
## 一辈子与卫星打交道的航天大总师

### （国家勋章和国家荣誉称号获得者）

他被称为中国航天的"大总师"，从"东方红一号"到"嫦娥一号"，从"风云气象卫星"到"北斗导航卫星"，背后都有他主持负责的身影；翻开他的人生履历，就如同阅读一部新中国航天事业的发展史……

他，就是我国人造卫星技术和深空探测技术的开创者之一、中国航天科技集团有限公司原高级技术顾问孙家栋院士。孙家栋，这个名字与中国航天事业的发展紧紧相依。

航天是一项非常复杂的系统工程，每项工程由卫星、火箭、发射场、测控通信、应用等数个系统构成，每个系统都有自己的总设计师或总指挥，孙家栋则被大家尊称为"大总师"。

一次发射中，卫星在转运途中不慎发生了轻微碰撞，试验队员们一下子慌了神，谁也不敢保证这会不会对发射造成影响。

接到紧急报告，孙家栋当天就从北京赶到西昌，一下飞机就直奔卫星试验厂房。了解清楚现场情况后，当时已经快80岁的他马上钻到了卫星底下，对着卫星的受创部位仔细研究起来。"卫星没事儿，能用！"孙家栋的一句话，让大家悬在半空的心踏实了下来。

"搞航天工程，没有好坏，只有成败。要保成功，就必须发扬严格、谨慎、细致、务实的作风。"孙家栋总是这样告诫年轻人。

如今已经90岁的孙家栋，与卫星打了一辈子交道。曾经有人问孙家栋：

"航天精神里哪一条最重要？""热爱。"他不假思索，"如果你不热爱，就谈不上奋斗、奉献、严谨、协作、负责、创新……"

几十年来，正是凭着这个信念，尽管从事着充满风险的航天事业，但孙家栋从来没有被困难吓倒，反而愈挫愈勇。

20世纪70年代，孙家栋带领团队研制我国第一颗返回式遥感卫星，发射时出现了意外。震惊过后，孙家栋带着大伙儿在天寒地冻中把大片的沙漠翻了一尺多深，拿筛子把炸碎的火箭卫星残骸筛出来，最终找到了失败的原因。一年后，一颗新的卫星腾空而起。

2009年，在孙家栋80岁生日时，钱学森专门致信祝贺。钱老在信中说："自第一颗人造地球卫星首战告捷起，到绕月探测工程的圆满成功，您几十年来为中国航天的发展作出了突出贡献。共和国不会忘记，人民不会忘记。"

2019年1月，嫦娥四号探测器成功实现人类首次月球背面软着陆，开启了全新的月球背面探索之旅，举国沸腾、世界瞩目。

时针拨回15年前，当国家启动嫦娥一号探月工程时，已经75岁的孙家栋毅然接下了首任探月工程总设计师的重担。大多数人在这样的高龄都功成身退，他却冒着风险出任探月工程总设计师。对于别人的不理解，孙家栋只有一句话："国家需要，我就去做。"

在嫦娥一号顺利完成环绕月球的那一刻，航天飞行指挥控制中心里，大家全部从座位上站起来，欢呼雀跃、拥抱握手。而孙家栋却走到了一个僻静的角落，悄悄地背过身子，掏出手绢在偷偷擦眼泪。

"孙家栋无疑是一位战略科学家，总能确定合理的战略目标。"嫦娥一号卫星总设计师、中国航天科技集团五院深空探测和空间科学首席科学家叶培建院士说，在困难面前，他绝不低头；在责任面前，他又"俯首甘为孺子牛"。

"几十年的实践证明，核心技术是买不来的，航天尖端产品也是买不来的。我们必须依靠自己的力量发展航天技术。"孙家栋说，"在一穷二白的时候，我们没有专家可以依靠，没有技术可以借鉴，我们只能自力更生、自主创新。今天搞航天的年轻人更要有自主创新的理念,要掌握核心技术的话语权。

（据新华社北京9月19日电　记者　胡喆）

《人民日报》（2019年9月22日2版）

功勋:"共和国勋章"获得者故事

# 航天赤子孙家栋

### 人物简介

孙家栋,1929年生,中科院院士、中国航天科技集团公司高级技术顾问、探月工程高级顾问、北斗卫星导航系统工程总设计师,我国卫星事业和深空探测事业的开拓者,参与创造了中国航天史上多个第一。他主持完成了我国第一颗人造卫星、第一颗返回式卫星和第一颗静止轨道试验通信卫星的总体设计,是我国月球探测工程的主要倡导者之一,并担任月球探测一期工程的总设计师。

听说过他的人,都觉得他是个了不起的传奇人物。见过他的人,都忘不了他那温和的笑容、温暖的大手。

他是最年轻的"两弹一星"元勋,也是最年老的卫星工程总设计师。

"东方红一号"开启中国太空时代,"嫦娥一号"迈出中国深空征程,40年100余颗中国星,他的"孩子"有34个。81岁时,他又拿了国家最高科学技术奖。

他给自己打3分,在5分制里,这是个及格分。

他就是孙家栋。

### 不是起点的起点

2009年3月5日,钱学森给孙家栋写去一封信,98岁老人亲手签了名。信中说:"您是我当年十分欣赏的一位年轻人,听说您今年都80大寿了,我要向您表示衷心地祝贺！您是在中国航天事业发展历程中成长起来的优秀科学家，也是中国航天事业的见证人……"

孙家栋一字一句细看，为钱学森在信中7次提及"您"这个称呼感动不已，心绪难平。

1967年7月29日，一位姓汪的部队参谋驱车直接找到孙家栋，讲明来意，传达指示，随后又直接将他从北京南苑送到当时北京西郊的友谊宾馆。从造导弹到放卫星，人生的转折，似乎也只是十几公里的距离而已。

由钱学森推荐，在导弹设计领域已小有名气的孙家栋，38岁时受命领衔研制我国第一颗人造卫星"东方红一号"。

"现在看简单，但那个年代第一次搞，就连一个满足质量的简单的21芯插头都找不到。工业水平、科技水平都有差距。"

孙家栋回忆说，中央根据当时的国际形势判断，要求无论如何也要在1970年把第一颗卫星送上天。但从当时情形看，已经取得不错成绩的科学院卫星研制工作由于受"文革"冲击几乎停顿。同时，由于卫星方案内容很多，加大复杂程度，不符合当时的实际条件。卫星上的各种仪器研制进度不一致，一查有的仪器，甚至还没开始动手做。按照既定方案继续，到1970年很难完成。

聂荣臻元帅万分焦急，于是找到钱学森，一定要在1970年把第一颗卫星送上天。

"钱老组织我们反复研究，最后得到一致意见，就是确保1970年第一颗卫星上天，方案需要简化。第一颗星最主要的目的就是要向全世界宣布，中国也掌握了航天技术。时间来不及，科学目标可以让下一颗卫星来实现。"孙家栋说，这样卫星里面的仪器简化到最低程度，"感觉到可以拿下来。"

"上得去、抓得住、听得清、看得见"，寥寥12字，简洁概括了"东方红一号"卫星的总体技术方案和目标，以此形容初次接触卫星的技术负责人孙家栋也十分贴切。

当时的孙家栋就展露出擅长总体协调的能力。他选定的来自不同单位的18名技术人员，后来成为中国卫星发展史上著名的"十八勇士"，得到了毫无争议的认同，人们还敲锣打鼓把这些技术人员送来。

"那时候分歧厉害，提名很难，最后凑巧，群众对名单没什么意见。"分析原因，孙家栋谦虚地说，"从工作需要出发选人，人们自然通情达理。"

随后，他又重新制订了"东方红一号"的总体技术方案。方案需要有人拍板，孙家栋找到时任国防科委副主任的刘华清，直率而恳切地说："你懂也得管，不懂也得管。你们定了，拍个板。我们就可以往前走。"

出于对毛主席的热爱，许多卫星产品研制单位流行把毛主席金属像章镶在生产工具上，继而又镶到产品上。这导致卫星超重，也极大影响卫星质量。虽然事关重大，但验收产品时，谁也不敢说出"毛主席像章影响卫星了"这句话。

孙家栋去人民大会堂向周恩来总理汇报卫星进展，为了是否该如实汇报像章的问题，他想了一夜。汇报时，图纸铺在地毯上，孙家栋蹲着给周总理讲解。周总理听得入神，也蹲下来细听。孙家栋趁机提了像章的事情。周总理听后同在场的人说：你们年轻人对毛主席尊重热爱是好事，但是大家看看我们人民大会堂这个政治上这么严肃的地方，也不是什么地方都要挂满毛主席的像。什么地方什么时候挂都是非常严肃的事情。周总理一番话，最终解决了一个棘手难题。

1970年4月24日，卫星发射上天并成功入轨，传回人们熟悉的《东方红》乐曲，举国欢腾。中国从此迈入太空时代，成为世界上第五个能够自主研制并发射卫星的国家。消息传来，短时间内，天安门广场就挤满了激动万分的人群，人们争相传看人民日报号外。

比较公允的评价是，如果按照原来方案，东方红一号卫星不可能在1970年发射成功，有人说，"没有孙家栋的这两下子，卫星发射可能还要再等几年"。

"十八勇士"之一、后来成为神舟飞船总设计师的戚发轫说："孙家栋是小事不纠缠、大事不放过的人，跟他在一起痛快！"

已故的"两弹一星"元勋陈芳允院士曾说起，孙家栋在年龄上虽然要比我们年轻许多，但他为人处事很谦虚，很低调，很注意用分析的态度倾听不同意见，所以在学术界经常能够获得大家的支持。

对孙家栋而言,"东方红一号",意义最特殊,最难以忘怀。

## 真正认识航天

航天发射,每次坐在指挥大厅里,各个系统报告航天器状态,孙家栋就爱听两个字:"正常。"但"正常"背后,对"质量就是航天生命"的认识,是用几十年的血泪经验换来。

1974年11月5日,我国发射第一颗返回式遥感卫星,这是孙家栋航天生涯中漫长而难熬的一天。

离火箭点火发射还剩几十秒,卫星没有按照程序转入自己内部供电,这意味着火箭送上天的只是一个2吨重的毫无用处的铁疙瘩。

孙家栋脑子里"轰"的一声,这是天大的事情,他再也沉不住气,大喊"赶快停下来!"但按照航天发射程序,此时即使是孙家栋也没有发言权,他的喊停,既违反纪律,又冒着政治风险。发射场负责人尊重了孙家栋的意见,中止发射,检查并且排除了故障原因。

下午组织火箭再一次发射。"没想到,转眼间火箭掉头就下来了,对爆炸那是心里一点准备都没有。"孙家栋说,幸亏还仗着火箭飞了21秒,否则整个发射场都没了。火箭随同卫星一起爆炸,所有人的数年心血随之化为灰烬。

孙家栋从地下指挥室出来,眼前情形让他难抑泪水:冰天冻地的西北戈壁滩,已是一片火海,脚下的地面都感觉发烫。掉着眼泪的人们,才真正认识到搞航天的难度。当时,太阳已经靠近大漠戈壁的地平线,夕阳似血,仿佛是人们心情的写照。

三九天里,两百多人含着眼泪捡了三天,在沙地里一块块捡残骸,小螺丝,小线头,都不放过,捡回来要把问题找出来。有的人心细,还拿筛子把混在沙子里的东西都筛出来。孙家栋鼓励大家不要灰心、不能丧气,不能被失败吓倒。最后实验证明,确实是一截外表完好、内部断开的小小导线酿成了这场大爆炸。

这种事情影响中国航天几十年,也促成了航天质量体系和制度的建立。

如今航天界有一个5句话组成的故障归零标准,"定位准确,机理清楚,问题复现,措施有效,举一反三"。

"最厉害的是'举一反三',"孙家栋说,一个电子管零件坏了,火箭或者卫星上的所有仪器,都不能再出现这一批次的零件,不论好坏都不能用。"这是几十年血的教训积累。"

1975年11月26日,又一颗返回式遥感卫星终于冲出大气层,又平安返回,落在一片水稻田里。当时卫星没有设计挂钩,还是靠看热闹的老大爷出主意,用两根长木头,人们喜气洋洋地把卫星抬上了汽车。当时,返回式卫星被认为是世界上最复杂和最尖端技术之一,世界一流航天强国美国和苏联也是经过多次失败才成功。

### 人生不需要选择

7年学飞机,9年造导弹,43年放卫星。对几次关键的人生转折,孙家栋说,"国家需要,我就去做。"

1957年11月17日,正在苏联留学的孙家栋在莫斯科大学的礼堂亲耳聆听了毛主席那番著名的话语:"世界是你们的,也是我们的,但是归根结底是你们的。你们青年人朝气蓬勃,正在兴旺时期,好像早上八九点钟的太阳,希望寄托在你们身上。"

毛主席第一次讲,孙家栋第一次听,青年人的血液霎时沸腾,"那时候下了决心,国家需要你干什么事情,就去干。"

当初,因为等着吃学校里的一碗红烧肉,遇到报名参军的机会,孙家栋当天报名,当天入伍。之后到苏联留学,下定决心一辈子干航空,没想到回国后被选中造导弹,之后又转向放卫星,从此和航天结缘半个世纪。对孙家栋来说,热爱祖国不是一句空话。

中国航天最困难的时期是改革开放初期,那时候连报纸也为航天鸣不平,讲"搞导弹的不如卖茶叶蛋的"。孙家栋还真的收到过一封沈阳一位老大妈叫她儿子写来的信,信上说:"我是卖茶鸡蛋的,听说你们搞航天的这么困难,我愿意把这几年卖茶鸡蛋挣的钱支援你。"

孙家栋看得直想掉眼泪。他给老大妈回了信，更重要的是，他再一次感到，任何一件事情要有自己的见解、自己的判别能力，基础就是对国家和事业的热爱。

20世纪80年代末，担任航空航天工业部副部长的孙家栋从科技专家变成"商人"，和美国专家谈判，将中国航天引入世界舞台。

"我第一次带着代表团到美国去推销我们的火箭，大家从技术人员变成了商人，也不太懂商人这个行当。咱们国家生活条件也很困难，出差一天的生活补助一到两美金，住宿的旅馆，外国人看来条件是比较低的。"孙家栋回忆说，那时候胆子真大，火箭还只是张草图就敢去推销。

他找到几位爱国华侨，说中国火箭要走入国际市场，请他们帮忙介绍一些美国的客户。华侨们都很热情，但最后提出一个问题："你们住在这样的旅馆里头，准备跟人家谈几千万美元的生意，谁能相信你们？人家不单不相信你是共和国的副部长，还以为你是骗子。"最后华侨们帮忙，代表团住进了比较高级的酒店。

1990年4月7日，长征三号运载火箭在西昌卫星发射中心将美国休斯空间公司的亚洲一号通信卫星成功送入预定轨道。休斯公司的董事长说，休斯公司已经发射同步轨道卫星67颗，中国火箭的这次发射精度是最高的。

当时孙家栋坐在发射指挥大厅，当指挥员下达命令点火以后，大厅里面鸦雀无声，他甚至都能感觉到旁边几个人的心跳，这种极致的安静程度整整持续了24分钟。为什么会如此安静？后来一位老华侨的话或许给了孙家栋答案："中国卫星能打多高，国外华人的头就能抬多高。"

在经历过旧中国的孙家栋心里，中国火箭的成功，也将"洋火时代"抛在了身后。

## 栋梁长于沃土

孙家栋爱笑，嫦娥一号卫星系统副总指挥龙江说，孙家栋的微笑很有魅力，难以形容，却能感染众人。在好几张和钱学森的合影中，六七十岁的孙家栋咧嘴大笑，像个孩子。

"我们那时就像一帮孩子，在钱老指导和领导下工作。我当年刚来的时候，对导弹确实是一窍不通，看过一些资料，但真正地干，还不行。"孙家栋回忆说。

1958年，孙家栋从苏联留学回国。留学期间，从第一天开始一直到毕业，所有考试都是满分5分。但学航空的孙家栋回国后又被挑中去搞新中国第一颗导弹。

"我搞导弹，前几年就是学习，向老同志学习，向周围同事学习。"之后被调去搞卫星，他还是继续向别人学习。

"我们航天精神有一句非常到位的话，就是'大力协同'。形成团队，除了共同学习，更要共同支持。离开集体的力量，个人将一事无成。"孙家栋说，航天事业风险非常大，但承担压力绝对不是一个人，是一个团队大家共同战斗。

孙家栋说，当年开始搞火箭、卫星，是卫星先做，还是卫星上的仪器先做，这么简单的事就搞不定。如果不是"你给我创造条件，我给你创造条件"，什么事都办不成，"中国航天真是一个集体。"

第一代航天人大概分为四个群体。一是以钱学森、任新民、屠守锷、庄逢甘等为代表的科学家，来的时候都是40来岁，年富力强，起着带头作用。二是组建航天队伍时从部队里调来的身经百战的老革命，文化程度比较高，组织能力比较强。三是像孙家栋一样刚毕业的年轻人。四是一批有着工人阶级本色的老技术工人。

孙家栋搞导弹时，研究室指导员原是东北第四野战军的团政委，在海南一个县里当过武装部长，十多万人的大会上坐过主席台，来到这里却领导二三十个"大孩子"。

"这批老革命确实为组建航天队伍起了重大作用，把队伍拉了起来，组织年轻人干事。"孙家栋说。困难时，聂荣臻元帅给科技人员送来黄豆，要求这些政工干部一粒也不许碰，真就是一粒也没动过。

如今的航天系统工程，遵循着"两总"也就是总指挥和总设计师两条线，雏形可能就是来自当时政工行政干部和科技人员的共同配合。

无论是造导弹还是放卫星，孙家栋长期负责航天工程总体技术，他对"总体"两字深明要义："所谓总体，就是要用最可靠的技术、最少的代价、最短的时间、最有利的配合、最有效的适应性和最有远见的前瞻性，制订出最可行的方案，保证获得最好结果的一种方法和体制。"

航天事业是千人、万人大家共同劳动的结果，擅长"总体"，实际上正是融合团队、凝聚团队和发挥团队力量的一种能力。

"他非常注重培养年轻人。"34岁就担任嫦娥一号卫星系统副总指挥的龙江说。通过航天工程实践，孙家栋培养了像龙江这样的一批优秀航天科技人才，不断充实到航天人团队中。在发掘年轻人这一点上，他和赏识他的钱学森有着相似之处。

"从第一枚火箭和第一颗卫星开始，钱老带领我们这支队伍，团结友爱，逐步形成了航天精神，这种精神现在还在传承。"孙家栋说，"我热爱我们的队伍，我们是心心相印。"

## 从一个圈飞向另一个圈

航天人这一辈子，打失败了哭，打成功了也哭。

2007年10月24日，第一颗探月卫星"嫦娥一号"在西昌卫星发射中心成功发射。10余天后，经过40万公里的星际飞行，"嫦娥一号"顺利抵达月球并实现绕月。中华民族终于圆了千年奔月的梦想。

航天飞行指挥控制中心内，人们欢呼跳跃、拥抱握手一刻，电视镜头捕捉到了这么一个镜头：孙家栋走到一个僻静角落，悄悄地背过身子，掏出手绢偷偷擦眼泪。

孙家栋说，当时的心情，一方面为国家为民族感到自豪，另一方面也感觉到航天这个集体没有辜负国家和人民的期望，这两种心情掺和在一起，加上压力突然一释放，感情就难以自抑。

2004年出任探月工程总设计师时，孙家栋75岁。探月工程风险太大，很多人认为，这个工程一旦出现问题，已是"两弹一星"元勋的孙家栋70多岁前的辉煌历史会受影响。探月工程副总设计师张荣桥说,"他是怀着对中国航天事业的满腔热情来的。"

"当时最大的挑战,就是第一次进入深空。卫星跑出40万公里,是第一次。以前所有卫星都只和地球有关系,属于双体运动。'嫦娥'离开地球去月球,变成三体运动,也是第一次。"孙家栋肩上不能说没有压力。

当年"东方红一号",完全可能早一些发射,但为了确保万无一失,在1969年底又用3个月时间对卫星进行质量复查研究,最后终于放心地把卫星放上天。足见第一次的难度。

孙家栋再次显露总设计师本事,化繁为简,创新利用现有的火箭、卫星和航天测控系统,确定了"嫦娥奔月"方案。当嫦娥卫星一发射出去,人们看到的是一串串数据,一条条曲线。但在孙家栋眼里,速度曲线往上抖或者往下抖,所代表的卫星状态,那是清清楚楚。卫星被月球成功捕获一刹那,速度值有个拐点,孙家栋感觉自己的心都要跳出来。

孙家栋外衣胸口经常别着一个航天标志的圆形徽章,标志中间是个类似火箭的形状,往外是三个圈,分别代表三个宇宙速度,也代表人类航天梦想的三个阶段。他为之奋斗了几十年。

打完"嫦娥"后,孙家栋走到了最内圈和第二个圈之间:摆脱地球引力,活动空间扩展到了太阳系。"中国航天的下一个发展目标,应该是有能力到达太阳系的任何角落。"他说。

### 传奇仍在继续

2010年这一年,中国航天进入高密集发射阶段,仅北斗导航卫星,就计划发射5颗,已经发射了4颗。孙家栋是北斗卫星导航工程总设计师。加上担任嫦娥二号任务的高级顾问,这一年光是西昌卫星发射中心和西安卫星测控中心,81岁的他就已经去了17次。老伴给他买的布鞋,一年磨破好几双。

"我数也不数了,你走就走吧。"老伴魏素萍略带埋怨说,老了老了该歇歇了,"但国家需要,那你怎么办?!"

有关单位的领导来看望孙家栋夫妇时，恳切地对魏素萍说："魏阿姨，我们知道您有意见，但这个任务就只能他来做，他坐在那里，就是无形的支持。"

"50年都没有聊的时间，也没话题。"魏素萍说，孙家栋回到家，说的不是废话就是跟工作有关，有时候甚至一句话都不说，她闷的时候只能对着墙说。

1967年，孙家栋的女儿出生，当时他正有任务在身。魏素萍没有给丈夫打电话，孙家栋没来电话她也不生气，一个人要了个板车自己去了医院，孩子出生时孙家栋也不知道。护士看不下去，都是航天系统的，直接给孙家栋打电话，"孙主任，你爱人给你生个大胖姑娘，不过来看看？"

孙家栋心里有歉意，但嘴上不说，时刻找机会弥补。一次出差，他跑到专门卖女鞋的店，想给老伴买双鞋。变戏法似地拿出一张纸，是在家时候比着老伴的脚画好，剪好带在身上，在场的人既惊讶又感动。

有一年，魏素萍因为脑血栓身体半边麻木，胳膊和手不听使唤，但一年后，她奇迹般地康复，这一年里孙家栋的体重减了20斤。

在魏素萍眼里，"这个人头脑就是简单，除了工作，其他都不想，还是个英雄？"

但她又说："下辈子还嫁给孙家栋。"

穿戴普通，冬天头上扣着一顶有些褪色了的红色毛线帽，孙家栋看着就是个平常老头。2007年，"嫦娥任务"后，孙家栋回到北京，和老伴出门打出租车。一上车，司机就看出来了，问，"您是搞航天的吧？"然后又加了一句，"我特别爱好航天。"

让给自己50年的航天生涯打个分，他怎么样也不肯。后来实在拗不过，他说要是5分制，就打3分。打完分，他很不好意思，"自己已经感觉打得很高了。"他说，航天已经成为自己生命中一部分。中国航天事业对民族而言太重要了，在航天这个团队里，自己愿意有多少力尽多少力，决不保留。

从航天大国走向航天强国的路上，这个航天老人的传奇仍在继续。

（余建斌　陈玉明）

《人民日报》（2010年12月17日24版）

## 家国有栋梁　星辉耀东方

### 专访"改革先锋"、中科院院士孙家栋

2018年12月18日,庆祝改革开放四十周年大会在人民大会堂隆重举行,当旁白念到"航天科技事业创新发展的重要推动者"时,电视画面上出现了一位两鬓斑白的老人。

他就是孙家栋,中国"两弹一星"元勋之一。

第一颗人造地球卫星"东方红一号"、第一颗遥感探测卫星、第一颗探月卫星嫦娥一号……中国航天史上一个又一个第一次,孙家栋都是其中重要参与者和"功臣"。他矢志不渝地为中国航天事业奋斗了约一个甲子。

2019年1月3日,嫦娥四号探测器成功在月球背面软着陆,并通过鹊桥中继星传回了人类第一张近距离拍摄的月背影像图,开启了人类月球探测新篇章。孙家栋正是中国月球探测工程即"嫦娥计划"的主要倡导者、推动者之一,在世界航天史上树起一座丰碑。

近日,本报微信公众号《学习小组》对孙家栋进行了专访。现将专访部分内容摘编如下,以飨读者。

### "世界是你们的"

《学习小组》:1957年11月17日,您作为在苏联的中国留学生代表受到正在苏联访问的毛泽东主席接见。您后来回顾这段经历时曾说,那次接见让您"大受鼓舞"。能否讲述一下当时受接见的情景?

孙家栋：上世纪中期，中国在苏联援助下努力筹建自己的空军力量，特别是培养空军科技人才。1948年，我考取哈尔滨工业大学，在预科班学习俄语。3年后，预科班学生中有30位被抽调，送到苏联茹科夫斯基空军工程学院学习，而我就是其中之一。就这样，我们开始了在苏联长达7年的留学生涯。

1957年11月，毛主席访苏，在莫斯科大学接见了中国留学生代表。作为异国求学的青年学子，受到毛主席的接见，我们大家的心情自然是非常激动的。记得接见开始不久，毛主席就发表了那段后来被广为传颂的名言："世界是你们的，也是我们的，但是归根结底是你们的。你们青年人朝气蓬勃，正在兴旺时期，好像早晨八九点钟的太阳。希望寄托在你们身上。"这些话让在场的每名学生都备受鼓舞。实际上，我们这些在苏联的中国留学生，都满怀勤奋学习、报效祖国的热情。

## 我们自己想办法搞

《学习小组》：您刚参加工作时，中国航天科研水平还很落后。在那种条件下，你们是怎么工作的？

孙家栋：我1958年回国之前，聂荣臻元帅受中央委托，开始组织研制导弹。当时，导弹是世界上刚出现的东西，是新生事物。国内除了钱学森等极少数专家，哪有研究过导弹的人？相关部门就开始组建研究队伍，在全国各地方和单位抽调人员。不管哪个单位，只要有专业领域与导弹比较接近的人才都被调到一起。就这样，我就被抽调进了国防部第五研究院。

那时候，中苏关系还算友好，苏联提供了很多图纸、资料和专家帮助我们，还来了个导弹营给我们培训。但是后来，中苏关系变冷，一夜之间，苏联专家带着资料都撤走了。我们看着做到半截、即将完成的导弹，想起之前没日没夜的辛苦，当时的心情可想而知。这也教育了我们，让我们明白搞"两弹一星"还真是要自力更生。当时根本就不用强调政治觉悟，也根本不需要领导动员，大家坐在一起，就是单纯地想着怎么把东西做出来。苏联人不是把图纸资料都拿走了吗？好，我们自己想办法搞。

在庆祝改革开放四十周年大会上，习近平总书记说，40年来取得的成就不是天上掉下来的，更不是别人恩赐施舍的，而是全党全国各族人民用勤劳、智慧、勇气干出来的！我当时听了真是非常感慨，这么多成绩确实就是我们流血流汗拼命干出来的。

### 谁还有工夫想奖金的事？

《学习小组》：有人曾问邓稼先，研制"两弹"成功后拿了多少奖金？他说："奖金20元，原子弹10元，氢弹10元。"您当时作为中国第一颗人造卫星的总设计师，有多少奖金？领完奖金当时是什么心情？

孙家栋：我们就是一心一意、一门心思搞航天，谁还有工夫想奖金的事？

在上世纪60年代，有一个阶段，中国遭遇到非常大困难。当时，聂荣臻为了照顾我们科研人员，给我们解决一些生活上的困难。他自己想办法到部队去，利用自己的威望为我们筹集了一些黄豆和羊肉，这在当时都是非常珍贵的东西。筹集过来后，聂荣臻就一句话，给技术人员分，政工人员谁也不要动。这让我们这些搞技术的人确实不太好意思。在这个情况下，谁会想到奖金呢？

待遇实际上也谈不上有多好。我曾到工厂里下车间工作，当时规定夜里10点后算加班，有夜宵。夜宵听起来不错，实际上是什么呢？在最困难的时候，就是在碗里倒点酱油，拿白开水冲一冲，里头再加点葱丝之类的，夜班人员喝这么几口，然后继续加班。现在回想起来，这确实就是航天精神，大家大力协同，为国家航天事业贡献自己的一份力量。

### "只有你们中国才能把这个事情办成"

《学习小组》：改革开放初期，中国航天人的工作条件艰苦，报纸上当时刊载过"搞导弹的不如卖茶叶蛋的"之类的说法。您当时对此的感受如何？

孙家栋："搞导弹的不如卖茶叶蛋的。"这个说法很形象地反映了搞航天的人当时的确很清苦。不过，"搞导弹的"从"卖茶叶蛋的"那里也获得了很大关心和力量，并且我本人对此就有亲身经历。我是沈阳人，沈阳一个卖茶叶蛋的大妈，从报纸上读到这个说法后给我写了一封信，她说："报上讲搞导弹的不如卖茶叶蛋的，你们太困难了，我愿意用卖叶蛋的钱支援你们。"我收到信后特别感动，当即给她回了信。

可以说，中国航天事业的发展，就是在老百姓的支持下取得的。我再举个例子，在"东方红"卫星研制过程中，我们需要在其中装一个配件，但我们系统里人手和能力有限，自己做不了。那我们就得到别的地方去找协作方。当时，我们寻到了一家工厂，找到有这个配件手艺的一位老师傅，告诉他，我们做的事是国家重点任务，并告知了配件的参数信息。他二话不说就满口应下："行，你回去吧，一个月后再来。"一个月后来，他果然做好了，还不要钱。

上世纪80年代，美国宇航局官员来华访问时问我一个问题："你们搞卫星花了多少钱？"我笑了笑告诉他："我说不清楚。"他很疑惑地问："你怎么能不清楚呢？"我就给他讲了上面的故事。他听了感叹："只有你们中国才能把这个事情办成。"

### 那个"洋"的时代终于过去了

《学习小组》：2007年10月24日，嫦娥一号探测器飞向了38万公里外的月球，当成功的消息传回指挥中心时，所有人欢呼起来，您却背过身子默默抹起了眼泪。您当时一定有很多感慨吧？

孙家栋：像我们这个岁数的人啊，多少还赶上了点旧社会的尾巴，那时候小，听大人们说话，抽烟叫洋烟，火柴叫洋火，上海的人力车叫洋车，很多东西的名字都带"洋"字。嫦娥一号月球探测器成功了，我当时突然就想到旧社会的洋车、洋火，感情一下就上来了。老人们讲的这个"洋"那个"洋"的时代，终于过去了。

虽然那时候新中国成立已经50多年了，但是从科学技术发展来讲，这还是较短的时间，而我们在一穷二白的基础上，在这么短的时间内，成功实施了嫦娥一号探测月球任务。作为该任务的主要参与者，其背后的艰辛我体会很深，高兴、兴奋、激动，可谓百感交集。我深为我们国家有这么大的成就而自豪。

《人民日报海外版》（2019年1月12日8版）

# 孙家栋：干航天，一辈子也不会累

**编者按**

2019年是中华人民共和国成立70周年。这是砥砺奋进的70年，也是满载荣誉的70年。

9月17日，国家主席习近平签署主席令，授予为新中国建设和发展作出杰出贡献的功勋模范人物国家勋章和国家荣誉称号。自今日起，本报推出"壮丽70年　奋斗新时代——共和国荣誉"专栏，重温他们投身国家建设的丰功伟绩和可歌可泣的人生故事。让我们把最热烈的掌声献给他们！

1967年7月底，正值盛夏的北京酷热难当。一天下午，孙家栋在办公室工作，热得满头大汗。彼时，他在国防部第五研究院一分院担任型号总体主任设计师，从事导弹研制工作。

正当他趴在一张火箭图纸上冥思苦想时，有人敲门。来者开门见山："聂老总指示，调你去负责第一颗人造卫星的总体设计工作。"

从少年时梦想修大桥，到前往苏联学习航空发动机专业；从回国之初研制导弹，到与卫星结下不解之缘，孙家栋的人生屡次经历转折。但这位中国科学院院士的爱国情怀、报国之心从未改变。

如今，在航天领域各重要场合，还是经常能看到孙家栋步履蹒跚的身影、亲切慈祥的笑容。90岁的他并不服老，笑称："我也是'90后。'"

2019年9月17日，经十三届全国人大常委会第十三次会议表决，孙家栋被授予中华人民共和国最高荣誉勋章——共和国勋章。

### 争得苏联学生梦寐以求的金奖章

从辽宁省复县考入哈尔滨工业大学学习俄语时，18岁的孙家栋最大的愿望，是成为一名土木建筑系学生，将来修大桥。

新中国成立后开始组建空军，品学兼优的孙家栋作为急需的俄语翻译人才被选送入伍。1951年，他和另外29名军人被派往苏联茹柯夫斯基工程学院学习飞机发动机专业。修大桥的愿望，便只能永远留在年少的梦中。

留学生活让孙家栋印象深刻。临行前，部队到王府井买了最好的哔叽面料，为他们订制了笔挺的军装。走在苏联街头，中国军人的风貌时常引来羡慕的目光。

更让人赞叹的，是孙家栋的学习劲头。每天晚上他看完新闻，就一直攻读到深夜两点。他的记忆力惊人，一门功课七八章内容，几天时间就能从头背到尾，考试时一拿到试卷，想都不用想，便可提笔一气呵成。

茹柯夫斯基工程学院有个传统——哪位同学考试全部获得5分，照片就能挂在学校门口。一年后如果能保持，照片位置就往上移。越到高处人数越少，照片也就越大。毕业时，如果谁的照片能够出现在"照片塔"的顶端，那么恭喜，他将获得一枚印有斯大林头像的金奖章。苏联学生对金奖章梦寐以求，它意味着毕业后军衔比其他同学高一级，而且分配工作时有优先选择权，报到前还能带着双倍工资休假3个月。

孙家栋是金奖章获得者，这在中国留学生中屈指可数。

在孙家栋毕业之前，一列从莫斯科出发的专列抵达北京，车上载有苏联送给中国的一份礼物——2枚P-2近程导弹。当时孙家栋既不知道这2枚导弹的事情，更想不到自己会与它们结下一段缘分。

### 向周总理讲难以启齿的事

1958年，载誉归国的孙家栋被分配到国防部第五研究院一分院导弹总体设计部，2年后成为型号总体主任设计师。

从最初仿苏 P-2 导弹，到开展东风导弹的研制工作，他把所有的时间和精力倾注其中。

"一毕业就从事导弹研制工作，我想，这辈子可能就搞导弹了。"孙家栋回忆道。

但在 1967 年的那个夏天，一切都改变了。

为确保我国第一颗人造卫星顺利研制成功，中央决定组建中国空间技术研究院，由我国著名科学家钱学森任院长。随后，钱学森向聂荣臻推荐了孙家栋。

虽然孙家栋当时还是"年轻后辈"，却早已被视为很有发展潜力的专家苗子。

挑起重担的孙家栋，不仅在工作中踏实勤奋，而且展现出一股勇于担责、敢做敢当的劲头。

1969 年 10 月，东方红一号卫星初样基本完成，周恩来总理决定听取卫星工作汇报。当钱学森介绍孙家栋时，周恩来总理握住孙家栋的手说："哟，这么年轻的卫星专家，还是小伙子嘛。"

周恩来总理的随和感染了孙家栋，在汇报中，他鼓足勇气，讲出了埋藏心底、难以启齿的问题。孙家栋说："不知从什么时候起，卫星的许多仪器被嵌上了毛主席像章。大家热爱毛主席的心情可以理解，可是这不仅增加了卫星的重量，影响卫星散热，而且会给卫星姿态带来影响……"

周总理的神情严肃起来，说："我看就不用了吧……你们回去把道理给大家讲清楚，搞卫星一定要讲科学。"

1970 年 4 月，当东方红一号卫星播放着《东方红》乐曲从北京上空飞过时，孙家栋和一些白天被"批斗"、晚上偷偷搞研究的同志仰望星空，如同看到自己的孩子降生般百感交集。

### 客串航天界的"生意人"

东方红一号卫星发射成功后，孙家栋相继担任了第二颗人造卫星、第一颗返回式卫星、第一颗地球静止轨道试验通信卫星的技术总负责人和总设计师，并参与领导了其他各类卫星的研制发射工作。

1985年10月，当我国又将一颗返回式遥感卫星发射升空后，时任航天工业部部长李绪鄂向世界宣布：中国的运载火箭将投入国际市场，承担国外卫星发射业务。

这个消息震动了国际航天界。

那时，美国和法国垄断着国际宇航发射市场。然而1986年，世界航天界的4次大爆炸，使欧美诸国陷入低谷，却为中国进入国际市场提供了难得的良机。

发射外国卫星是带有商业性质的国际技术合作。为此，中国航天人除了要懂研制发射卫星，还要学会跟国际商业客户打交道。孙家栋扮演起"生意人"的角色。

1988年，香港亚洲卫星公司购买了美国休斯公司的亚洲一号卫星，准备让长征三号火箭将其送入太空。但卫星要从大洋彼岸运到中国，必须有美国政府发放的出境许可证。争取许可证的使命，落到了时任航天工业部副部长的孙家栋肩上。

当年10月，孙家栋代表中国与美国签订了《卫星技术安全》和《卫星发射责任》两个协议备忘录。但双方对一些国际贸易问题存在较大分歧，并未达成最终协议。1个月后的第二轮会谈，地点从北京移到了华盛顿。

谈判刚一开始，美方主动进攻，气势逼人。孙家栋带领中国代表团据理力争，坚决反驳对方的"中国发射外星扰乱国际商业发射市场"观点。双方僵持不下，谈判在拉锯中进行，一直持续到当年圣诞节前夕。

孙家栋注意到，许多美方代表预定了12月20日旅游度假的机票，对谈判越来越没耐心。他抓住对方的这种心理，制定了"拖延战术"，从上午谈到下午、下午谈到晚上，寸步不让。12月19日，美国人的忍耐到达了极限，在楼上都能听见美方代表与焦急的家人，为调整出游行程而大声争论。这天，无心恋战的美国人终于签署了协议。

1990年4月7日，亚洲一号卫星发射成功，在美国休斯公司31颗同类卫星中入轨精度最高。

总结自己的职业生涯，孙家栋笑道："7年学飞机，9年造导弹，50年放卫星。"即使年事已高，他仍为中国北斗、探月工程等航天"大事"操劳奔波。他说："航天是我的兴趣，一辈子也不会累。"

（本报记者　付毅飞）

《科技日报》（2019年9月19日4版）

# 李延年

## 荣誉属于所有烈士

1945年参加革命，先后参加解放战争、湘西剿匪、抗美援朝战争、对越自卫反击战等战役战斗20多次，是为建立新中国、保卫新中国作出重大贡献的战斗英雄。离休后，他初心不改、斗志不减、本色不变，积极弘扬革命优良传统，充分展现了一名老革命军人、老战斗英雄的光辉形象。

## 李延年

李延年，男，汉族，中共党员，1928年11月生，河北昌黎人，原54251部队副政治委员。1945年参加革命，先后参加解放战争、湘西剿匪、抗美援朝战争、对越自卫反击战等战役战斗20多次，是为建立新中国、保卫新中国作出重大贡献的战斗英雄。离休后，他初心不改、斗志不减、本色不变，积极弘扬革命优良传统，充分展现了一名老革命军人、老战斗英雄的光辉形象。荣立特等功1次，被志愿军总部授予"一级英雄"称号，荣获解放奖章和胜利功勋荣誉章。

## "共和国勋章"获得者李延年——

## 荣誉属于所有烈士

### （国家勋章和国家荣誉称号获得者）

解放战争中，他在冰天雪地的东北和国民党军拼过刺刀，在山势险峻的湘西和土匪"掰过手腕"。

抗美援朝战场上，他带领官兵夺回失守的346.6高地，顶住了敌人多次反扑，被志愿军总部授予"一级英雄"称号，荣立了特等功。

凯旋之后，他继续投身国防事业，20世纪70年代来到祖国南疆，从此扎根祖国边陲。

91岁的李延年，"共和国勋章"获得者，一位一生默默奉献，践行初心和使命的军队老党员。

金秋九月，绿城南宁，市区里一座两层小楼里，李延年正在为家中的仙人掌、三角梅浇水。他觉得在恶劣环境中顽强生长的植物，像极了他们这些从革命战争年代走过来的人，有种压不垮的气势。

1945年10月，李延年参军前往东北。那时的中国，内战的乌云笼罩在中华大地。参军后不久，李延年就参与到解放东北的战斗中。

初到东北，李延年和战友们连一件像样的冬衣都没有。部队纪律非常严明，他们从不入户打扰群众，群众也非常拥护部队。

部队缺粮，群众主动把粮食送了过来。部队把群众送来的物资一一造册登记，打上欠条，并郑重承诺：解放后新政府一定如数奉还。

根植于人民的军队是不可战胜的。辽沈战役打响后，李延年所在纵队参加黑山阻击战,堵住敌人兵团。

在阻击战最关键的时候,李延年和战友们连夜急行军100多里,双腿跑赢了敌人的汽车,赶在天亮之前到达预定地点修筑工事。在修筑工事期间,敌人以数倍兵力扑了上来,发起一轮轮强力冲击,一批批战友倒在了前沿阵地。他清晰地记得,在那场空前惨烈的战斗中,一个战友牺牲了,另一个就主动补上去,许多战友献出了宝贵的生命……

那次战斗,李延年和战友们坚守了3天,为友邻部队对敌人实施包围争取了宝贵的时间。

辽沈战役结束后,李延年参加了平津战役,每战争先的他,连连立功受奖。1950年8月,在湘西剿匪的李延年,被提拔为连队指导员。

抗美援朝战争爆发后,李延年随志愿军入朝作战。这段岁月也是他一生中最难忘的。

1951年10月,李延年担任志愿军某营7连指导员。他所在营奉命对失守的346.6高地实施反击。

"前两个营在敌人炮火猛烈攻袭下伤亡惨重,我们营接到命令执行强攻任务。"李延年回忆,自己所在营攻击时,发现敌人每隔3分钟左右就会打一轮炮,掌握这个规律后,李延年和战友利用这个间隙慢慢摸了上去。经过激烈的战斗,他们终于把高地夺了回来。

这时,连队的机关枪已打得无法连发,步话机也被打烂,后方指挥所无法知晓他们的情况。当时,李延年所在连只剩下40多个人,其他连队情况更差。全营弹药严重不足,部队就到敌前沿去收集敌人遗弃的武器和弹药。

两夜一天的战斗,敌人一轮又一轮地压向我军阵地。打完弹药的官兵,靠捡拾敌人留下来的武器,打退了一波又一波的敌军。一名战士在子弹打光后,拿着爆破筒,与冲上阵地的20多个敌人同归于尽。看到战友一个接着一个牺牲,李延年带领官兵坚守阵地,直到得到上级命令才撤出阵地。

1952年11月,李延年被志愿军总部授予"一级英雄"称号、记特等功1次,并获朝鲜民主主义人民共和国自由独立二级勋章。

后来,李延年又参加了多次战斗。60多年过去了,这段悲壮的历史成为李延年永不磨灭的回忆。多少曾经日夜相处的战友,生命永远定格在了20余岁的青春年华。

离休之后的李延年生活低调,南宁市许多中小学邀请他为学生做红色教育讲座,他也从不提及自己的功劳。

"所有荣誉不是给我个人的,都是国家对所有烈士的褒奖,我们要永远铭记这些为新中国牺牲的英雄们。"为了做好革命精神的传承和教育,李延年把个人获得的各类证章大部分捐献给了博物馆、军史馆,并经常为青少年讲述战斗故事、传承战斗精神,积极宣传爱国主义思想,在青少年中弘扬优良革命传统。

在李延年家中,有一幅南宁市红星小学学生送给他的手工画,内容是操场上的两名小学生,向鲜红的国旗敬礼。每当有客人来家里的时候,李延年都会把这幅画拿出来给大家看。

"学生对于历史的认识很多时候停留在书本上,作为战争亲历者讲述历史,更具说服力和感染力。"广西军区南宁第三离职干部休养所政委肖兮说,只要有学校邀请李延年做讲座,他都会欣然前往。

为了讲好历史,李延年多年来坚持读书看报听广播,刻苦学习党的理论。他卧室的书桌上,摆满了各类政治学习书籍,书和笔记本上密密麻麻地记满了理论要点和心得体会。

近年来,李延年被广西军区先后评为"先进离休干部""优秀共产党员""践行当代革命军人核心价值观先进个人",始终保持老党员、老军人、老英雄的革命本色,用实际行动践行共产党员的初心和使命。

2019年中秋节前夕,广西军区军史馆烈士墙前,李延年驻足凝视。轻抚着牺牲战友的名字,他缓缓举起右手,敬了一个标准的军礼。

(新华社南宁9月20日电　记者　贾启龙　黄浩铭)
《人民日报》(2019年9月23日4版)

功勋："共和国勋章"获得者故事

# 闪亮赤子心

## "共和国勋章"获得者、广西军区南宁第三离职干部休养所离休干部李延年的本色人生

在庆祝新中国成立70周年前夕，地处祖国西南边陲的广西南宁市街头，挂满了迎风招展的五星红旗。满城的"国旗红"，与花团锦簇的都市美景交相辉映。每每凝视这血一般的火红，广西军区南宁第三离职干部休养所离休干部李延年总会思绪万千……

从解放战争到湘西剿匪，从抗美援朝到边境作战，他一生参加大小战役战斗数十次，为建立新中国、保卫新中国作出重大贡献，立下赫赫战功。然而多年过去，这段辉煌的过往，却被他小心封存，很少向人提及。

金戈铁马远去，岁月静静流淌。从部队离休后，李延年把自己看作一位平凡的老人，隐入了芸芸众生。同时，他初心不改、斗志不减、本色不变，一如既往地关心着国家建设、军队发展，弘扬革命优良传统。

"绝不能忘记流血牺牲的千万烈士，是他们的付出换来了我们今天的幸福生活……"打开记忆的闸门，回首激情燃烧的岁月，91岁老兵李延年脑海中的流光碎影，折射出一支军队的血性胆魄，还有一名军人的满腔赤诚。

### 从贫苦的"小猪倌"到勇敢的革命战士——
### "我是个穷人家的孩子，参加革命队伍算是参加对了"

和那个年代绝大多数中国普通老百姓一样，李延年的童年饱受战乱和贫

困之苦。

1928年11月，李延年出生在河北省昌黎县一个贫苦农民家庭，小小年纪的他不得不替大户人家放猪，成了一名"小猪倌"。14岁时，由于交不起学费，仅读了2年初小的李延年，跟着同乡来到长春一个资本家开的粮食加工厂当学徒。说是当学徒，实际上他还要服侍老板，每天端尿罐、干杂活，稍有不顺就挨打受骂。李延年满肚子苦水没处倒，只好含泪忍着。

"共产党来了，穷苦人就有了希望！"1945年8月15日，日本政府宣布无条件投降，东北人民欢天喜地迎来新生。"跟着共产党为穷苦百姓打天下！"怀着这种朴素的想法，李延年萌生了参军的强烈愿望。这年10月，他在长春参军入伍，光荣地成为一名革命战士。

入伍后，李延年很快就跟随部队投入战斗，"白天打仗，晚上抱着枪睡"。但在他看来，这种扬眉吐气的日子，虽然辛苦可心情舒畅。在解放榆树县的战斗中，他敢打敢冲，缴获敌人1挺轻机枪和1支手枪，受到上级表扬。

"我好打枪，每次打仗都很勇敢。"在随后的战斗中，李延年每战争先，多次立功受奖。1947年2月，他光荣加入中国共产党，"我当时想，我是个穷人家的孩子，参加革命队伍算是参加对了。自己要忠心，做一名合格的共产党员，为人民的事业干到底。"

辽沈战役打响后，李延年所在的东北人民解放军第10纵队参加黑山阻击战，负责阻击数倍于己的国民党廖耀湘兵团，截断国民党军"西进兵团"的退路。

黑山阻击战，曾被时任第10纵队司令员的梁兴初将军视为一生中经历过的最残酷战斗。"我们连夜急行军100多里，双腿跑赢了敌人的汽车，赶在天亮之前到达预定地点修筑工事。"李延年至今记得，当时部队正在抢修工事，敌人就黑压压一片冲了上来。他和战友立即抢占阵地，与敌人展开生死较量，一个战友牺牲了，另一个就主动补上来……

"打了这么多年仗，我一直认为打仗不能怕死，越是畏畏缩缩，说不定就真的'光荣'了。"那场战斗，李延年和战友们坚守了整整3天，为友邻部队对敌人实施包围争取了宝贵的时间。

此后，战斗一个接着一个。辽沈战役结束后，李延年参加了平津战役。此时，跟着大部队解放全中国的信念，在他的头脑中愈发强烈。呼吸着新中国的新鲜空气，一股为新中国奋斗终身的豪迈之情，充溢着他的全身。

1950年8月，在山势险峻的湘西和土匪"掰手腕"的李延年，被提拔为连队指导员。

### 从强攻346.6高地到再一次人生突击——
### "我们是硬骨头，能攻上来，就能守得住"

虽然已是91岁高龄，但每每回忆起一生中最难忘的那段岁月，李延年依然难掩内心的激动，仿佛回到了60多年前。

1951年3月，李延年随志愿军跨过鸭绿江。10月，他担任志愿军某营七连指导员，他所在营奉命对失守的346.6高地实施反击。

10月8日，天快黑时，部队出发。李延年清楚记得，当时四周山上的树木全都被炮火烧着了，远远看去像一条条火龙，敌军炮弹还不断在附近爆炸。

经过一夜激战，全营收复了被敌人占领的5个山头，但部队伤亡很大，电台被炸毁，与上级失去联系。

敌人依旧一轮又一轮压向我军阵地。打完弹药的官兵，靠捡拾敌人留下来的武器，打退了敌人一波又一波的进攻。战斗中李延年被一枚炮弹碎片击伤，鲜血渗透衣背，他依然带领官兵坚守阵地，对阵地人员进行组织整顿，将友邻连队剩余的战士编成班，明确指挥关系，继续投入战斗，还冒着炮火到各班了解情况，组织人员抢修工事。

战场上的胜利消息，就是最好的战斗动员。每打退敌人的一波攻势，李延年立即把消息传递给阵地上的官兵，并宣布给相关人员请功；当敌人再次冲上来时，他鼓励全连"打退敌人增加一分光荣，共产党员、共青团员大显身手的时候到了"；当弹药快打光时，他一边组织官兵在阵地收集弹药，一边高喊："我们是硬骨头，能攻上来，就能守得住！"

翻开李延年的档案，志愿军总部对他这样评价："李延年同志，在强攻

346.6高地的战斗中,在战斗激烈和伤亡大的情况下,先后共整顿五次组织,并随时提出有力的鼓动口号,在胜利的情况下勇敢前进、紧张情况下压住阵脚,自始至终保持了部队有组织地进行战斗……对战斗胜利起了决定性作用。"

1952年11月,李延年被志愿军总部授予"一级英雄"称号,荣立特等功,并获朝鲜民主主义人民共和国自由独立二级勋章。1953年从朝鲜战场凯旋,并没有为李延年的战争生涯画上句号。1979年,作为广西军区原某边防师政治部副主任的他,参加了边境作战,负责保障工作。

彼时,这位已年过五旬的战斗英雄,又像过去无数次受领任务那样,干脆响亮地说:"作为一名老兵,党叫干啥就干啥!"

他又一次发起人生突击,先后多次冒着炮火硝烟,深入前线考察,传达上级指示,组织运送伤员,出色完成各项任务,荣立三等功。

随后,李延年被提拔为师副政委,一直战斗在边防一线,直至1983年离休。在他的从军路上,始终洒满了冲锋的汗水,留下了一名突击者的奋进身影。

### 从军人的信念到英雄的底色——

### "荣誉不是给我个人的,是国家对所有烈士的褒奖"

9月10日上午8时,广西南宁籍300多名新兵即将踏上征程。临别之际,穿着一身老式绿军装、胸前挂满奖章纪念章的李延年来给他们送行。

新兵看老兵,越看越高大,满眼都是敬意;老兵看新兵,越看越欢喜,满眼都是期许。送行仪式上,一名战功卓著的老兵和一群朝气蓬勃的新兵,展开了一场对话。

"新战友们,你们即将奔赴军营,作为一名老兵,我希望你们在部队坚决听党指挥,苦练杀敌本领……"李延年一出现,现场顿时爆发出雷鸣般的掌声。

"今天,我们光荣参军入伍,要接过老英雄的钢枪,永远听党话,不忘入伍初心,牢记使命职责,让无悔青春在军营绽放……"来自南宁师范大学的新战士金鹏代表新兵的发言,让老英雄露出赞许的表情。李延年用一个庄严的军礼,向新兵们表达敬意,更包含着他无尽的期许。

在李延年离休后的30多年漫长岁月里，除了每年为南宁市中小学作红色教育讲座，这是他为数不多的露面。"荣誉不是给我个人的，是国家对所有烈士的褒奖。"李延年是战功赫赫的战斗英雄，但他从来没把自己当英雄，更没把"英雄"二字挂在嘴上。离休后，他先后担任多所中小学校外辅导员，给中小学生做爱国主义、传统教育报告，把自己亲身经历的残酷战事、目睹的英雄事迹如实还原给只在影视剧里见过战争场面的年轻一代，但从不提及自己的战功。

"学生对历史的认识很多时候停留在书本上，作为战争亲历者讲述历史，更具说服力和感染力。"广西军区南宁第三离职干部休养所政委肖兮说，只要有学校邀请李延年做讲座，他都会欣然前往。近年来，李延年被广西军区先后评为"先进离休干部""优秀共产党员""践行当代革命军人核心价值观先进个人"，始终保持老党员、老军人、老英雄的革命本色，用实际行动践行共产党员的初心和使命。

军人的信念就是听党话打胜仗，英雄的底色就是淡泊与坚守。李延年的老伴齐振凤说，平日里最不能打扰老伴的时候，就是他学习的时候。李延年卧室的书桌上，摆满了各类政治学习书籍，书和笔记本上密密麻麻地记满了理论要点和心得体会。上面的一笔一画，都写满了一位老兵对党的一片赤诚。

李延年的家里，珍藏着一幅朝鲜地图。闲暇时，他总会拿出来看一看。那些熟悉的地名、粗细不一的线条，总能把他拉回那段激情燃烧的岁月。每每这个时候，他就像回到在枪林弹雨中冲锋陷阵的年代，脸上显现出少有的光彩。

又一个中秋节到来前夕，李延年再次来到广西军区军史馆。站在烈士墙前，李延年驻足凝视，轻抚着牺牲战友的名字。他缓缓举起右手，郑重地敬了一个标准的军礼……

（本报记者　陈典宏　特约记者　冯强）<br>《解放军报》（2015年9月28日15版）

# 李延年：从小猪倌到战斗英雄

从解放战争到湘西剿匪，从抗美援朝到边境防卫作战，他历经大小战斗20多次，荣立特等功1次，三等功、小功若干次。

离休后，他始终保持军人本色，被广西军区先后评为"先进离休干部""优秀共产党员""践行当代革命军人核心价值观先进个人"。

2019年9月17日，他被授予共和国勋章。他就是原54251部队副政治委员李延年。

1928年11月，李延年出生在河北省昌黎县一个贫穷的农民家庭。9岁时，他成了小猪倌。为了维持家庭的生活，李延年的父亲到东北做工，后被日本人抓去当劳工。母亲为了供李延年读书，靠帮人做针线活挣学费。1942年，因生活困难，李延年到长春一个粮油加工厂当学徒工。

1945年抗战胜利后，李延年欢欣鼓舞地参加了东北人民自治军，开始了自己的军旅生涯。在东北，李延年作战勇敢，先后任警卫员、排长、区队长，参加了黑山阻击战等著名战斗。1947年2月，李延年以思想上坚定的信仰，战斗中出色的表现，顺利通过党组织对他的考验，加入了中国共产党。

辽沈战役结束后，李延年参加了平津战役，每战争先的他连连立功受奖。1950年8月，在湘西剿匪的李延年，被提拔为连队指导员。在一次战斗中，李延年所在连队以伤亡两人的代价消灭土匪200余人，抓获几十名俘虏，受到上级表彰。

1951年3月，李延年所在部队加入中国人民志愿军，奉命奔赴朝鲜，参加抗美援朝战争，踏上了保家卫国的征途。这段经历也是他最难忘的。

10月8日，在反秋季攻势作战中，李延年所在的营奉命实施反击，收复346.6高地。担任7连指导员的李延年和连长刘凤臣指挥连队打得勇猛灵活，夜袭3个多小时连续攻克3个山头，自己仅伤亡3人。接下来的战斗更加残酷，7连付出较大代价，配合兄弟连队夺取了另外两个山头，打垮了美军骑兵第1师1个营，胜利收复了高地。

10月9日天亮后，美军在优势地空火力支援下，向高地发动猛烈反扑。7连依托残破的阵地坚决抗击敌人，反复争夺。此时连长刘凤臣被调回营里，李延年负责指挥全连战斗。在干部伤亡较大且与上级中断联络的情况下，他及时指定了各单位代理人，并以自己的模范行动进行有力的宣传鼓动，带领全连一次又一次将敌人打了下去。激战至下午，3营伤亡巨大，仅7连就只能编成4个班了。李延年适时提出"瞄准打、狠狠打""共产党员、青年团员们大显身手的时候到了""多打垮敌人的一次进攻、就多一份光荣"等强有力的战斗口号，不仅使大家士气倍增，更奠定了战斗胜利的基础。

经过一天两夜浴血奋战，李延年所在的营在敌我兵力火力悬殊的情况下坚守住了阵地，先后歼敌636人，打出了阵地进攻和防御战斗的模范战例，保障了战线的稳定。当李延年带着7连撤下阵地的时候，全连只剩下40多人。战后，志愿军总部通报嘉奖了取得346.6高地防御战胜利的全体指战员。

1952年11月，李延年被志愿军总部授予"一级英雄"称号、记特等功1次，并获朝鲜民主主义人民共和国自由独立二级勋章。

1953年，李延年所在部队凯旋。回国后，李延年数次进入军事院校学习深造。1979年，广西边防部队发起对越自卫反击战，李延年负责后勤保障工作。他先后四次主动向上级要求到前沿部队去了解伤病员的运送情况，并组织各单位把救护所设到靠近前沿的地方，让伤病员得到及时的包扎、转送和治疗。还带领干部，冒着敌人的炮火，深入前沿部队，传达上级的指示和命令，出色地完成了各项任务，荣立三等功一次。

离休后，李延年一直在南宁生活。他生活低调，在为南宁市的中小学生作讲座时，从不提及自己的功劳。他曾回到昌黎老家探亲，也从没和县里提起自己的战斗经历。

为了做好革命精神的传承和教育，李延年把个人获得的各类证章大部分捐献给了博物馆、军史馆，并经常为青少年讲述战斗故事、传承战斗精神，积极宣传爱国主义思想，在青少年中弘扬优良革命传统。他说："所有荣誉不是给我个人的，都是国家对所有烈士的褒奖，我们要永远铭记这些为新中国牺牲的英雄们。"

（本报记者　陈元秋　耿建扩）

《光明日报》（2019年9月22日3版）

功勋:"共和国勋章"获得者故事

# 专访抗美援朝作战"一级英雄"李延年

　　1950年10月,中国人民志愿军雄赳赳气昂昂跨过鸭绿江,抗美援朝,保家卫国。一场中国人民支援朝鲜人民抗击以美国军队为主的"联合国军"侵略的正义抗争打响了。这场带有国际性的正义战胜邪恶、主权战胜霸权的大规模现代化局部战争,在历经两年零九个月的艰苦奋战后,中国人民取得了伟大的胜利。

　　这场战争是美国自独立战争以来的第一次没有胜利的战争,也印证着正义必胜、和平必胜的伟大真理。中国人民志愿军抗美援朝出国作战,维护了亚洲和世界和平,巩固了中国新生的人民政权,打破了美帝国主义不可战胜的神话,顶住了美国侵略扩张的势头,使中国的国际威望空前提高,极大地增强了中国人民的民族自信心和自豪感,为国内经济建设和社会改革赢得了相对稳定的和平环境。

　　原54251部队副政治委员李延年,在抗美援朝作战中荣立卓越功勋。曾立特等功1次,三等功、小功若干次,被志愿军总部授予"一级英雄"荣誉称号,先后获得朝鲜民主主义人民共和国自由独立二级勋章、三级国旗勋章。2019年9月17日,国家主席习近平签署主席令,授予李延年"共和国勋章"。退职后,他还发挥余热,不遗余力开展革命传统教育,多次获得"先进离休干部""优秀共产党员"等称号。在纪念中国人民志愿军抗美援朝出国作战70周年之际,《龙》杂志总编辑贾正于2020年10月19日专题采访了抗美援朝功勋、共和国勋章获得者李延年老英雄。

　　**贾正:**李老,您好!非常荣幸能够采访到您。我们知道您作为一名革命军人,大半辈子都奉献给了部队,令人敬佩。参军前的经历现在还能回想起来吗?

**李延年：** 首先，在中国人民志愿军抗美援朝出国作战70周年之际，我也很荣幸接受《龙》杂志的采访。

我1928年出生在河北一个很贫苦的家庭里，十多岁时到东北投靠我舅舅、舅妈。我去了之后，他们给我介绍到一家店铺伺候掌柜的，给掌柜的打水、端屎端尿、干杂活，干得不好就会挨打受骂。那时候老百姓们过得都苦啊。

**贾正：** 您已92岁高龄了，还记得自己是什么时间参军的吗？参军就等于参加了革命，当时在您的眼里，参加革命的意义是什么？

**李延年：** 我是1945年6月份参军的。那一年我17岁，记得当时我是穿着单衣参军的。为什么参军呢？因为，当时日本侵略者横行霸道，对我们这些穷苦百姓胡作非为。我们坐火车或者干什么，都受限制。看到日本侵略者对我们中国人无所不欺压，压迫的很厉害，所以就想着我能参军就好了，参军去打日本侵略者。不管什么军队，只要打日本侵略者我都参加。后来共产党来了，我们就跟着毛主席闹革命，毛主席是为我们穷人服务的，所以我就参军跟着毛主席为穷苦人民打天下。

**贾正：** 您是一位参加过抗美援朝出国作战的老兵，当接到命令出国作战时，您首先想到的是什么？有没有想过可能会牺牲在异国他乡？

**李延年：** 最早接到命令的时候，我们不知道要去朝鲜打仗。那时候，我们在湘西剿匪，上面命令我们集合，要去鸭绿江边，我们从长沙到湘潭，又是坐火车又是跑步，最后都集合到鸭绿江边了。到了鸭绿江边，上面命令我们入朝，我们才知道要去抗美援朝。我参军以后打了27年仗，抗美援朝战争是最惨烈的。我们去的时候，是很沉重的，说实话，谁也不知道自己到底能什么时候回来，甚至还能不能回来。但是，作为一名军人，就要以服从命令为天职。当初我参军的时候就做好了准备，命就交给了党和人民。既然祖国和人民交给了我们抗美援朝这么重大的任务，不管多难，那怕是献出生命，也要完成，不能让祖国和人民失望。

**贾正：** 我们都知道，您是抗美援朝出国作战的英雄，尤其在346.6高地反击战中您战功卓著。现在，还能回忆起当时的战斗情景吗？还有哪场残酷的战斗令您难以忘怀？

**李延年：** 当时我们连队接到命令，从右翼向346.6高地的第五个山头进攻。因为我们连队规模较大，有203个人，我们是主攻连，兄弟连八连是助攻连，是我们的第二梯队。当时我是连指导员，连长在指挥所，我就下到各阵地来回跑，了解情况，回来向连长报告。我们那时候打仗，不像现在有手机，那时候我们用的是步话机，就是一个人摇一个人听的那种。准备进攻的时候，上头规定，进攻的时候得有个进攻的信号，要在进攻前传达，其他时候不用传达。进攻的时候步话机被炸坏了，联系不上上面了，那怎么办呢？仗还要打，后来我就把大家集合起来，我要求部队每个人都要间隔三到五米，这样炮弹打到人身上，就只能伤一个人，其余人一卧倒就没事了。后来，我还发现，敌人的炮弹间隔是三到五分钟，我就把这个告诉各个班长，让他们在敌人炮弹间隙期攻山头。就这样，我们成功的攻下了346.6高地。那场战斗真惨烈。打到了什么程度？打到山上的树和茅草都没有了，树根子都没有了。其实这样残酷的战斗在抗美援朝战争中还有多次，太惨烈，我不想再回忆了。

**贾正：** 抗美援朝战争中，中国人民志愿军发扬一不怕苦、二不怕死的战斗精神，打出了新中国的国威和人民军队的军威。您认为抗美援朝出国作战的意义是什么？

**李延年：** 抗美援朝出国作战很重要，美帝国主义老是欺负我们，我对美帝国主义感觉是很仇恨的。抗美援朝出国作战是一场反帝反侵略的斗争，它维护了亚洲和世界和平，巩固了中国新生的人民政权，打破了美帝国主义不可战胜的神话，顶住了美国侵略扩张的势头，也极大地增强了中国人民的民族自信心和自豪感。抗美援朝战争是一个立国之战，打出了新中国的国威军威。为新中国争取到了相当长的和平建设环境。当时大家就讲："打得一拳开，免得百拳来。"一下子让西方，特别是让美国认识到，中国人民愿意用鲜血捍卫国家的核心利益。抗美援朝以后，使中国的国际威望空前提高，无论哪个国家都不敢再对中国轻举妄动，这就是敢战才能止战。

**贾正：** 在抗美援朝出国作战中，面对以美国为首的强大联合国军，我们英勇的中国人民志愿军无所畏惧，英勇战斗，最终取得了胜利。您作为过来人，觉得志愿军战士战胜敌人的法宝是什么？抗美援朝出国作战的精神实质是什么？

**李延年：**我们抗美援朝能够取得胜利，首先，离不开苏联的支持，他们的飞机、大炮给予了支援。那个喀秋莎大炮，对美军杀伤极大。全国各界爱国同胞，不分男女老少，开展了爱国增加生产、增加收入的运动，用新增加收入购买飞机、大炮等武器，捐献给志愿军。还有，我们志愿军干部战士充分运用了以前的战斗经验和当地的地形，以灵活的战略战术和一往无前的英雄气概，进行了艰苦卓绝的作战。在国内我们打的是地道战，抗美援朝打的是坑道战，美帝国主义拿我们没有办法。最后，是志愿军战士们不怕流血，不怕牺牲，勇敢无畏的精神。这些都是我们抗美援朝取得胜利的关键和法宝。美国侵略者是武装到牙齿的，我们怎么能够取得胜利呢？靠的就是必胜的决心和坚强的意志。抗美援朝打出了我们国家民族的精气神，所以这种精神是穿越时空的，具有生命力的。这也是鼓舞青年一代的现实教材。至今留给我们的启示是什么？就是正确认识困难，坚决战胜困难。现在，一些人常说外部环境多么多么恶劣，不努力奋斗。那么，我要问你，有当时抗美援朝时的环境那么恶劣吗？条件那么艰苦吗？所以说传承这抗美援朝的精神，意义非常重大。

**贾正：**2020年是抗美援朝出国作战70周年，您现在还会想起当年出国作战的经历吗？能给我们描述一下当时难忘的情景吗？这么多年来，您有没有回到当初战斗过的地方看一看？

**李延年：**我现在经常想起那时候的情景。记得我们刚入朝的时候，晚上行军，白天修工事，一天二十四个小时，没有休息的时间，谁累了打个盹就好了。在行军路上都是四路往前走，路上都是人，人走的也很快，天上敌军的飞机不停地拿炮弹炸你。那时候部队伤亡很大，行军走在路上，时不时就挨上一个炮弹或者炸弹，挨上一个就伤一个排，一个排牺牲几个人，其余的都伤了，十分惨烈。我回访过朝鲜，去过好几次。以前去参加授勋的时候，我还把剪好的三角梅插在那个花瓶里，后来长了根，就留在那儿了，现在估计都还活着。现在年纪大了，身体不好了，想去也力不从心了。可我还想再回去看看，毕竟还有那么多同志和战友都永远地留在了那里。

**贾正**：现在，人民解放军从人员素质、武器装备到管理模式都发生了翻天覆地的变化，战斗力得到了极大提升。您作为一名老军人，觉得我们的军队都有哪些宝贵东西需要代代相传？

**李延年**：现在，我们解放军的一些装备、一些武器都是世界最先进的，而且现在的指挥员和战斗员，都是知识分子，都读过大学。以前我们是地下战，现在他们是在大楼上里打科学战、科学指挥。比如说原子弹、导弹、无人机等等，都是在大楼里用机器操纵，指挥的特别快。现在的指挥员，他们的文化水平特别高，领会问题也快，科学指挥能力强。虽然时代变了，但是有些好传统是不变的。如革命先烈的遗志，我们要继续传承下去；革命军队敢打敢拼、不怕流血牺牲的精神要代代传承。

**贾正**：您离休之后，仍然没有停下革命步伐，一直坚持从事红色传统教育工作，一干就是30余年。请问您为什么要坚持不懈地从事红色传统教育工作？

**李延年**：我感觉我们这些老同志现在比工程师还忙。为什么呢？因为我们这些活着的老同志享受着流血牺牲同志所带来的荣誉，而且习主席又亲手将共和国勋章佩戴在我身上，我总感觉过意不去。我身上承载着流血牺牲的同志们的遗志，我必须得好好地宣传他们，宣传革命精神，不然我们这些老同志活着就没意义了。还有，现在的青少年，对历史的认知都只停留在书本上，我们这些作为战争经历者的老同志去给孩子们讲述这段历史，陈述我们亲身经历的残酷战事，如实的还原历史给现在的年轻一代，让他们铭记历史，珍惜生活，正确面向未来。

**贾正**：听说您离休之后将自己获得的大部分证书和勋章分别捐献给了中国人民革命军事博物馆、丹东抗美援朝纪念馆和广西军区军史馆，而长期以来您对自己曾经立下的赫赫功勋却闭口不谈，为什么呢？

**李延年**：我是一个兵，来自老百姓。作为一名战士，战场上要惊天动地，退下来了就要甘于平淡。战士打胜仗是应该的，这些功劳是属于那些流血牺牲的革命先烈和人民群众的，这是他们的功劳，我一个人怎么能继承呢？我一个人是继承不了的。所以我把这些荣誉都归还给他们，这些是他们应得的荣誉。

**贾正：** 您是共和国勋章的获得者，抗美援朝出国作战的功臣，您想对今天的国人，尤其是年轻人说点什么吗？

**李延年：** 当中国社会主义的接班人不容易，要继承革命前辈的精神，遵照习主席的指示，不忘初心、牢记使命；要弘扬革命精神，坚持与祖国同行，为人民奉献，用实际行动为实现中国梦作出新的更大贡献。

《龙》杂志微信公众号（2020年10月20日）

功勋："共和国勋章"获得者故事

"共和国勋章"获得者李延年：

## 我把自己的一切交给祖国

新华网北京9月30日电（记者李由）"共和国勋章"获得者，91岁高龄的战斗英雄李延年，志愿军一级英雄，特等功臣，历经战火洗礼，舍生忘死、英勇杀敌，为建立、保卫新中国作出巨大贡献，60多年来永葆英雄本色，激励官兵矢志奋斗。近日，李延年接受了新华网记者的采访。

**以下为访谈实录：**

**新华网**：获得"共和国勋章"后，您最大的感受是什么？

**李延年**：习主席给我们这么大的荣誉，是对我们的鼓励，要更好地宣传过去的历史。70年来，我们从吃不饱、穿不暖，到现在吃不完、穿不完，这些光荣、这些待遇都是牺牲流血的同志用生命换来的，他们是真正的英雄，我们要向他们学习。今天我把自己的一切交给祖国，按照人民的意志办好事。军队建设，过去是小米加步枪，在坑道里打，现在是科技发展了，在大楼里指挥战斗。

**新华网**：您印象最深刻的一次战役是哪一次？

**李延年**：在抗美援朝战争中，敌军飞机像是可以"查户口"，为什么呢？因为在朝鲜一进门就脱鞋，鞋都放门口。敌军有一种被我们称作"油条子"的飞机飞得很低，所以就像能"查户口"。三分钟就打一次炮，扔一些炸弹。敌人是飞机大炮，我们是小米加步枪，我们靠什么呢？靠坑道。我们那时候修坑道，坑道我们在国内战争的时候就修过。坑道有一层坑道、二层坑道、三层坑道，一个坑道里边可以装一个排，坑道还有隐蔽洞，隐蔽洞里可以藏一个班，然后还有避弹洞，避弹洞可以藏一个人。当时我们讲了，打好出国的一仗，要为祖国人民立功，我们没感觉怕死，这样打到最后，我们胜利了。

当时我所在的营奉命对失守的346.6高地实施反击。两夜一天的战斗，敌人一轮又一轮地压向我军阵地。打的过程中，我们有的同志确实英勇顽强，比如说有一名爆破班班长，他一看有几十个敌人冲上来，他就把爆破筒拉开往后面扔，结果他打偏了，后面的敌人跑了，前面还往前冲，他一看又冲上来了，干脆拿着爆破筒跳到战壕里，和20多个敌人同归于尽。所以在新中国成立70周年的今天，我们感觉不能忘了牺牲流血的同志们。

**新华网：** 您有哪些话想对青年人说？

**李延年：** 我们应该继续教育下一代，让下一代的青年了解中国的历史，了解中国的过去，要当好中国革命的现代化接班人。青年们要好好学习，继承革命的意志，要把中国这么伟大的事业继承下来。

新华网（2019年9月30日）

# 张富清

## 紧跟党走，做党的好战士

他在解放战争的枪林弹雨中冲锋在前、浴血疆场、视死如归，多次荣立战功。1955年，他转业后主动要求到湖北最偏远的来凤县工作，为贫困山区奉献一生。60多年来，他深藏功名，埋头工作，连儿女对他的赫赫战功都不知情。

### 张富清

张富清，男，汉族，中共党员，1924年12月生，陕西洋县人，中国建设银行湖北省来凤支行原副行长。他在解放战争的枪林弹雨中冲锋在前、浴血疆场、视死如归，多次荣立战功。1955年，他转业后主动要求到湖北最偏远的来凤县工作，为贫困山区奉献一生。60多年来，他深藏功名，埋头工作，连儿女对他的赫赫战功都不知情。荣立特等功一次、一等功三次、二等功一次、"战斗英雄"称号两次。

## "共和国勋章"获得者张富清——
## 紧跟党走,做党的好战士

(国家勋章和国家荣誉称号获得者)

1948年3月,他在陕西宜川县瓦子街参加革命,开启了自己的英雄之旅。

壶梯山战斗、永丰战役中,他任突击组长,先后炸掉敌人3个碉堡,立下赫赫战功。

1955年1月,他退役转业,告别军营,扎根湖北来凤县,锁住荣誉,尘封战功,为当地发展和群众过上好日子不懈奋斗。

1985年1月,他站完最后一班岗。人离休了,思想却不离休,他坚持学习,三十多年如一日。

无论何时、何地、何境,他都把组织的要求摆在第一位。作为一名有着71年党龄的老党员,他精神上追求卓越,物质上毫无所求。他,就是"共和国勋章"获得者张富清。

### 从革命战场到人生战场不改本色

1924年12月,张富清出生于陕西汉中洋县马畅镇双庙村一个贫农家庭。兵荒马乱的年月,他在家种过地,给地主当过长工,没有上过一天学。1945年下半年,家中唯一的壮劳力二哥被国民党抓壮丁,为了维持一家人生计,他用自己将二哥换了出来。

宜川战役中,国民党军整编第九十师在瓦子街落入我军伏击圈被歼,作为该师杂役的张富清，选择参加革命，成为王震所领导的英雄部队——359旅718团的一名"人民子弟兵"。

1948年7月，壶梯山战斗打响。这是1948年9月我军转入战略决战前，西北野战军为牵制胡宗南部队而发起的澄合战役中的一场激烈战斗。在这场战斗中，张富清荣立师一等功，被授予师"战斗英雄"称号。

1948年11月，永丰战役打响。此时，我军已转入战略决战，西北野战军配合中原野战军、华东野战军作战。在战斗中，张富清带着2个炸药包、1支步枪、1支冲锋枪和16个手榴弹，攀上寨墙，炸掉了敌人两个碉堡，在身受重伤的情况下，独自坚守阵地到天明，数次打退敌人反扑。他因此荣立军一等功，被授予军甲等"战斗英雄"称号，并被西北野战军加授特等功。

一次特等功、三次一等功、一次二等功，两次"战斗英雄"称号，这就是张富清在战场上向党和人民交出的答卷。

1953年3月至1954年12月，张富清进入中国人民解放军防空部队文化速成中学学习。1955年1月退役转业时，张富清坚决服从组织安排赴湖北最偏远的来凤县工作。他带着爱人孙玉兰扎根来凤县，一口皮箱，锁住了他在战场上获得的全部荣誉。

### 每一个岗位都担当作为竭尽所能

到来凤县后，张富清先后任城关粮油所主任，三胡区副区长、区长，建行来凤支行副行长等职务。每一个岗位，他都脚踏实地，竭尽所能，担当奉献。

为了带头示范，他让爱人孙玉兰从自己分管的三胡区供销社下岗，让大儿子张建国到卯洞公社万亩林场当知青。

面对工作中的困难，他不躲不绕，想方设法，克服解决。刚开始进驻生产大队时，群众不买账、不认可。为了让群众接受自己，他住进最穷的社员家，白天与社员一起干重体力活儿，晚上开完会后，帮社员挑水扫地。

他想群众之所想，急群众之所急。进驻卯洞公社高洞管理区，群众反映出行难、吃水难后，他带着社员四处寻找水源，50多岁的年纪腰系长绳，下到天坑底部找水。他带着社员修路，与社员一起在绝壁上抡大锤打炮眼。

任三胡区副区长、区长期间，他推动水电站建设，让土苗山村进入"电力时代"。

1961年至1964年期间，张富清主导修建了三胡区老狮子桥水电站，供附近的两个生产队照明。这是三胡区历史上第一座水电站。"从一个区来讲，能够照上电灯是祖祖辈辈多少年来都没有的事，电灯更明亮，比照桐油灯好多少倍呀！"讲起这件事，张富清高兴地说。

从群众中来，到群众中去。心中无我，付此一生。这就是战斗英雄张富清，在工作岗位上向党和人民交出的答卷。

### 深藏功名六十余载连家人都不知情

1985年1月，张富清站完最后一班岗，从建行来凤支行副行长岗位上退下来。

离休后，张富清保持艰苦朴素的作风，住老房子、穿老衣服、用老家具、过老生活。

虽然离休了，但他未有一丝懈怠，时时处处严格要求自己。卧室的书桌上，摆着成堆的学习资料。书桌右侧的抽屉里，放着他的药——享受公费医疗待遇的他，为了防止家人"违规"用自己的药，甚至锁住了抽屉。

2012年，张富清因病左腿截肢。为了不影响子女"为党和人民工作"，88岁的他装上假肢顽强站了起来。

60多年里，张富清将赫赫战功深埋心底，从不提起，他的老伴儿和儿女都不知情。2018年底，国家开展退役军人信息登记，张富清隐藏半个多世纪的战功才得以发现。

讲起登记的初衷，张富清说："我起初不想把这些奖章和证书拿出来，但考虑到如果不拿出来，那就是对党不忠诚，是欺骗党的行为……"

战斗英雄的事迹披露后，诸多光环加身，他依然是老样子，一切都没有变,还是那个坚守初心、保持本色的张富清。

"我要在有生之年,坚决听党的话,党指到哪里,我就做到哪里,党叫我做啥,我就做啥。"张富清说。

(新华社武汉9月21日电　记者　谭元斌)
《人民日报》(2019年9月24日5版)

# 初心如炬

## 老英雄张富清纪事

### 一

突击！突击！突击！

1948年，淮海激战！西北激战！为阻敌军支援淮海，我西北野战军布局渭北。359旅困敌于蒲城永丰，高墙工事在前，三名解放军战士毅然决然：加入突击队！

"突击队"的名头，"敢死队"的觉悟。以身探敌阵，一去难复返。但没有前仆，何来后继？名列三名战士之一，二十四岁的张富清内心笃定：我是共产党员，我不上，谁上？

战友们知道，这个陕西汉中的小伙子，不一般。

父亲长兄早亡，母亲体弱多病，张富清年纪轻轻，就不得不去做长工。屋漏偏逢雨，家里唯一的壮劳力二哥，又被国民党抓了壮丁。为了家里不失顶梁柱，张富清毅然用自己换回哥哥。在国民党部队里，张富清做后勤，干不完的杂务，挨不完的毒打。世道不公之痛，张富清所感岂止切肤？堪称刻骨。1948年，西北野战军打来，带给张富清自由，也带给他"共产主义救中国"的信念。握着解放军给他的回家路费，张富清决定：不回去了，加入解放军！

359旅，名号唱响南泥湾，敢打敢拼无孬种。张富清加入718团2营6连，身在其中，毫不逊色。心中有信念，战斗不怕死，逢难必上，逢险必上。打壶梯山，突击队有他，炸碉堡，抢机枪，被燃烧弹烧伤，浑然不顾；战东马村，突击队又有他，占了碉堡跟敌人拼，打起来不要命；在临皋，还是他，搜索时发现敌人，抢了制高点，把敌人截住压着打。入伍日子不长，战功立了不少。这次突击队还有他，实属必然。

11月27日，夜色浓重。张富清和两名战友，三人一组，夜袭永丰！

突击队员，一人身上手榴弹二十多颗，炸药包两个，冲锋枪一挺，全套三四十斤的装备在身，沿城墙砖缝攀登而上。四米多高的城墙，张富清心一横：不成功就牺牲，牺牲也光荣！第一个翻越城墙。敌人惊觉，潮涌而至，八方四围，战成一团。好个张富清，狭路相逢，勇者无敌，手端冲锋枪，火舌所向，无不披靡，七八个敌人应声倒地。才想起，刚才头顶一沉？一摸，一手血：子弹擦过头顶，头皮卷起半边。顾不得，眼前敌人又至。

放倒敌人，又见碉堡。弹雨如泻，眼疾腿快；勇猛灵巧，逼到近前。论炸碉堡，张富清不是新手：手榴弹、炸药包，挖个土坑放置好；衣服撕成布条，系在手榴弹拉环上，另一头手里攥紧，撤到爆炸死角。"轰隆隆"，一个碉堡掀了盖；"轰隆隆"，又一个碉堡报了销。数不过来的子弹挟着数不过来的枪响，火光映出数不过来的敌人。不知是过了一整夜，还是只过一刻钟，城墙告破，大军进城。

胜利的曙光，照亮11月28日的清晨。突击队员张富清，杀敌无数，死里"夺"生。是役，他以一己之身，炸毁碉堡两座，缴获机枪两挺。他四下顾盼，却再没见一起突击的两位战友。

永丰一胜，牺牲惨烈，部队一夜之间换了三个营长、八个连长。但战果重大，影响深远。为表彰战功，纵队司令员王震亲自为张富清戴上军功章，西北野战军司令彭德怀，握着张富清的手说：你在永丰战役表现突出，立了一大功哇！红彤彤的报功书，彭德怀签署，直发汉中老家。

然而，战场上没有功成身退，只有突击、突击、再突击！

身负功勋的张富清，仍随部队一路进军。战陕中，战陇东，战天水，战西宁……千里奔驰，攻坚克难。战火连天，物资短缺，连鞋子都要靠编草鞋自给自足；祁连山中，九月飞雪，百余名战友长眠风雪之中。此时，新生共和国的筹备热火朝天，张富清和战友们却依旧在战火中前进、前进、前进。

1949年10月1日——"中国人民，从此站起来了！"

新中国成立，西北战火未熄，张富清随部队挺进神秘苍凉的新疆大地。出哈密，过阿拉尔，入喀什，冒夏暑冬寒，斗特务土匪，修部队营房，且战且垦荒。

孰料，"三八线"烽烟骤起，志愿军跨过鸭绿江，保家卫国，奋力冲杀。远在新疆，还没过上几天安稳日子的张富清，又坐不住了。朝鲜前线急需补充有经验的指战员，组织上问到张富清，回答毫无悬念。

从喀什出发，到北京集结，"八千里路云和月"。风沙遮眼，昼曝夜寒。路况差，大多靠徒步；没水喝，口鼻燥出血。尽管这次不用冒着敌人的炮火前进，但朝鲜半岛的炮火仍砸在张富清和战友们心上。他们无心休整，星夜兼程，奔赴战场⋯⋯

时光流转，世事沧桑。

张富清和他的战友们，千千万万的英雄们，如一场壮阔的流星雨，突入历史的夜空⋯⋯

## 二

弹指一挥间。

2018年12月3日。立冬已过，冬至未至，平静的一天。

退役军人信息采集工作，正在湖北恩施的来凤县展开。在县人社局当班的信息采集员聂海波，接待了一位五十多岁的本地汉子。

本地汉子名叫张健全。他这次来，是替他老父亲提交材料。老爷子九十多岁，身体还算硬朗。张健全知道父亲是个转业军人，但打他出生起，父亲就已经在地方工作。父亲的行伍生涯，张健全未曾亲见，也很少听说。这次带来的，也只是些最基本的证明。

聂海波告诉张健全：这次信息采集要详尽登录老兵们的功勋战绩，凡有相关证明，需一齐带来。兹事体大，张健全表示要回去跟父亲"汇报"一下。

张健全回来时，手里多了一个红布包。这个红布包里的东西，远远超出聂海波的预料：

一枚奖章——1950年，西北军政委员会颁发的"人民功臣"奖章；

一封报功书——通告"在陕西永丰城战斗中勇敢杀敌"荣获特等功，"实为贵府之光，我军之荣，特此驰报鸿禧并致贺礼"，落款是"西北野战军兼政委彭德怀，政治部主任甘泗淇、副主任张德生"；

一份立功登记表——"48.6，壶梯山，五师，师一等功，师的战（斗）英（雄）""48.7，东马村，十四团，团一等功""48.9，临皋，五师，师二等功""48.10，永丰，二军，军一等功，战斗英雄"。

"……任突击组长，攻下敌人碉堡一个……"

"……带突击组六人，扫清敌人外围……"

"……压制了敌人封锁火力，完成了截击敌人任务……"

"……缴机枪两挺，打退敌人数次反扑……"

聂海波震惊了。一个仿佛从革命故事里跳出来的战斗英雄，一个满载功勋百战而归的战场传奇，此刻就在来凤，鲜活而平静，几十年无人知晓。

张健全更没想到，这些硝烟中得来的非凡功勋，其主人就是他最熟悉的亲人——父亲张富清。

之后很长时间，张健全都会在默默注视父亲时，回味当时的心情。是震惊吗？对生于和平年代的张健全来说，"战斗英雄"四个字，像是历史教材上的措辞，和眼前熟悉而慈祥的父亲，难以联系到一起。他只能在后来一次又一次的讲述与聆听中，像涂油画一样，一笔一笔、一层一层地为这画卷补回壮烈的色彩，品咂"九死一生"四个字的本味。

不止张健全。张富清两儿两女，身边几乎所有认识他的人，都不知道这段被张富清刻意尘封的往事。或许只有他的妻子孙玉兰是个例外：因为丈夫头顶的疤，因为他腋下燃烧弹的灼痕，因为他那一口被炮火震得早早脱落的牙齿……这些外人不得而知的伤痕，是张富清隐秘无声的另一份报功书。

一个疑问，在所有人心中盘旋：张富清，为什么将战功"隐瞒"这么久？

湖北当地媒体闻讯而至。记者到了来凤，提出采访要求，张富清却一口回绝。

无奈之下，只得出"下策"：让张健全"哄"老爷子，说是省里来人了解情况。张富清听说"组织来人"了，同意"公事公办"，几位记者终于得见老英雄。

报道刊出，张富清看到自己"见报"，怒问张健全：不说是省里来人吗？咋还见报了？张健全只得装傻：可能是他们回去讲给媒体的。张富清哼笑几声，也不多说。又过几天，媒体又来约做深度报道，张健全刚一张口，张富清早心里有数："组织上"又来人？不见！

一筹莫展时，一位媒体人给张健全支了"高招"：告诉老爷子，你今天把自己的事迹讲出来，让媒体宣传出去，就是和平年代给党和人民做新的贡献。

有时候，大实话就是最高的招。

老兵严守的"城门"，逐渐向媒体敞开。要采访，要拍摄，只要记者们站到他面前，各种要求没有半个不字——为党和人民完成任务，张富清从不含糊。

到了这时，更多的人才得见老英雄的真容：面色白净红润，轮廓柔和安详，是位和蔼的老爷爷；整洁的藏蓝色夹克，端正的深色鸭舌帽，依然透出军人的一丝不苟。他说话语速缓慢却坚定，词句如钢钉颗颗敲在地上。

也是到了这时，人们才终于了解张富清隐瞒战功的理由：

"和我一起并肩作战的战友，有多少都牺牲了。他们的功劳，比我要大得多。比起他们来，我有什么资格'摆'自己啊！"

张富清哽咽地说出这段话时，在场的人震撼了。远在天涯，无数的观众和网友震撼了。这不同于"惊现报功书"时人们的讶异，而是如此纯粹、朴素的心灵，对人心深处的撞击。

永丰城头，无法再次得见的突击队战友，是张富清心里的痛。每一场战役中倒下的战友，都是他心里的痛。每每忆起，泪洒两行。但战友们更是他心中的榜样——为党、为人民、为国家牺牲一切，死而后已。这份功劳，在张富清心中，远非一等、特等可以衡量。在这样的战友面前，张富清永远把自己看作一个无足称颂的"后进生"：唯有勉力，唯有奉献，唯有继续向前，此生不渝。

从永丰，到来凤，近千公里的距离，跨越数十年光阴，被张富清的传奇人生连接起来。

战场上的星，在来凤依旧默默照耀一方。

## 三

从恩施机场下飞机，驱车一百多公里，辗转进入鄂西南的最远端。湘鄂渝三省份交界处，便是"一脚踏三省"的来凤县。

翻武陵山而去，便是张家界风景区，大名鼎鼎；沿酉水而下，便是旅游胜地湘西，鼎鼎大名。来凤在名胜双峰间的谷地，少为人知。2019年4月，才刚刚摘去贫困帽子。

张富清到来凤，却与这份"少为人知"大有关联。

历史翻回1953年。驰援朝鲜战场的张富清历经月余，终于抵达集结地北京，前线却传来战事缓和的消息。7月27日，《朝鲜停战协定》正式签订。张富清被派往防空部队文化速成中学，在天津、南昌、武汉学习文化课。两年过去，张富清在1955年光荣毕业——抉择的时候到了。

转业。国家百业待兴，需要有文化的军转干部支援地方、发展生产。在战场上破敌无数的张富清，这次，祖国需要他去做一个建设者。虽有留恋，欣然领命。

回老家陕西汉中？挂甲归田，衣锦还乡，似乎是人之常情。

然而，共产党人张富清，突击队员张富清，有别的选择。

"湖北恩施偏远艰苦，情况复杂，很需要干部。"

服从组织安排！突击队员再次收拾行囊，向偏远与艰苦发起冲锋。

但这一次，张富清不是孤身一人上路——他没有选择回到家乡，却从家乡带走了一个人：妻子孙玉兰。

孙玉兰，和张富清同村，比张富清小十一岁。张富清在外征战，孙玉兰在村里做妇女干部，去张富清家慰问过军属、挂过"光荣牌"，却未曾谋面。

新中国成立后,张富清回家探亲,这才让孙玉兰见了真人。一个是青春正好,一个是英姿飒爽。"美人爱英雄",红线就这样牵起来。

孙玉兰被张富清邀去武汉,她没多想,只当去玩。到了武汉,却被张富清"正面进攻":我要去湖北恩施工作,很远,很艰苦,你愿意跟我一起去吗?

是浪漫?是情怀?是责任?在那个年代,细论这些似乎都有些"不解风情"。婚事就这样成了,二人在武汉领了结婚证,一路奔恩施而去。

1955年,刚刚起步的新中国,一趟省内旅程,却是那般"山高水长"。水路的船儿摇啊摇,转到陆路的车儿晃啊晃,下车又是两只脚底板走啊走,朝也赶路,暮也赶路。终于到了恩施,胜利抵达?还早呢。张富清选定的目的地,是偏远困难的恩施下面,最偏远困难的县——来凤。

从汉口到来凤,张富清走了整整七天。

三省交界,山荒路远,县城不过三街九巷、五千多人,生产长期凋敝。初到来凤,张富清所见并不如"有凤来仪"的名字那般美好。第一份工作,张富清就摊上"天大的事"——"民以食为天",出任城关粮油所主任。

当其时,"一五"计划刚上马,搞工业,求发展,粮食供应是大事。"统购统销"政策下,一边是来凤农业不发达、粮食不好收,一边是粮食需求大、口粮不够分。一斤粮票,老百姓拿去换五斤红薯,吃得糙总比饿着强。

难!可突击队员,就是来攻坚克难的。

张富清"生产""分配"两头抓:这一头,想方设法搞起大米加工厂,提高精米供应;那一头,严把分配关,人人都平等。某机关派人来买米,张口就要多分细米,张富清一句话呛回去:群众都不够吃!按规矩办。县里一位领导听闻"提醒"张富清,不要太固执。张富清一番话掷地有声:谁也不能搞特殊,不然就是违反了党的政策!

战士对纪律的遵从,党员对人民的忠诚,这两种品质,日渐熔铸成他公仆生涯的底色。

1959年,把粮食工作做得有声有色的张富清,接到另一个攻坚任务:到三胡区担任副区长。

这个三胡区,有点来头。来凤民谚里,人称"穷三胡":土地贫瘠,灌木丛生，农业基础差，许多群众穷得缺衣少食。又赶上连年大旱，粮食歉收，不少人饿得身上浮肿。

难！又是困难！

张富清决心上山驻村，亲手抓生产。告别妻子孩子，住进最困难的农户家，同吃同住同劳动，一扎就是几个月。

三胡的群众不以为意：你一个区里的干部，走走过场，还真能帮上忙？再加上张富清一口陕西话，老百姓听不太懂，一句只当半句听。张富清不着急也不辩解：口音听不懂，他就慢点说；干活信不过，他就多干点。挖渠松土，挑粪背种，比干自家活还卖力。吃，群众吃啥他吃啥，粮票给的比吃的多；住，群众住哪他住哪，吊脚楼里，下面家畜跑，上面人睡觉，人身上还蹦跳蚤。"张副区长"睡得没二话，天亮起床接着干。

人心都是肉长的。三胡的群众看在眼里，啥样的心门也敞开了，跟着张富清一起抓农业、促生产，共渡难关。

最困难的时期，县里为减轻负担，精减机构人员。妻子孙玉兰在三胡供销社工作，张富清动员她"下岗"。孙玉兰气不过：我又没犯啥错误，凭啥？张富清耐心劝解：你不下岗，我怎么做别人工作？

也罢！孙玉兰又不是不熟悉丈夫的脾性，只能依了他。孙玉兰只能捡柴、喂猪、做保姆、干缝纫工，贴补家用。

如果说"张富清在三胡"是一场战役，这枚军功章，必有孙玉兰的一半。

## 四

突击队员的突击还在继续。1975年，张富清出任卯洞公社（现百福司镇和漫水乡）副主任。

除了"穷三胡"，民谚还有一句"富卯洞"：山中有茶树，林中产桐油，河边有船厂，堪称来凤金库。可这次张富清抱着"肥差"，却挑了最没油水的干法：选了海拔最高、位置最偏、最穷最艰苦的高洞管理区（现高洞村）驻片，一头扎进大山中。

"我们光当指挥官不行,还要当战斗员。"和什么战斗?和贫困斗,和群众面对的困难斗!突击队员再突击。

这一年,"战斗员"张富清已经五十一岁。

高洞,顾名思义,高。来凤县城海拔四百多米,高洞海拔一千二百多米,深居悬崖之上、峰岭之间。不通水,不通电,不通路。进进出出,只靠两只脚板;物资流通,只靠肩挑背扛。每年上缴供应粮,全生产队劳力齐动员,大干一周才算完。稍大点的物件,肩背无法承担,只能望山兴叹。

困难,再次横亘于前。进不去出不来的高洞,就像当年碉堡封锁的永丰城。必须得炸出一条通路来——那就炸!张富清亲自披挂,领着村民,炸山修路。

跑立项,筹资金,买物资,搞勘探……战场上走不烂的铁脚板,上山下山,辗转奔波。每天早上,高洞的大喇叭准时催促村民出工,工地上准时出现张富清的身影。条件简陋,物资短缺,炸山用的雷管炸药都紧张。搬碎石,平路面,全靠人力。张富清满面灰土,和村民汗洒一处。

寒来暑往,农忙农闲,一条挂在崖壁上的路,终于慢慢延伸到高洞。泥土沙石路,虽显简陋,也够让高洞村民出行告别脚板,用上轮子。孩子们睁大眼睛,第一次见证拖拉机开进高洞,第一次"享受"坐着马车去镇里上学。正是春潮将起时,小孩子走出去,新希望迎进来。

斗转星移。张富清开出的这条路,如今已修成盘山的硬化路。高洞村里,当年参加修路的村民,已经很难追忆起张富清在高洞的只言片语。但村委会外,白绿涂装的"村村通客车"正在太阳下亮得发光。

20世纪八十年代初改革之风吹遍。每每突击在时代前线的张富清,这次也不例外:调任县建行副行长。

这一边,改革开放,经济发展,处处用钱。那一边,县建行初创,手指掰开数,上上下下五个人,办公室要靠"借住",猛一看就是个草台班子。条件困难,任务艰巨,又是熟悉的剧情。这,大概就是突击队员的宿命。

当时,正值建行"拨改贷"改革。贷出去能不能收回来,大家心里没底。张富清瞅准贷款大户——国有小型煤矿田坝煤矿,隔三岔五去矿上,关注生产运营；到年底，索性拿出自己当年农村工作的法宝：同吃同住。打背包，下厂房，和工人吃住在一起。一线的情况，心里有数，账面有谱。

贷款顺利收回。好借好还，再借不难，贷款业务就这样一点点被盘活了。其中，张富清经手的业务，从没出过问题。

1985年，张富清从县建行退休。三十载为人民服务的公仆生涯，宣告结束。

从"一五"计划到困难时期，从改革潮起到开放搞活，新中国前行的每一步，张富清都突击在前。在他身后，是生产发展的三胡，是终于通路的高洞，是稳健起步的县建行。留下的，是汗水，是心血，是和群众同吃同住同劳动的日日夜夜，以及，两袖清风。

没留下的，只有他战斗英雄的名号。

从粮油所到三胡区，从高洞村到县建行，说起好干部张富清，太多人能讲上几句，却没人知道，他曾经历过怎样的硝烟战火，于生死一线间斩将夺旗……

十年。二十年。三十年。英雄默默行走在人民中间，如同一颗火红的心融入无边的霞光。

## 五

家，温暖的家。

来凤县城，一处不起眼的巷口，五层高的老式职工宿舍。悬挂着"光荣之家"的一扇木门后，是退休后的张富清终于回到的——家。

旧式的格局，泛黄的墙壁，褪色的墙围，漆面斑驳的木家具，无不诉说着岁月；但那一尘不染的清洁、各得其所的规整，又饱蘸生活的热情。最"现代"的，是客厅一台柜式空调，子女送的，舍不得用，拿干净花布盖得妥帖，再摆上花篮。

张富清的家庭，为他付出很多：老伴孙玉兰，离开供销社，一边干农活打杂工，一边将两儿两女拉扯成人，个中辛苦，难向外人道；大女儿早年患病，基层诊治条件有限，留下后遗症，至今只能和老两口共同生活；20世纪六十年代，陕西老家，张富清的老母亲弥留之际，两封电报没唤回儿子见最后一面——故乡山高路远，往返动辄十数天，又值困难时期，工作无法脱身。张富清在日记里痛心写下：忠孝不能两全。

张富清对家庭给予的"回馈"很少：做了半辈子干部，家里人没"沾过光"。对家人，张富清心里有一笔账："干好工作，就是对亲人们的最好报答。""在党的事业上，我们把大家的事办好，我们的小家才会过得舒服。"——谁又能否认呢？今天这个"小家"安居来凤，正是无数个张富清为"大家"奋斗而得。这其中，自然也有张富清本人的一份。

话虽如此，退休了的张富清，还是将家务多多承担。买菜做饭，清扫打理，为持家分忧尽力。而张富清做家务，也有自己的脾气，透着军人本色：床铺整理，必定符合"军标"，被子用尺子卡成豆腐块；换季的被褥衣物，整齐叠好，打上背包带，"三横压两竖"；物件摆放，各得其所，用后归位；专门收纳的私人物品，譬如装着报功书的红布包，未经允许，亲儿子亲闺女也动不得……行伍生涯，铁的纪律，渗透灵魂。

英雄卸甲，心底的沙场气概，却从未褪去。

惟愿岁月如是静好，生活却总有旦夕祸福。2012年，张富清左膝脓肿，多方问药，竟无计可施。为避免恶化，最终只能做出无奈的选择：截肢。

这一年，张富清八十八岁。年近九旬，坐上轮椅，也并非不能接受——

可张富清，偏不。一生突击的身躯，哪耐得住轮椅上的枯坐？"我还有一条腿，我要站起来！"张富清发愿。

图什么？继续为人民服务？怕给子女添麻烦？所谓本色，已非"目的论"所能解释。不图什么，只因他就是这样的人。

突击队员张富清，八十八岁，向命运发起突击！

扶着床边，扶着墙边，张富清用仅有的一条腿，重新学习走路。沉重的假腿和助步器，成了张富清的"随身物件"。助步器，形似四脚铁凳子，张富清握过钢枪的手，紧紧把住"凳面"的抓手，借助四个"凳腿"，撑起自己的身体。

强者的字典里，只有"前行"二字。

亲人们就这样一天一天，见证着张富清一边挥汗如雨，一边步伐日渐灵便。家中行走，已不需要旁人帮忙；门槛台阶，也可以自行迈过。

张富清再次回归了他的日常，只有上下楼时，需要亲人帮忙拿着助步器，张富清抓住楼梯扶手，用手臂的力量牵引着身体，一级一级走过去，就像战士攀援在铁索桥上，坚定地突进。

## 六

2019年九十五岁的张富清，又有了新的任务：向媒体讲出自己埋藏了六十多年的故事。

突击队员，每一个任务都是光荣的，每一个任务也都是艰巨的。鲐背之年能为党和人民做贡献，张富清喜在心头，也依旧严阵以待。

接到采访"任务"，张富清当天都会早早起床，洗漱吃饭，整理仪表。多家媒体来来去去，提问往往有所重复，张富清不急不躁，都回答得妥妥当当。

每次采访结束，张富清都要大声地对那些记者们说："感谢你们，感谢同志们在政治上对我的关怀。你们辛苦啦！"

那些"爷爷再见，爷爷保重身体"的祝愿，张富清已听不大清楚。但他知道，组织没有忘记他，他完成了组织交给的任务。

他曾经立下功勋。他曾经隐藏功勋。而今，他展示功勋。张富清完成的任务各种各样，但突击队员的身姿从未改变：永远向前，向前！前面，是祖国和人民最需要他的地方。

初心如炬，照彻一生。纵千难万险，此一去，不悔不休！

突击！突击！突击！

（作者：马涌）

《人民日报》（2019年7月1日20版）

## 95岁高龄拿到"共和国勋章"，他却在镜头面前痛哭：功劳最大的不是我！

60多年来，张富清把战伤连同军功章一起藏在心底。如今，他却要向蜂拥而至的媒体一次次讲述，因为这是"新的战斗任务"。

没有人像张富清那样，在战场上不惧生死立下军功，在和平年代绝口不提功勋章，只是埋头工作。

9月17日，张富清正式获颁"共和国勋章"。在8位同获此奖的老前辈当中，95岁的张富清年事最高，却可能是最不为人所熟知的一位。

张富清的名字是近半年才进入人们视线的。如果不是退役军人信息采集工作，他尘封63年的赫赫战功可能会一直隐瞒下去。

8月2日，在湖北省来凤县的宿舍楼里，《环球人物》记者见到这位95岁的老人时，是他在北京参加完全国退役军人工作会议回来两天后。在北京，中共中央总书记、国家主席、中央军委主席习近平握着他的手祝福："你是全党全国人民的楷模！保重身体，健康长寿。"

张富清端坐在我们面前，先说起战友，突然没有声音了，嘴角颤动，眼泪一颗颗往下掉。午后炎热，蝉声阵阵，小屋里静得出奇。过了好一会儿，老英雄才平复情绪，说："和他们的牺牲相比，我做什么都是应该的！"

向在场的记者讲述人生故事，是张富清的另一场战斗任务。他打起精神，目光清澈，一如他那惊心动魄却又平静如水的人生。

### 硝烟弥漫，九死一生

当时间回到1948年11月西北野战军猛攻蒲城永丰镇那一天，人人都会感叹攻城之艰难。张富清还记得，部队从下午四五点开始发起进攻，但久攻不下，死伤无数。永丰战役，关系到能否彻底打败胡宗南的战术，关系到能否解放大西北，进而支持淮海战役。

战事胶着，必须要上突击队！

24岁的张富清虽然参加解放军只有半年多，却已经是一名经验丰富的突击队员了。当年6月，他在壶提山战役中带突击队炸毁一座敌人碉堡；7月，在东马村，他带突击队扫清外围，占领碉堡。人人都知道，这个小伙子专挑最危险、最艰巨的战斗任务。

71年后，当他在悠长的午后回忆起年轻时的心境，只记得一个信念："我想入党，想向党靠拢，所以每次战斗前都报名参加突击队。"永丰城前，炸碉堡的突击任务就这样交到了他手上。

入夜，张富清带着两名战士向永丰城摸去。三人各背四五十斤重的战备到了城墙下，"必须往上爬，手指头全是血，抠着城墙爬出来的，也不觉得痛，只知道要爬上去才能完成任务。"71年光阴没有抹去张富清的记忆，他还能想起那一夜的点点滴滴。

"爬上城墙后，我四处观察了下，然后就跳进城了。"这一句话如今听来轻松，那时却是炮火连连的战场环境。张富清的右耳在战场上炸聋了，牙齿也因为炮弹落在身边而全部震掉。但当时，他顾不上这些，第一个跳进城。当他猫起身来想寻找战友时，却被敌军发现，几把刺刀唰地围了上来。张富清下意识地端起枪扫射，趁乱打死七八个敌人，突出了重围。

"我赶紧往前跑，其实也是爬，趴得很低，爬到了碉堡跟前。"战场上，时间就是生命，张富清匍匐在地，试图挖开土层埋炸药。哪知碉堡前的土层相当夯实，一双手根本挖不动。他急中生智，解下刺刀刨出一个坑，然后把8枚手榴弹捆在一起，拔掉火线，码在坑里，压上炸药包，再把土层堆上增加重量。做完这些，张富清才赶紧跑开，只听见轰的一声，碉堡炸飞了。

"第一个碉堡炸开后给了我很大信心,我沿着城墙跑,跑到第二个碉堡前,用一样的方法把这个也炸了。"来不及喘口气,张富清就遭遇到了敌人。几个回合下来,他的子弹打光了。"我就用敌人的枪打。"每一分钟,都是生死存亡的考验。张富清坚持下来了,等到部队攻进城找到他,已经天亮。

"到这个时候我才觉得筋疲力尽,爬都爬不动了。"瘫倒在地时,张富清才发现自己浑身是血,头顶剧痛。他想起来,跳下城墙突围时,他像是被人猛击了头顶。这时一摸脑袋,才知道子弹擦过,头皮被削掉一大块,流到脸上的血都已经干了。

死神擦肩而过!

### "和牺牲的战友相比,我已经很幸运了"

在硝烟弥漫的战斗岁月中,张富清跟着部队从陕西一路打到新疆,先后荣立一等功三次、二等功一次,被西北野战军记"特等功",两次获得"战斗英雄"荣誉称号。

"彭德怀同志曾经拉着我的手说'你是个好同志',王震同志亲自给我戴过军功章……"张富清从来没有向家人提及这些荣耀的瞬间,他的《报功书》,他的"人民功臣"奖章,他的立功登记表,都收进了一个破旧的暗红色皮箱。

大儿子张建国带《环球人物》记者去找这个箱子时,先小心地问过父亲能不能看。"这是他的宝贝,我们从小就不让碰,也不知道箱子里到底有些什么,还是你们媒体报道了我才知道箱子里有军功章。"张建国一边拿箱子一边问母亲孙玉兰:"妈,钥匙在哪?"

箱子打开,泛黄的《报功书》上满是岁月的褶皱,但"在陕西永丰城战斗中勇敢杀敌""特等功""实为贵府之光、我军之荣"等字迹依然清晰如昨。张富清不说话,眼里闪着光。

过去的60多年,他选择深藏功与名,只做"自己该做的事",以至于儿子都不知道他是战斗英雄。

1955年，当国家需要军人学习新技能服务地方建设时，张富清收起军功章，含泪告别军营，申请了去最艰苦的地方。他从来不知道湖北来凤在哪里，不知道来凤的山有多高、路有多远，只听说这里很穷，他就来了。

妻子孙玉兰还记得，因为路途太远、工作太忙，整个50年代，他们只回过一次老家，"路上要走四五天"。从地图上看，这里是湖北的"牛角尖"，与四川、湖南交界，是土家族的聚居地。张富清就带着妻子在这人生地不熟的"牛角尖"上扎下根来。他没想过条件好不好的问题，只是想着"建设需要"，就这么一直干下来了。

从粮油所到三胡区，再到卯洞公社、外贸局、建设银行，张富清经历过一些跨度很大的岗位。老同事董香彩至今都佩服他用不完的精力和始终投入的工作状态，评价道："他的奉献精神，没有人能做到。"可是张富清认为自己只是"做了该做的"。他说这话时泪流满面，反复告诉我："和牺牲的战友相比，我已经很幸运了。我还活着，还能有什么要求？"

张富清带着这样的心情默默奉献了60多年。每一次面临人生选择时，他都选择牺牲自己的利益，照顾他人的利益，响应党和国家的号召。

1975年夏天，大儿子张建国高中毕业，恩施县城有国企招工，张建国符合要求。可是，张富清二话没说给儿子打包了行李，要他去条件最艰苦的杂货溪林场当伐木工，响应"知识青年上山下乡"的号召。董香彩那时住在张富清家楼上，他回忆起张建国第一次从林场回家的情景："衣服都被树木划破了，回来话都说不出，光顾着吃饭，是饿的啊。"

20世纪70年代，机构精简，张富清主动把妻子从供销社的岗位上精简下来。孙玉兰不服气："我又没有犯错误，你哪么要精简我嘛？"张富清只是好言劝解："你不下来，我就不好做别人的工作了。"那时候，他们一家六口人，餐餐喝粥。孙玉兰只好去缝纫厂帮工，补贴点家用，给孩子们做新衣服得以年为单位做计划。来凤县的干部悄悄告诉我："孙奶奶没有职工身份了，也就没有退休金，加上她身体不好，看病吃药都报销不了，家里负担很重。"现在，孙玉兰心脏搭有6个支架。

## 只有"新的战斗任务"能说服他

从去年12月退役军人信息搜集工作中发现张富清的英雄事迹到现在,他的故事已经家喻户晓。但当《环球人物》记者来到张富清家里时,仍然有感动直击心底。

军功章的故事,张富清藏了近70年,他从不以英雄自居。董香彩还记得40多年前和张富清在卯洞公社工作时,二人时常一起去山里的联系点。来凤的夏天闷热潮湿,太阳照着更是暑气难当,张富清却每天戴着帽子。董香彩好奇过:"夏天戴帽子干什么?不热吗?"张富清笑一笑:"还是戴着好,不然一吹风就头疼。"他没说原因,这是永丰城一役中子弹擦过头顶留下的后遗症。

战场上留下的伤,满身都是,但除了孙玉兰没人知道。就连张建国也说不出那些伤:"只知道父亲是当过兵打过仗受过伤的,但他没告诉过我们有哪些伤。"孙玉兰也一句话带过:"头上身上都有伤,耳朵也是,他不让说。"只有向家人、同事反复打听才知道,张富清年轻时就没了牙齿、右耳听力受损、一到变天就头疼得厉害、腋下和腿上都有枪伤及刀伤。

60多年来,张富清把这些战伤连同军功章一起藏在心底。如今,他却要向蜂拥而至的媒体一次次讲述,因为这是"新的战斗任务"。

去年年底,当媒体记者第一次找到张富清时,他一口拒绝了采访要求。在他心里,战斗经历和工作经历"只是一个共产党员、一个革命军人该做的事情"。面对媒体的一再要求,二儿子张健全只好去"哄"老人:"这是组织上来人了解情况,是公事公办。"张富清的故事这才首次被湖北当地的媒体报道出来。

在报纸上看到自己名字的张富清一下怒了,问儿子:"不说是省里来人吗?咋还见报了!"最后,还是媒体人支了招:告诉老爷子,你今天把自己的事迹讲出来,让媒体宣传出去,就是和平年代给党和人民做的新贡献。

这个理由劝服了张富清,从此后,他把接受媒体采访当作完成新的战斗任务,无论多累,也没有半个不字了。

这次也一样,三伏天里,95岁的老人端坐在老旧的沙发上和记者讲述过往,没有显出丝毫疲态。只有在我们收起采访设备,即将离开时,才看到老人一闪而过的疲惫。

大音希声,唯有最坚定的信仰、最质朴的情怀才能书写张富清的名字。他如此稀有,如此珍贵,用行动捧出了一颗赤子之心。

(作者:张丹丹)

《环球人物》微信公号(2019年9月18日)

## "共和国勋章"获得者张富清：

## 我要为党为人民奋斗一生

"共和国勋章"获得者张富清，西北野战军特等功臣，战斗英雄，为建立新中国浴血奋战，战功卓著；转业后深藏功名60余年，坚守初心不改本色，扎根贫困山区，为民造福。近日，张富清接受新华网记者专访。

**新华网**：对于国家授予您的荣誉称号，最大的感受是什么？

**张富清**：我的心情很激动，一直到现在都平静不了。作为一个革命军人和共产党员，我为党、为人民做了应做的事情，党和人民给了我这么高的荣誉，我非常感谢。这个荣誉属于为新中国而牺牲的战友们。我要在有生之年，坚决听党的话，党指到哪里，我就做到哪里，党叫我做啥，我就做啥。我要为党、为人民奋斗一生，这是我最想表达的。

**新华网**：中华人民共和国成立70年来，您感受最大的变化是什么？

**张富清**：我们国家的各个方面都有很大的变化，现在的交通非常便利。以前在西北，基本上都是靠步行。譬如从新疆到北京，不分昼夜地一直走，一趟要走40多天，身体稍微差一点的都受不了，吃不了这个苦。现在用不了一天北京就可以到新疆了，变化太大了。现在人民生活越来越美好，最贫困的地方现在也有吃有住有穿，这样的生活以前想都不敢想。再就是军队，现在我们的武器都是现代化的装备，发展得也相当快，非常强大。祖国各个方面的变化太大了，怎么都说不完。

**新华网**：1949年，开国大典时您在部队里干什么？

**张富清**：当时我参加的部队是359旅，我记得那会部队在急行军，一直都在打仗，新中国成立这个消息是在战场上传达的，当时听到这个消息，非常激动、高兴。因为成立了新中国以后我们国家就能更加有步骤、有计划地进行发展，在党中央的统一部署下发展。

**新华网：**您期望人民军队会发展成什么样子？

**张富清：**我希望我们的国家越来越强大，越来越繁荣昌盛。我希望在新时期强军思想指导下，军人能练就一身过硬的本领，我们的军人要信念坚定，在战争中不怕死、敢于挺身而出，为了国家献出自己的生命。有了这样的坚定信念，和一身的本领，就没有打不胜的仗。改革开放后，人民的生活在共产党的领导下一年比一年好，只有跟着共产党，才能够富起来，也证明了只有共产党才能领导新中国。

**新华网：**有什么要对现在的年轻人说的吗？

**张富清：**年轻人是国家的财富，但关键是在学习中要努力，不怕苦。要信念坚定，有自己明确的方向，能够把学业完成。有了本事和能力，在国家需要的时候应该挺身而出，报答国家，发挥自己的才能。

新华访谈（2019年11月1日）

# 袁隆平

## 把对祖国的热忱结成饱满的稻穗

他一生致力于杂交水稻技术的研究、应用与推广，发明"三系法"籼型杂交水稻，成功研究出"两系法"杂交水稻，创建了超级杂交稻技术体系，为我国粮食安全、农业科学发展和世界粮食供给作出杰出贡献。

## 袁隆平

袁隆平，男，汉族，无党派人士，1930年9月生，江西德安人，国家杂交水稻工程技术研究中心、湖南杂交水稻研究中心原主任，湖南省政协原副主席，中国工程院院士，第五届全国人大代表，第六、七、八、九、十、十一、十二届全国政协委员。他一生致力于杂交水稻技术的研究、应用与推广，发明"三系法"籼型杂交水稻，成功研究出"两系法"杂交水稻，创建了超级杂交稻技术体系，为我国粮食安全、农业科学发展和世界粮食供给作出杰出贡献。荣获国家最高科学技术奖、国家科学技术进步奖特等奖和"改革先锋"等称号。

## "共和国勋章"获得者袁隆平——
## 把对祖国的热忱结成饱满的稻穗

（国家勋章和国家荣誉称号获得者）

确保中国人的饭碗要牢牢端在自己手中，这是90岁的"杂交水稻之父"袁隆平认为自己应该为国家担负的责任。他对杂交水稻和它背后维系的国家粮食安全怀有的赤诚初心，从过去到现在，始终未变。

获得过首届国家最高科学技术奖、"改革先锋"和未来科学大奖等荣誉的袁隆平，在新中国成立70周年之际，又获得"共和国勋章"。从第一期超级稻到第四期，以及每公顷16吨、17吨和18吨攻关目标的实现，中国杂交水稻的科研工作水平始终领先于世界。袁隆平一直认为，自己热爱的中国的富强，既是他永攀新高的动力，也是所有梦想的终极目标。

### "高产对于我来说，是一个永恒的主题"

"要想不受别人欺负，国家必须强大起来。"袁隆平从小就意识到了这一点，因此他始终将个人前途与国家利益紧紧相连。他有过体育救国的梦想，也曾打算参军报国，最终，他将自己对祖国的热忱，结成了一串串饱满的稻穗。

"我们国家人口多、耕地少，保障国家粮食安全，唯一的办法就是提高单产。因此，高产对于我来说，是一个永恒的主题。"袁隆平说，新中国成立前，自己亲眼见到倒伏在路边的饿殍，这让他感到痛心……于是在1949年，他报考了西南农学院。

1956年，为了响应国家"科学发展规划"，之前还在学校代教俄语的袁隆平，带着学生们开始了农学实验。几年时间，完全靠自己摸索经验的袁隆平发现水稻中有一些杂交组合有优势，并认定这是提高水稻产量的重要途径。培育杂交水稻的念头，第一次浮现在他的脑海。为此，他两次自掏腰包，前往北京拜访育种学家鲍文奎。

1966年，袁隆平发表了论文《水稻的雄性不孕性》，这篇论文，拉开了中国杂交水稻研究的序幕。1970年，在海南发现的一株花粉败育野生稻，让杂交水稻研究打开了突破口。袁隆平给这株宝贝取名为"野败"。1973年，在第二次全国杂交水稻科研协作会上，袁隆平正式宣布籼型杂交水稻三系配套成功，水稻杂交优势利用研究取得了重大突破。

回忆起那段攻坚克难的日子，袁隆平记忆里最深刻的细节之一，是背着足够吃好几个月的腊肉，倒转好几天的火车，前往云南、海南和广东等地辗转研究，只为寻找合适的日照条件。袁隆平说，这样的经历"就像候鸟追着太阳"。

### "杂交水稻还有很大潜力，我会不断攀登新的高峰"

1981年，国务院将"国家技术发明奖特等奖"授予以袁隆平为代表的全国籼型杂交水稻科研协作组。"欧美、日本等都在开展相关研究，但只有我们应用到了大面积生产中。"时至今日，袁隆平还清楚记得当时在接受奖项时说的话，"杂交水稻还有很大潜力，我会不断攀登新的高峰。"

1986年，袁隆平正式提出杂交水稻育种战略：由三系法向两系法，再到一系法，即在程序上朝着由繁到简但效率更高的方向发展。经过多年努力，两系法获得成功，它保证了我国在杂交水稻研究领域的世界领先地位。

1984年，湖南省杂交水稻研究中心成立，大批优秀人才从基层单位进入中心，袁隆平还积极争取经费把他们送到国外深造。

"国家下拨的第一笔经费就高达500万元。"袁隆平回忆：中心因此迅速建起了温室和气候室，配置了200多台仪器。那个曾经简陋的海南南繁基地，被标注在了三亚地图上，从一个偏远小农场，变成具有国际重要影响的科研基地。

1996年，农业部正式立项了超级稻育种计划。4年后，第一期每亩700公斤目标于2000年实现。随后便是2004年800公斤、2011年900公斤、2014年1000公斤的"三连跳"。

### "我对祖国的未来充满信心，我要为祖国的繁荣作出更多贡献"

"从党的十九大开始，我们国家进入全面建成小康社会的决胜期。从我的角度来说，小康社会就是要从'吃饱'向'吃好'转变。"袁隆平说，国家强盛了，老百姓生活提高了，自己的研究当然不会止步不前。

袁隆平领衔、已实施10多年的超级杂交稻"种三产四"丰产工程开始从过去强调产量，向兼顾绿色优质的目标转变。2018年，"种三产四"丰产工程最显著的变化是：在30多个参与品种中，优质稻占比超过30%，其中不少品种的米质达到国家二级标准，同时还具备广适性、高抗性和低成本等特点。目前，他正在攻关的第三代杂交水稻，争取在未来几年时间内通过审定，进行大面积推广，并逐步替代三系杂交稻和两系杂交稻。

"我现在已经从'80后'变成了'90后'，我希望自己能活到100岁。"刚刚度过自己90岁生日的袁隆平说，"我对祖国的未来充满信心，我要为祖国的繁荣作出更多贡献。"

（据新华社电　记者　周勉）
《人民日报》（2019年9月27日6版）

# 袁隆平，半世纪的盛名与争议

**人物简介：**

袁隆平，1930年生于北京，现居湖南长沙。中国杂交水稻育种专家，被称为中国"杂交水稻之父"。1996年主持农业部"超级杂交水稻培育计划"，2015年超级稻第四期实现亩产1000公斤，创造世界产量最高纪录。

50年前，袁隆平发表了自己的第一篇长论文《水稻的雄性不孕性》，揭开了中国杂交水稻研究的序幕。

"文革"期间，他因为这篇论文受到国家科学技术委员会（即后来的科学技术部）关注，科委九局局长赵石英力保他进行杂交水稻研究。他说："这是一篇救了我的论文。"

之后，聂荣臻、华国锋对杂交水稻大力支持，袁隆平成为20世纪七八十年代最有影响力的"种田人"——中国一半以上的农田都种上了杂交稻种。

有一种说法一度流传：两个"平"让中国人吃上了饭，一是邓小平，二是袁隆平。

曾几何时，袁隆平是个只出现在教科书中的名字，但这两年，他却有了"网红"的潜质：

逛车展只买国产车，网友们纷纷点赞"仇富不仇袁隆平"。

采访时一句"号召愿为科学献身的年轻人吃转基因水稻"引发轩然大波。

高度敏感的话题，所有人都盯着这位大咖表明态度。

还有隆平高科、超级稻、亿万身家，这些关键词让他数度成为舆论中心。

争议从何而来？他艰苦卓绝的研究为曾经被饥饿困扰的国家带来希望，

国家的鼎力支持为他带来了盛名，持久不退的盛名便也给他带来了争议。

那么，真实的袁隆平是怎样的？

他对《环球人物》记者说："我日日下田，而已。"

他的神坛下，是无数人的拭目以待；他的眼睛里，却只有秧苗摇曳的一亩田。

### "请别再向超级稻泼脏水"

第一次见袁隆平是在2016年6月，长沙的空气中弥漫着湿热。《环球人物》记者等在芙蓉区中国杂交水稻博物馆门口，一辆黑色小轿车缓缓驶来。

86岁的袁隆平神采奕奕地走来，步伐稳健。他刚做过眼睛手术，特意戴了一副墨镜，见到记者就打趣说道："像不像个黑老大？"

但是与"黑老大范儿"相反，近年来，袁隆平的身体其实不如从前了。他的听力下降越发明显，虽是老毛病，但也让他有所担忧。

80岁后，他越来越注重养生，从前是一天抽一包中华，如今已完全戒掉。他对记者说："保养身体，是为了每天下田。"只要在水稻生长期，他必定每天亲自下田观察。

他是亲切的，朴实的一面无人不知。年轻时就不爱打扮，回回相亲都被拒，理由皆是"太不打扮自己了"，他说："在一起，看的是人又不是衣服。"

前几年单位给他配了奥迪车，但他却喜欢骑电动车上班，说这样环保。他也是"霸道"的，在研究中心事必躬亲，具体到3万元以上的开支都要由他签字。严以律己，也严以律人。

他身上有科学家的固执，也有历史亲历者的豁达。

对待外界的争议，他尽量选择消化于田间。他说自己如今满脑就是一件事："90岁以前实现超级稻每公顷18吨产量。"

其他的争议他不予理会，但关于超级稻，他绝不退让。

2014年秋天，安徽蚌埠等地的近万亩"两优0293"（超级稻品种）出现大面积的绝收或减产。一时间，对超级稻的质疑甚嚣尘上，"超级稻稻种严重过剩""超级稻口味品质不佳"等话题在网上流传。

舆论纷乱，袁隆平出面反驳。

2014年10月，他在《环球时报》上发表题为《请别再向超级稻泼脏水》的文章，对网友的质疑一一进行驳斥，承认有问题，但也绝不是一些"居心叵测"之人描述的那样，文章不卑不亢。

结尾处他写道："超级稻研究事关国家荣誉和粮食安全，无论遇到什么困难，我绝不会退缩。"

本性里，他愿意安之若命，20世纪60年代刚做杂交水稻时被人揶揄理论不对，"文革"期间甚至遭遇秧苗全部被毁，都鲜少与人争论，觉得"做好研究才最重要"；

但现实是，他不得不出来反驳，因为袁隆平早已经不是独属于个人的袁隆平了，他的身后是一个巨大的产业，是这个国家农业的定海神针。

他最早明白这个道理是在1992年。那一年，农业部主办的某报纸上刊登了一次座谈会的报道。会上，一些权威人士大肆斥责杂交水稻，称其为"三不稻"，即"米不养人，糠不养猪，草不养牛"。

他的同事、学生都让他声明反驳，他说："没事，会解决的。"他心想，事实胜于雄辩。几个月后，江西省副省长舒惠国来访，直截了当地问他报纸报道是否属实，舒惠国对他说："那些言论让群众产生了困惑，许多人在考虑要不要种植杂交水稻。我要给老百姓一个交代。"

这是袁隆平第一次意识到，自己的研究已经超出了个人荣辱毁誉的范畴。不久，他在人民日报发表文章"杂交水稻既能高产又能优质"，才算是稳定了全国种植杂交水稻的信心。

2000年，隆平高科要上市，想要使用袁隆平的名字。他没同意，后来多位国家级领导劝说，加上他考虑到隆平高科成立后，杂交水稻研究可以不再需要外国人投资，就同意了。

隆平高科许诺每年提供200万元的科研经费，以及由姓名使用权换算而来的5%股本。许多人说袁隆平卖掉股份就能轻松拿到上亿元，他说："我一分钱都不能卖，我一卖，隆平高科就垮掉了。人家会想，隆平高科是不是有什么问题了?"他的名字,就是金字招牌。

隆平高科成立不久,袁隆平辞去了董事的职务,埋头新一轮超级稻的研究,他说:"我就是个'过路财神'。"

### "我就是还想争取新的东西"

袁隆平出生在战乱年代,1930年的北平,又是"隆"字辈,于是被起名"隆平"。父亲是国民政府铁路局官员,他从小便与父母、兄弟颠沛流离:北平、江西、湖南、重庆。

1953年从西南农学院毕业后,他被分配到湖南安江农校做老师。他没有政治身份,家庭历史又"成分"不佳,偏居乡下小城,多的是土地,少的是机遇。

1956年,党中央号召向科学进军,国务院组织制定全国科学发展规划。袁隆平意识到这是让自己发挥长处的机会,他带领学生科研小组做试验,希望能研究出一种高产的作物。当时苏联生物学家米丘林、李森科的"无性杂交"学说在中国流行,袁隆平就尝试无性嫁接,最后均以失败告终。无性杂交不能改变植物的遗传性。

1960年全国大饥荒,填肚子只能用双蒸法(米饭蒸两次,看起来更多)。袁隆平曾在路边、桥底、田埂上看见饿死的尸体,走出校门就是狼藉一片。湖南农民对他说"施肥不如勤换种",他就开始用孟德尔、摩尔根的遗传学研究育种,最后在茫茫稻田中发现了一株天然杂交水稻,从此开始了长达半个多世纪的杂交水稻研究。

整个60年代,他经历过"文革"的动荡、海南的烈日、云南的地震,在经费短缺的情况下不断实验,寻找最佳的雄蕊败育野生稻。1970年,他的助手李必湖在沼泽里发现了一株完美的雄性不育野稻,40岁的袁隆平惊喜地发现这就是他寻找10年之久的目标,并为它起名"野败"。

野生败育的稻子成了成功的先锋。"野败"成为杂交稻的第一个母本,从此杂交水稻登上了中国农业舞台的中心。到今天,那一株幸运之稻,已经演化为覆盖全国农田近60%的后代。

"野败"之后，时任湖南省委第一书记的华国锋在1970年的湖南省农业科技大会上将袁隆平请上主席台，他说："一些人囿于认识的局限和世俗的眼光，对袁隆平这样一个安江农校的普通教员及其杂交水稻研究，还抱有种种成见，袁隆平面临着仅仅靠他们自身努力根本无法克服的困难。"

1973年，袁隆平成功培育了几万株"野败"；1975年，升任国务院副总理的华国锋，提出在南方13个省推广种植杂交水稻的决定；第二年，多事之秋的中国在粮食上却迎来了丰收——这一年全国试种208万亩杂交水稻，增产幅度在20%以上。跨入80年代，杂交水稻迎来了最辉煌的10年，袁隆平在1981年菲律宾召开的国际水稻研究科研会议上，被誉为"杂交水稻之父"。

1996年，在成功突破"两系法"后，袁隆平主动请缨立项"超级杂交稻"，4年后，他的稻种已经能在每亩土地上收获700公斤的粮食，轰动世界。2006年，在袁隆平提出超级稻后的第十年，联合国停止对华的粮食援助，标志着中国26年粮食受捐赠历史画上了句号。

"失败那么多次，消耗那么多时间，究竟是什么支撑你？"记者问道。

他说："讲大道理的话，就是为人民服务。但我觉得还有一方面是我的好胜心，有一个内在的动力，我就是还想争取新的东西。"

这便是科学家的本心，他们天然对获得答案有着强烈渴望。为了这种渴望，袁隆平错过了母亲的弥留之际，错过了儿子的成长，70年代里唯一一次请假还是妻子突发病毒性脑炎的时候。一连10天在医院照顾妻子，那是他在中年时代与妻子最长的一次独处：在病床前为她念诗、唱歌、讲故事……等妻子醒来，他又继续踏上了前往田野的路。

科学家、富豪，袁隆平对这些称呼都不太满意，他喜欢说自己是"种田人"。为了那亩田，他其实愿意放弃很多东西。

80年代他最负盛名时，湖南省组织部请他出任省农业科学院院长，正厅级。他拒绝说："我不适合，当院长，意味着我要离开杂交水稻的研究岗位。"

他说:"我们一生有很多东西需要坚守,如果浮躁了,就难以看清事物的本来面目;有些事情,我们也要勇于放弃,必要的放弃,是另一种意义上的坚守。"

[作者:《环球人物》记者　余驰疆
特约记者　李志鹏(《加油!向未来》节目组)]
《环球人物》杂志(2016年第26期)

# 超级稻造福人类

超级稻，即采用相关技术、产量大幅提高并兼顾品质与抗性的新型水稻品种。截至目前，农业农村部确认并正在推广应用的超级稻品种132个。超级稻已成为农业科技自主创新的典范和协同攻关的标杆，为保障我国及世界粮食安全发挥了重要作用。

在中国这个近14亿人口的发展中大国，水稻是第一大口粮作物。我国水稻常年种植面积约4.5亿亩，占粮食总面积的三成，产量则占粮食总产的四成。从南到北，从东到西，全国约有六成的人口以稻米为主食。

在水稻中，有一大类冠名为超级稻的品种是佼佼者。超级稻恰如一粒种子，播撒下稳粮增产的希望，有力地促进了稻作技术创新，让中国水稻科研领跑世界。超级稻已成为农业科技自主创新的典范和协同攻关的标杆，为保障我国及世界粮食安全发挥了重要作用。

### 掀起"水稻第三次革命"

在我国水稻发展史上，单产出现过3次重大突破。第一次是始于20世纪50年代末60年代初的矮化育种，主要通过降低株高，使品种的耐肥抗倒性和收获指数大幅度提高。第二次是20世纪70年代初期的杂种优势利用，我国水稻平均亩产由此提高到400公斤以上，高产地区突破500公斤，进入世界先进水平。而超级稻是通过理想株型塑造与杂种优势利用相结合选育的单产大幅度提高、品质优良、抗性较强的新型水稻品种，被誉为"水稻第三次革命"。

利用水稻的杂种优势大幅度提高水稻产量一直是中国和世界育种专家梦寐以求的愿望。地球上每3个人中就有一个人以稻米为主食，而全球稻米需求量91%来自亚洲。前两次重大突破以后的20多年来，水稻产量就遇到了玻璃天花板。人口不断增长的压力促使亚洲各国开始实施高产水稻的研究计划。20世纪80年代，日本农林水产省和国际水稻研究所先后启动超级稻项目，但均未获得真正成功。我国后来居上，于1996年启动"中国超级稻育种"项目，育成了一批具有自主知识产权的品种。

日本是最早提出并开展水稻超高产育种研究的国家。1981年，日本农林水产省组织主要水稻研究单位，开展"超高产水稻开发及栽培技术确立"研究项目，计划在15年内实现单产增加50%的超高产目标。然而，1981年至1988年的8年间，整个计划共育成5个品种，但大多在抗寒性、品质和结实率方面存在问题，难以大面积推广。此后，国际水稻研究所也提出水稻超高产育种计划，拟育成一种有别于以往改良品种的新株型稻。1994年，日本宣布选育超级稻新品种已获成功，但由于技术方面缺陷，至今未能大面积推广。

1996年，我国提出"超级稻育种计划"，由袁隆平院士主持培育计划。1997年，袁隆平发表著名的《杂交水稻超高产育种》，提出"形态改良与杂种优势利用相结合"的水稻超高产育种技术路线。随后，"超级稻育种计划"被列入总理基金项目。由袁隆平、谢华安、陈温福、程式华等众多知名专家领衔，联合了国内数十家优势科研力量，建立起遗传育种、栽培植保、技术推广和生产管理等跨多学科领域的协作组。

袁隆平曾这样形容自己当时的心情："虽然我这个人对自己认准的研究方向坚信不疑，但数以千万计的真金白银仍让我夜不能寐。为了增加保险系数，我开始走技术协作的路线，在全国设立了5个点。"当时，国家杂交水稻工程技术研究中心、四川农业大学、江苏农科院、辽宁农科院和广东农科院等都在其中。

"我国幅员辽阔，水稻种植区域广、范围大，不可能一家单位、一个品种'包打天下'，必须进行科研的大联合大攻关，这也是超级稻能够取得成功的关键。"农业农村部科技教育司司长廖西元说，为完成预定目标，"超级稻育种计划"联合了国内优势科研力量,建立了遗传育种、栽培植保、技术推广和生产管理等跨多学科领域的协作组,汇聚了一支创新能力较强的超级稻研究与示范推广队伍,形成了全国"一盘棋"格局。

"中国超级稻育种计划是新中国成立以来持续时间长、资助力度大的农业科技项目之一。在当时制定的超级稻育种一、二、三期产量目标,是很有远见的。"中国水稻研究所原所长程式华认为:"超级稻研究协作组在超级稻育种理论方法创新、育种材料创制、重大品种培育、配套技术集成等方面取得了重大突破,处于国际领先水平。超级稻产量目标的实现,带动了全国水稻单产的稳步提高。"

### 创造粮食生产新高度

在正确技术路线的指导下,中国超级稻迅速步入发展快车道。科学家们创制了"沈农89-366""培矮64S""华占""春江12"等一大批不育系、恢复系水稻,选育了一大批产量高、抗性强、适应性广并在生产中大范围应用的超级稻新品种。继超级稻2000年实现700公斤一期目标、2004年实现800公斤二期产量,2013年实现了连续两年在多点亩产超过900公斤,标志着超级稻第三期产量目标基本实现。在广袤稻田里,以袁隆平为代表的中国超级稻科学家们一次又一次创造了人类粮食生产的新高度。

在超级稻屡破高产纪录的同时,如何让农民种植超级稻效益更划算,如何使超级稻从专家产量转化为农民的产量?2009年,原农业部启动超级稻"双增一百"工作,提出"亩增产一百斤、节本增效一百元"的目标。此后,全国建立超级稻"双增一百"科技行动联系点制度和专家包区包片制度,组织专家深入示范区巡回指导。据统计,自2009年"双增一百"启动以来,超级稻亩均增产超过120斤,扣除种子、肥料农药等的投入,亩均增收100多元,实现了增产增收的协调统一。

在很多人的印象里,超级稻似乎就是高产的杂交稻,其实这并不准确。按照定义,超级稻主要是指采用"理想株型塑造与杂种优势利用相结合"的技术，育成比现有品种在产量上有大幅度提高，并兼顾品质与抗性的新型水稻品种。截至目前，农业农村部确认并正在推广应用的超级稻品种有132个，既包括籼稻，也包括粳稻，还有籼粳杂交稻；既包括常规稻，也包括杂交稻。现有的超级稻中，常规稻占45%，杂交稻占55%。

江苏省农科院粮食作物所所长王才林从事超级稻育种多年，他形容超级稻是水稻品种中的"优等生"，而认定超级稻品种，则相当于水稻品种界的"高考"。要成为超级稻品种，首先要经过审定的水稻品种经过百亩实收测产，然后农业农村部组织专家进行评审，达到了《超级稻品种确认办法》中规定的产量、品质、抗性等各项指标，最后经农业农村部发布后，才能称为超级稻。如果品种的推广面积未达要求，会取消对其超级稻的冠名。

2019年，全国新确认10个超级稻品种，其中4个来自袁隆平农业高科技股份有限公司种业科学院。"目前，袁隆平农业高科技股份有限公司共有10个主力品种被国家确认为超级稻品种。"袁隆平农业高科技股份有限公司副总裁、种业研究院院长杨远柱介绍，此次新确认的4个超级稻品种，集广适、高产、高抗于一体，在长江流域一季稻百亩样方示范中亩产都达到780公斤以上。

超级稻的大面积推广离不开配套的栽培技术。"对水稻来说，品种过硬、栽培水平高是高产的两大重要因素，栽培技术的好坏直接影响品种潜力的发挥。就像生了个孩子，天资不错，但培养得不好就很难发挥其聪明潜力，因此后天培养十分重要。"中国工程院院士、沈阳农业大学教授陈温福道出了超级稻高产秘诀。

据农业农村部数据，截至2018年底，全国超级稻累计推广应用14.8亿亩，年种植面积由2005年的3837万亩扩大到了2013年的1.3亿亩，占水稻种植面积比重由8.7%提高到30%。近5年里，超级稻应用面积一直稳定在1.3亿亩以上，单个品种平均应用面积约为100万亩，超级稻龙粳31年均种植面积突破1600万亩，创近年单个水稻品种的最高应用面积纪录。

"可以说，超级稻示范推广的20多年，是我国粮食持续增产的黄金期，它引领了我国水稻生产的水平，让我国水稻生产的技术水平居于世界领先地位,它是我国粮食安全的功臣。"程式华感慨。

## 高产量还要兼顾高品质

从20世纪90年代起,我国开始培育超级稻品种。为保证国家粮食安全,当时将高产作为首要任务。近年来,随着人们对米质要求的提高,育种专家们将优质和高产放在同等重要位置,使超级稻的品质大幅提高。目前,我国50%以上的超级稻品种都达到优质的要求,其他也都在中等偏上水平。陈温福表示,超级稻优化是趋势,10年前,他就开始转变研究方向,重点研究米质,如今已经研发推广了多个高产优质超级稻品种。

如今,人们对于水稻的期许不仅是高产、优质,更要求生态、绿色。中国水稻研究所牵头的科研团队攻关完成全国双季超级稻绿色提质增效技术集成模式。该模式针对长江中下游地区双季稻生产机械化程度低、农药化肥用量大、品种与栽培技术不配套等问题,以"良种良法配套、农机农艺融合、增产增效并重、生产生态协调"为指导,围绕品种、育秧、种植、施肥、灌溉、植保等环节,实现双季稻节本绿色提质增效生产。

近年来,一种通过多胚孪生标记性状杂交育种技术培育而出的新品种——多胚孪生超级稻被越来越多的人所关注。2019年,该品种在江西省吉安市吉州区长塘镇桥南村周边试种,当地将超级稻与测土配方施肥、病虫害综合防治等相结合,改善施肥、用药结构和方法,提高肥料利用率和防治效果,减轻了面源污染,保护了生态环境。农业专家说,该品种植株坚挺,且提前一个月抽穗,米质口感好,比常规水稻蛋白质含量高。

曾参与袁隆平超级稻研究团队的水稻专家邓启云感受到,近年来我国超级稻品质改善明显。他介绍说,《超级稻品种确认办法》对稻米品质有明确规定,北方粳稻必须达到部颁2级米标准,南方晚籼必须达到部颁3级米标准,南方早籼和一季稻必须达到部颁4级米标准,近年来,确认的超级稻品种米质都达到甚至超过了这些指标,适口性进一步改善。

经过20多年发展,超级稻帮助中国水稻科研抢占了世界制高点,创造了中国水稻的超级神话。有人可能会问：产量已经这么高了，发展超级稻还有意义吗？"中国的超级稻发展，只能加强，不能削弱；只能推进，不能后退！"廖西元表示，超级稻发展要更加注重均衡增产，促进口粮安全；更加注重效益提升，促进农民增收；更加注重品质优化，促进结构调整；更加注重转变方式，促进资源节约；更加注重绿色发展，促进环境友好。

### 为世界粮食安全作贡献

面对全球极端气候频繁出现的情况，提高亚洲和非洲大部分雨养地区的水稻生产能力、维持全球灌溉稻田的稻米产量是全球水稻育种专家面临的最大挑战。而中国超级稻不仅解决了中国人的粮食问题，还帮助世界人民解决了吃饭问题。

日前，中国农科院作科所研究员黎志康牵头的"为非洲和亚洲资源贫瘠地区培育绿色超级稻"项目在京结题。绿色超级稻被定义为在较少投入的情况下能稳定高产的水稻品种，尤其对频繁气候变化引起的干扰具有较强抵抗力和恢复力，是为了应对未来水稻生产面临挑战而提出的重要概念。

黎志康用"少打农药、少施化肥、节水抗旱、优质高产"16个字概括项目特点，用传统育种和分子育种相结合的方式，研制出一批水稻品种，从而解决当地老百姓的吃饭问题。项目在实施的10年中，结出了丰硕成果。在研究上，完成了3000份水稻核心种质的全基因组重测序，这是全球最大的植物基因组重测序项目。在实践上，培育出一批抗旱、耐盐、耐淹的新品种。截至目前，绿色超级稻项目在非洲和亚洲的18个国家试种、审定和推广，审定高产、优质、多抗的品种78个，累计推广面积达612万公顷。

黎志康为记者讲述了绿色超级稻的故事。2013年，台风"海燕"袭击了菲律宾中部的莱特岛，对当地农业造成了毁灭性打击，大片稻田颗粒无收。然而值得庆幸的是，在这场台风之前，当地一些农民从菲律宾水稻所获得了一些绿色超级稻8号，并尝试性地进行了播种。令人惊奇的是，台风过后，这些来自中国的水稻品种不仅存活了下来，还获得了一定产量。

第三方专业人员在菲律宾、越南、孟加拉、印度等国分别进行了评估。报告显示,在菲律宾和孟加拉国望天田和灌溉生态系统种植新培育的绿色超级稻品种,比当地主栽水稻品种平均每公顷增产0.89吨至1.83吨,平均每公顷增收230.9美元。按此推算,到目前为止,非洲和亚洲目标国家的农户增收达14亿美元。

"我的梦想是超级稻长得比高粱还高,穗子有扫帚那么长,籽粒有花生那么大,叫作'禾下乘凉梦'。世界上还有很多地方的人至今仍处在饥饿之中,我们的超级稻不能放弃量来提升质,但我国2020年要实现全面小康,要过上美好的生活,不仅要吃得饱,还要吃得好,要实现这一目标,高产优质兼顾是唯一途径。"提及超级稻未来发展趋势,袁隆平如此寄语。

中国超级稻,

仍然在不断发展,

孕育着下一个辉煌!

(记者 乔金亮)

《经济日报》(2019年6月12日13版)

# 袁隆平家风：质朴与执着一脉相承

2019年9月29日，国家勋章和国家荣誉称号颁授仪式在人民大会堂举行，袁隆平院士被授予"共和国勋章"。这位曾经把自己比喻成种子的老人，如今说自己是一株水稻。他说："我本根植于红土地，沐浴着阳光，而后甘愿将沉甸甸的稻穗奉献给人民。"

一直以来，袁隆平心中有两个梦："禾下乘凉梦"和"杂交水稻覆盖全球梦"。他不仅让中国人将饭碗牢牢端在自己手中，还为世界粮食供给作出杰出贡献。这位老人海纳百川的胸怀与永不止步的科研精神，也成了最好的家风和永恒的家训。

### "一辈子做好一件事"

袁隆平1964年开始研究杂交水稻，一直没有停过，他把一生的精力都献给了杂交水稻。攻克一个个难关，水稻的亩产量一次次刷新：从500公斤到1000多公斤。11月3日，袁隆平在长沙发布了又一个重大消息：第三代杂交水稻已经实现双季亩产3000斤！如今，九十高龄的袁隆平仍坚守在科研一线，不断地追求水稻产量的突破。

袁隆平说："一个人一辈子做好一件事就足够了。"正是这份质朴和坚定，让他在重重困难面前不灰心、不放弃，脚踏实地做好每一次实验，总结每一次经验。半个世纪，袁隆平只在做一件事，那就是研究杂交水稻。他常说："我不在家，就在试验田，不在试验田，就在去试验田的路上。"

他不住豪宅、不坐豪车，把经费全用来搞科研。国家奖励他的青岛市国际院士港的别墅，他改成了研发海水稻的科研室。他十几年都在路边摊剪发，穿的衣服也是百十块钱一件，一穿就是好几年。即便是大家心目中的科学界

"巨富",但生活依然简朴,他最看重的是脚踏实地"一辈子做好一件事",并把这份坚定的意志,传递给儿子、孙女。

### "于无声处"的教育

在教育孩子上,袁隆平向来不喜欢太过严苛的方式,他总是尊重和支持孩子的选择。不过在父亲对农业执着坚守的影响下,孩子们对农业领域也有了更多的关注。他们从父亲身上学到了朴实无华、低调内敛、吃苦耐劳、坚韧不拔的品质。

长子袁安定,大学毕业后分配到湖南种子公司工作。后来,他跳出舒适圈自主创业,凭借从父亲身上学到的那股坚定的韧劲,先后参与创办了多家农业、科技、种业公司。现在,袁安定已经成为农业领域知名企业家。

次子袁定江,和父亲一样,从小到大都是一个稳扎稳打的学霸,湖南财经学院毕业后到珠海工作。如今已是一家农业科技上市公司的副总裁,他凭借自己的才华,让农民尝到甜头。

小儿子袁定阳从小就是父亲的"小跟班",天天在稻田里一脚泥一脚水地踩着。他最大的志向就是像父亲一样,一生致力研究杂交水稻。他获得湖南农业大学作物遗传育种学硕士学位后,一直跟随父亲在湖南杂交水稻研究中心工作。深受父亲影响,袁定阳对待科学研究一丝不苟,勇于探索,通过自己的不断努力,成为超级杂交水稻分子育种创新团队的首席专家。

### 低调朴素的家风传承

不久前播出的一部纪录片《时代 我》获得了很高的评分。袁隆平院士也在这部纪录片中。纪录片首次曝光了袁隆平的三个孙女:袁友晴(16岁)、袁友清(14岁)、袁友明(12岁)。她们留着一样的娃娃头,穿着朴素,言谈举止间显露出良好的家教。

在她们眼中,爷爷和蔼可亲,有童趣心,会经常在家里藏好零食,让她们去"偷吃"。小时候,她们不知道爷爷是干什么的,曾一度认为爷爷是看天气预报的。后来在课本上学到一篇关于爷爷的课文,同学们用羡慕的眼神望着她们时,才发觉自己的爷爷跟别人不一样。

袁隆平十分疼爱三个孙女,名字都是他亲自取的,都和天气有关:大孙女出生时,雨过天晴,所以叫友晴;二孙女出生那天是雨水节气,叫友清(小名大米);小孙女降生于星空明媚的夜晚,叫友明(小名小米)。

袁隆平的教育并不给孩子压力,不希望孩子仰视自己的伟岸。而是让孩子把自己的姿态放低,不因爷爷的不凡而骄傲,凭借自己的努力去取得成绩。

三个孙女说:长大以后,她们也要成为像爷爷那样的人。她们身上的质朴、谦逊和袁隆平如出一辙。

袁隆平低调朴素的生活习惯以及对事业的无限追求,耳濡目染着孩子们,成为家庭中一笔最宝贵的精神财富。

(资料来源:纪录片《时代 我》等)

(作者:张萌)

《中国妇女报》(2020年11月9日6版)

## 黄旭华

### 终生报国不言悔

他隐姓埋名几十年,为我国核潜艇事业奉献了毕生精力,为核潜艇研制和跨越式发展作出卓越贡献。在某次深潜试验中,他置个人安危于不顾,作为总设计师亲自随产品深潜到极限。

## 黄旭华

黄旭华，男，汉族，中共党员，1926年3月生，广东揭阳人，中国船舶重工集团719所名誉所长、原所长，中国工程院院士。他隐姓埋名几十年，为我国核潜艇事业奉献了毕生精力，为核潜艇研制和跨越式发展作出卓越贡献。在某次深潜试验中，他置个人安危于不顾，作为总设计师亲自随产品深潜到极限。荣获国家科学技术进步奖特等奖和"全国先进工作者"等称号。

## "共和国勋章"获得者黄旭华——

## 终生报国不言悔

### （国家勋章和国家荣誉称号获得者）

花白的头发、和蔼的笑容、温和的言语……93岁的中国工程院院士黄旭华外表看起来朴实无华。

作为第一代攻击型核潜艇和战略导弹核潜艇总设计师，黄旭华仿佛将"惊涛骇浪"的功勋"深潜"在了人生的大海之中。

### 隐"功"埋名三十年

"从一开始参与研制核潜艇，我就知道这将是一辈子的事业。"黄旭华说。

1926年，黄旭华出生在广东汕尾。上小学时，正值抗战时期，家乡饱受日本飞机的轰炸。海边少年就此立下报国之愿。

高中毕业后，黄旭华同时收到中央大学航空系和上海交通大学造船系录取通知。在海边长大的黄旭华选择了造船。

新中国成立初期，掌握核垄断地位的超级大国不断施加核威慑。

20世纪50年代后期，中央决定组织力量自主研制核潜艇。黄旭华有幸成为这一研制团队人员之一。

执行任务前，黄旭华于1957年元旦回到阔别许久的老家。63岁的母亲再三嘱咐道："工作稳定了，要常回家看看。"

但是，此后30年时间，他的家人都不知道他在做什么，父亲直到去世也未能再见他一面。

1986年底,两鬓斑白的黄旭华再次回到广东老家,见到93岁的老母。他眼含泪花说:"人们常说忠孝不能双全,我说对国家的忠,就是对父母最大的孝。"

直到1987年,母亲收到他寄来的一本《文汇月刊》,看到报告文学《赫赫而无名的人生》里有"他的爱人李世英"等字眼,黄旭华的9个兄弟姊妹及家人才了解他的工作性质。

与对家人隐姓埋名相比,黄旭华的爱人李世英承担了更大压力。忙时,黄旭华一年中有10个月不在家。结婚8年后结束两地分居,李世英才知道丈夫是做什么的。

"他生活简单随性,出去理发都嫌麻烦。后来,我买了理发工具学会理发,给他剪了几十年。"李世英说。

## 攻坚克难铸重器

核潜艇,是集海底核电站、海底导弹发射场和海底城市于一体的尖端工程。

"当时,我们只搞过几年苏式仿制潜艇,核潜艇和潜艇有着根本区别,核潜艇什么模样,大家都没见过,对内部结构更是一无所知。"黄旭华回忆说。

在开始探索核潜艇艇体线型方案时,黄旭华碰到的第一个难题就是艇型。最终他选择了最先进、也是难度最大的水滴线型艇体。

美国为建造同类型核潜艇,先是建了一艘常规动力水滴型潜艇,后把核动力装到水滴型潜艇上。

黄旭华通过大量的水池拖曳和风洞试验,取得了丰富的试验数据,为论证艇体方案的可行性奠定了坚实基础。"计算数据,当时还没有手摇计算机,我们初期只能依靠算盘。每一组数字由两组人计算,答案相同才能通过。常常为了一个数据会日夜不停地计算。"黄旭华回忆说。

核潜艇技术复杂,配套系统和设备成千上万。为了在艇内合理布置数以万计的设备、仪表、附件,黄旭华不断调整、修改、完善,让艇内100多公里长的电缆、管道各就其位，为缩短建造工期打下坚实基础。

用最"土"的办法来解决最尖端的技术问题，是黄旭华和他的团队克难攻坚的法宝。

除了用算盘计算数据，他们还采取用秤称重的方法：要求所有上艇设备都要过秤，安装中的边角余料也要一一过秤。几年的建造过程，天天如此，使核潜艇下水后的数值和设计值几乎吻合……

正是这种精神，激励黄旭华团队一步到位，将核动力和水滴艇体相结合，研制出我国水滴型核动力潜艇。

## 克己奉献乐其中

核潜艇战斗力的关键在于极限深潜。然而，极限深潜试验的风险性非常高。美国曾有一艘核潜艇在深潜试验中沉没，这场灾难悲剧被写进了人类历史。

在核潜艇极限深潜试验中，黄旭华亲自上艇参与试验，成为当时世界上核潜艇总设计师亲自下水做深潜试验的第一人。

"所有的设备材料没有一个是进口的，都是我们自己造的。开展极限深潜试验，并没有绝对的安全保证。我总担心还有哪些疏忽的地方。为了稳定大家情绪，我决定和大家一起深潜。"黄旭华说。

核潜艇载着黄旭华和100多名参试人员，一米一米地下潜。

"在极限深度，一块扑克牌大小的钢板承受的压力是一吨多，100多米的艇体，任何一块钢板不合格、一条焊缝有问题、一个阀门封闭不足，都可能导致艇毁人亡。"巨大的海水压力压迫艇体发出"咔嗒"的声音，惊心动魄。

黄旭华镇定自若，了解数据后，指挥继续下潜，直至突破此前纪录。在此深度，核潜艇的耐压性和系统安全可靠，全艇设备运转正常。

新纪录诞生，全艇沸腾了！黄旭华抑制不住内心的欣喜和激动，即兴赋诗一首："花甲痴翁，志探龙宫。惊涛骇浪，乐在其中！"

正是凭着这样的奉献精神，黄旭华和团队于1970年研制出我国第一艘核潜艇，各项性能均超过美国1954年的第一艘核潜艇。建造周期之短，在世界核潜艇发展史上是罕见的。

1970年12月26日，当凝结了成千上万研制人员心血的庞然大物顺利下水，黄旭华禁不住热泪长流。核潜艇一万年也要搞出来的伟大誓言，新中国用了不到一代人的时间就实现了……

几十年来，黄旭华言传身教，培养和选拔出了一批又一批技术人才。他常用"三面镜子"来勉励年轻人：一是放大镜——跟踪追寻有效线索；二是显微镜——看清内容和实质性；三是照妖镜——去伪存真，为我所用。

作为中船重工第七一九研究所名誉所长，直到今天，93岁的黄旭华仍然会准时出现在办公室，为年轻一代答疑解惑、助威鼓劲……

（新华社武汉9月23日电　记者　熊金超　冯国栋）

《人民日报》（2019年10月4日4版）

## 中国核潜艇之父黄旭华

## 痴心不改强国梦

34岁,他投身中国第一代核潜艇的研发事业。

46岁,他参与设计的中国第一代核潜艇下潜成功。中国成为世界上第五个拥有核动力潜艇的国家。

64岁,他亲自登艇参与深潜试验,成为总设计师参与核潜艇极限深潜试验的世界第一人。

也是在64岁,阔别家乡三十载,几乎与家人失联的他荣归故里,此时,父亲和二哥已经去世,高堂老母已93岁高龄。

如今93岁的他,仍坚持到研究所工作,老骥伏枥、壮心不已。

他,就是中国核潜艇之父、中国工程院院士黄旭华。

### 一条道,走到"亮"

"爸爸这辈子,就是一条道,走到'亮'。"小女儿黄峻一语中的。

出身于医生世家的黄旭华,原本是立志从医的。可是在日机的轰炸声中,在满目疮痍的废墟中,少年黄旭华开始重新思考人生道路:"国家太弱就会任人欺凌、宰割!我不学医了,我要读航空、造船,将来我制造飞机捍卫我们的蓝天,制造军舰抵御外国的侵略。"

1945年,四处漂泊、辗转求学的黄旭华以第一名的成绩考上国立交通大学造船系。

1958年,面对掌握核垄断地位的超级大国不断施加的核威慑,我国启动研制导弹核潜艇。毛主席下令:"核潜艇,一万年也要搞出来!"

曾参与仿制苏式常规潜艇的黄旭华被选中,调往北京参加研究。"我这时就知道了,研制核潜艇就是我一辈子的事业。搞不出来,我死不瞑目!"

从而立之年,到古稀之年,黄旭华果然只做了一件事:研制中国自己的核潜艇!

尽管由于种种原因,国家核潜艇项目曾几次上马、几次下马。尽管在"文革"中受过误解和冲击,尽管在改革开放后,面临许多高薪职位的诱惑,但黄旭华丝毫不为所动,初心不改。他说:

研制核潜艇是我的梦想,一辈子从事自己热爱的事业,我很幸福。

### 玩具做参考,算盘出数据

习惯了拿来主义、技术转让等词汇的人们,也许很难想象,黄旭华和他的团队,将一个核潜艇玩具模型,作为重要的"参考资料"。

对任何国家而言,核潜艇技术都是核心机密。况且1958年中苏关系恶化,苏联大规模撤走援华专家。想造核潜艇,只能靠中国人自己!

关于核潜艇的任何蛛丝马迹、只言片语对黄旭华和他的团队都十分难得。一天,有人从国外带回两个美国"华盛顿号"儿童模型玩具。黄旭华如获至宝,研究者们把玩具拆开、分解,兴奋地发现,玩具里密密麻麻的设备与他们构思的核潜艇图纸基本一样!"我的总结是,再尖端的东西,都是在常规设备的基础上发展、创新出来的。没有那么神秘。"黄旭华进一步坚定了自信。

从图纸、模型,到造出真正的核潜艇,其中要突破多少技术难关,我们难以想象。在电脑、手机如此普及的今天,你是否知道,那时的科学家们,竟是用"算盘"算出的核潜艇的大量核心数据?

"比如,核潜艇的稳定性至关重要,太重容易下沉,太轻潜不下去,重心斜了容易侧翻,必须精确计算。"黄旭华说。

怎么办?核潜艇上设备、管线数以万计,黄旭华要求,每个都要过秤,几年来天天如此！这样"斤斤计较"的土办法，最终的结果是，数千吨的核潜艇在下水后的试潜、定重测试值与设计值毫无二致！

1970年12月26日，我国第一艘核潜艇下水。当这个承载着中华民族的强国梦、强军梦的庞然大物从水中浮起时，黄旭华激动得泪水长流。在没有任何外援的情况下，中国人仅用10年时间，就研制出了国外几十年才研制出的核潜艇。中国成为世界上第五个拥有核动力潜艇的国家。

黄旭华自豪地说：

我们的核潜艇没有一件设备、仪表、原料来自国外，艇体的每一部分都是国产。

什么是自力更生？什么是自主创新？这句话足以回答。

## 花甲痴翁，志探龙宫

"也许我告别，将不再回来，你是否理解，你是否明白？"1988年初，我国第一代核潜艇将按设计极限，在南海开展深潜试验。试验前，参试人员的宿舍里常常响起《血染的风采》这首悲壮的歌曲，有人甚至偷偷给家人写下了遗书。

也难怪战士们心情忐忑，因为20世纪60年代，美国王牌核潜艇"长尾鲨号"在深潜试验时失事，160多人葬身海底。美国潜艇尚且如此，国产潜艇能完全没有危险吗？

"我感觉同志中弥漫着'风萧萧兮易水寒，壮士一去兮不复还'的氛围。而这对试验是非常不利的。"黄旭华说。

怎么办？黄旭华带着设计人员和战士们座谈，并当场宣布："我对深潜很有信心，我将与大家一起下水！我们要唱着'雄赳赳，气昂昂，跨过鸭绿江'那样威武雄壮的进行曲，去把试验数据成功拿回来！"

战士们沸腾了！担忧、悲情一扫而空，必胜的豪情点燃全场。

试验当天，天公作美。50米、100米……一个深度一个深度地潜下去。"咔哒、咔哒——"寂静的深海中，巨大的水压压迫舰体发出声响，惊心动魄。

黄旭华气定神闲，指挥若定，给了大家无穷的信心。

"其实我心里也紧张啊，但我绝对不表现出来。"多年之后，黄旭华幽默地揭秘。

试验成功了，新纪录诞生了，全艇沸腾了！黄旭华再难抑制激动的心情，即兴挥毫：

花甲痴翁，志探龙宫，惊涛骇浪，乐在其中！

## 与母亲30年后再相逢

"他呀，家里的事是不顾的，这是肯定的。"说起黄旭华对家里的"贡献"，老伴李世英笑着总结。一去北京，他6年没有回家；家里地震，他没有回家；女儿重病，他没有回家；扛煤渣、扛煤气罐……这种一般家里男人做的事情，李世英通通一人扛下。

更让人唏嘘的是，从1957年到1986年，30年的时间里，黄旭华老家的父母、兄弟都不知道他在做什么，也没有见过他，唯一的联系方式是一个信箱号码。父亲去世，他没有回家；二哥去世，他没有回家，家中慈母，从63岁盼到93岁，才终于见到自己的"三儿"。

因为从不知道他做的是什么工作，30年来，老家人都怨他、气他，直到1987年，上海一家杂志发表了关于"黄总设计师"的报道《赫赫而无名的人生》，黄旭华给母亲寄了一本。母亲把报道看了一遍又一遍，流着泪对全家人说："三哥（黄旭华）的事情，大家要谅解。"

"在我们家，父亲的事业是第一位的，家里什么事也不能耽误父亲的工作。"黄旭华的大女儿黄燕妮说。虽然，女儿们从小就被告诫："大人的事小孩不要问"，她们长久以来并不知道父亲是做什么的，但大家都相信，父亲做的是利国利民的大事。

黄燕妮很小就从舒适的北京来到了风沙漫天、物质匮乏的荒岛。她不仅得帮着母亲操持家务，每天还要翻一座山才能去上学。有一次下大雪，她在山路上一脚踩进了冰窟窿，整个人冻僵了，是被来寻找的人抬回家的。她在床上躺了九天九夜，母亲衣不解带地伺候了九天九夜。即便如此，李世英也没把这事告诉丈夫。

"将一生都奉献给国家、给核潜艇事业，此生无悔！"黄旭华说。

（本报记者　田豆豆）

《人民日报》（2017年7月30日8版）

## "中国核潜艇之父"黄旭华

## 试问大海碧波,何谓以身许国

93岁的黄旭华每天早上准点走进办公室。他教我们辨认办公室里一胖一瘦两个核潜艇模型:"胖一些长一些的是中国第一代'夏'级弹道导弹核潜艇,瘦一些短一些的是中国第一代'汉'级攻击型核潜艇。我们都把核潜艇叫作'三驾马车'——水下航海技术、水下机动核电技术、导弹装备,缺一不可。核就是'三驾马车'之一。"

"我们",是近60年前和黄旭华一起被选中的中国第一代核潜艇人,29个人,平均年龄不到30岁。一个甲子的风云变幻、人生沧桑,从头到尾、由始至今还在研究所"服役"的就剩黄旭华一个。"我们那批人都没有联系了,退休的退休,离散的离散,只剩下我一个人成了'活字典'。"

### "我不是不贪生怕死,但我必须一起深潜"

这句话听来伤感。然而庆幸的是,"活字典"黄旭华和1988年共同进行核潜艇深潜试验的100多人还有联系。那是中国核潜艇发展历程上的"史诗级时刻"——由于北方的水浅,中国核潜艇在问世18年后,一直没能进行极限深度的深潜试验,1988年才到南海开始这项试验。有了这第一次深潜,中国核潜艇才算走完它研制的全过程。

这个试验有多危险呢?"艇上一块扑克牌大小的钢板,潜入水下数百米后,承受的水的压力是1吨多。100多米长的艇体,任何一块钢板不合格,一条焊缝有问题,一个阀门封闭不足,都可能导致艇毁人亡。"黄旭华当时已是总设计师,知道许多人对深潜试验提心吊胆:"美国王牌核潜艇'长尾鲨号',比我们的好得多,设计的深度是水下300米。结果1963年进行深潜试验,不到190米就沉掉了,什么原因也找不出来,艇上129个人全找不到。而我们的核潜艇没一样东西进口,全部是自己做出来的,一旦下潜到极限深度,是不是像美国的一样回不来?大家的思想负担很重。"

有一天,艇上的艇长和政委找到黄旭华,他们做了3个月思想工作,但还是没有把握,有人写好了遗书,有人哼唱《血染的风采》,"也许我告别,将不再回来"。黄旭华第二天就带着几个技术骨干跟艇上的人座谈:"这样吧,我跟你们一起下去。"

一句话点炸了整个会议室。"总师怎么能下去?""您冒这个险没有意义!""您都64岁了,身体怎么受得了?""这不行,绝对不行!"

面对群情激动,黄旭华拿出了科技人员的范儿:"第一,我们这次去,不是去光荣的,是去把数据拿回来的。第二,所有的设计都留了足够的安全系数。第三,我们复查了3个月,很有信心。"

其实,他心里比谁都绷得紧。这样的生死选择,没想到妻子李世英成了他的支持者。他和妻子是同事,在工作中相知相爱。她当然知道试验的危险性,说的却是:"你是总师,必须下去,不然队伍都带不好,没人听你的话。再说,你要为艇上人的生命负责到底。"黄旭华明白,妻子比他更紧张,她的平静,只是为了不动摇他的决心。

深潜试验当天,南海浪高1米多。艇慢慢下潜,先是10米一停,再是5米一停,接近极限深度时1米一停。钢板承受着巨大的水压,发出"咔嗒""咔嗒"的响声。极度紧张的气氛中,黄旭华依然全神贯注地记录和测量各种数据。核潜艇到达了极限深度,然后上升,等上升到安全深度,艇上顿时沸腾了。人们握手,拥抱,哭泣。有人奔向黄旭华:"总师,写句诗吧!"黄旭华心想,我又不是诗人,怎么会写?然而激动难抑,"我就写了4句打油诗:'花甲痴翁,志探龙宫。惊涛骇浪,乐在其中。'一个'痴'字,一个'乐'字,我痴迷核潜艇工作一生,乐在其中,这两个字就是我一生的写照。"

"您当时不怕死吗?"

"怎么不怕！我不是不贪生怕死，我也贪生怕死的，但当时只有这一个选择，顾不得了。"

"那么多人哭了，您没哭吗？"

"没有，没哭，就是松了一口气：太好了，没出事！眼睛里有点湿润。"

千里之外，终于等来人艇平安消息的妻子李世英，泪如雨下。

### 玩具、算盘和磅秤

对于大国而言，核潜艇是至关重要的国防利器之一。有一个说法是：一个高尔夫球大小的铀块燃料，就可以让潜艇巡航6万海里；假设换成柴油作燃料，则需要近百节火车皮的体量。

黄旭华用了个好玩的比喻："常规潜艇是憋了一口气，一个猛子扎下去，用电瓶全速巡航1小时就要浮上来喘口气，就像鲸鱼定时上浮。核潜艇才可以真正潜下去几个月，在水下环行全球。如果再配上洲际导弹，配上核弹头，不仅是第一次核打击力量，而且有第二次核报复力量。有了它，敌人就不大敢向你发动核战争，除非敌人愿意和你同归于尽。因此，《潜艇发展史》的作者霍顿认为，导弹核潜艇是'世界和平的保卫者'。"

正因如此，1958年，在启动"两弹一星"的同时，主管国防科技工作的军委副主席聂荣臻向中央建议，启动研制核潜艇。中国曾寄希望于苏联的技术援助，然而1959年苏联领导人赫鲁晓夫访华时傲慢地拒绝了："核潜艇技术复杂，要求高，花钱多，你们没有水平也没有能力来研制。"毛泽东闻言，愤怒地站了起来。赫鲁晓夫后来回忆："他挥舞着巨大的手掌，说：'你们不援助算了，我们自己干！'"此后，毛泽东在与周恩来、聂荣臻等人谈话时发誓道："核潜艇1万年也要搞出来！"

就是这句话，坚定了黄旭华的人生走向。中央组建了一个29人的造船技术研究室，大部分是海军方面的代表，黄旭华则作为技术骨干入选。苏联专家撤走了，全国没人懂核潜艇是什么，黄旭华也只接触过苏联的常规潜艇。"没办法，只能骑驴找马。我们想了个笨办法，从国外的报刊上搜罗核潜艇的信息。我们仔细甄别这些信息的真伪，拼凑出一个核潜艇的轮廓。"

但准不准确，谁也不知道。恰好，有人从国外带回了两个美国"华盛顿号"核潜艇儿童玩具。黄旭华如获至宝，把玩具打开、拆解，发现玩具里排列着复杂的设备，和他们构思的图纸基本一样。"我当时就想，核潜艇也没什么大不了的嘛！不需要神话尖端技术，再尖端的东西，都是在常规技术的基础上综合创新出来的，并不神秘。"

黄旭华至今保留着一把"前进"牌算盘。当年还没有计算机，他们就分成两三组，分别拿着算盘计算核潜艇的各项数据，若有一组的结果不一样，就从头再算，直到各组数据完全一致才行。

还有一个"土工具"，就是磅秤。造船最基本的需求是：不能沉、不能翻、开得动。核潜艇发射导弹，要从水下把导弹推出去，这一瞬间发射的动力、水的压力与浮力，都会挑战潜艇的稳定性，就需要船的重心准。黄旭华便在船台上放了一个磅秤，每个设备进艇时，都得过秤，记录在册。施工完成后，拿出来的管道、电缆、边角余料，也要过磅，登记准确。黄旭华称之为"斤斤计较"。就靠着磅秤，数千吨的核潜艇下水后的试潜、定重测试值和设计值完全吻合。

1970年，我国第一艘核潜艇下水。1974年"八一"建军节，交付海军使用。作为祖国挑选出来的1/29，黄旭华从34岁走到了知天命之年，把最好的年华铭刻在大海利器上。

如今回想那段岁月，黄旭华别有一份达观。他会笑着说，最"舒服"的是"文革"时下放养猪的那两年，白天与猪同食，晚上与猪同眠，但常有"访客"趁着月色来猪圈找他求教技术问题。他把图纸铺在泥地上，借着月光悄声讲解。告别时，"访客"会偷偷说一句："明天要斗你，不要紧张，是我们几个来斗。"黄旭华很感动，忙说："谢谢！"

"那是我人生中唯一轻松的时候，没什么责任，也没有负担，把猪养好就行了。"

"也没有牵挂吗？"

"有，我放心不下核潜艇。一万年太久，只争朝夕。造不出核潜艇，我死不瞑目。"

### "为什么我连读书的地方都没有"

准确地说,黄旭华是把最好的年华隐姓埋名地刻在核潜艇上。

"别的科技人员,是有一点成就就抢时间发表;你去搞秘密课题,是越有成就越得把自己埋得更深,你能承受吗?"老同学曾这样问过他。

"你不能泄露自己的单位、自己的任务,一辈子都在这个领域,一辈子都当无名英雄,你若评了劳模都不能发照片,你若犯了错误都只能留在这里扫厕所。你能做到吗?"这是刚参加核潜艇工作时,领导跟他的谈话。

93岁的黄旭华回忆起这些,总是笑:"有什么不能的?比起我们经历过的,隐姓埋名算什么?"

他所经历的那些——一个广东海丰行医之家的三儿子,上初中的年龄却遇到日寇入侵,附近的学校关闭了,14岁的他在大年初四辞别父母兄妹,走了整整4天崎岖的山路,找到聿怀中学。但日本飞机的轰炸越来越密集,这所躲在甘蔗林旁边、用竹竿和草席搭起来的学校也坚持不下去了。他不得不继续寻找学校,"慢慢越走越远,梅县、韶关、坪石、桂林……"1941年,黄旭华辗转来到桂林中学,他的英语老师是当过宋庆龄秘书的柳无垢,数学老师是代数极好的许绍衡。

1944年,豫湘桂会战打响,中国守军节节败退,战火烧到桂林。黄旭华问了老师3个问题:"为什么日本人那么疯狂?想登陆就登陆,想轰炸就轰炸,想屠杀就屠杀。为什么我们中国人不能好好生活,而到处流浪、妻离子散、家破人亡?为什么中国这么大,我却连一个安静读书的地方都找不到?"老师沉重地告诉他:"因为我们中国太弱了,弱国就要受人欺凌。"黄旭华下了决心:"我不能做医生了,我要学科学,科学才能救国,我要学航空学造船,不让日本人再轰炸、再登陆。"

1945年抗战胜利后,他收到了中央大学航空系和交通大学造船系的录取通知书。他想了想:"我是海边长大的,对海有感情,那就学造船吧!"

交通大学造船系是中国第一个造船系。在这里,黄旭华遇到了辛一心、王公衡等一大批从英美学成归国的船舶学家。辛一心比黄旭华大一轮,他留英时,在家书中写道:"人离开祖国,如螺旋桨之离水。以儿之思念祖国,知祖国必念念于儿也。"战火中,他赶回祖国,一面在招商局做船舶实业,一面在交通大学教课。正是辛一心教给了黄旭华那三条造船的规矩:"船不能翻,不能沉,要开得起来。"在黄旭华入选建造核潜艇的1/29时,辛一心却因积劳成疾,45岁英年早逝了。

王公衡授课则是另一种风格。当时,上海的学生运动如火如荼,黄旭华加入了"山茶社"。课间,他走到王公衡讲台边,恭敬地说:"王教授,我们'山茶社'下午有活动,我向您请个假。"王公衡一听,故意拍桌训斥道:"班上的同学都让你带坏了!"吼罢,睁只眼闭只眼,默许了黄旭华的"胡闹"。新中国成立后,师生二人重逢,王公衡笑呵呵地说:"要不是解放了,你毕业考试都通不过我这关。"黄旭华连连向他道谢。

一代名师荟萃,成就了黄旭华这日后的火种。而"山茶社"的经历,则在他心中开出了另一条道路。在这个学生社团里,他口琴吹得极好,指挥也很在行,登台演进步话剧更是不在话下。但这些都比不上其他事情精彩:去南京请愿的"护校"运动中有他,掩护进步同学厉良辅逃跑的是他,躲过宪兵抓捕的还是他……终于有一天,"山茶社"一名成员找到他,问:"你对共产党有什么看法?"

黄旭华又惊又喜:"共产党在哪里?"

同学笑了笑:"我就是。"

多年后,黄旭华丝毫不以隐姓埋名为苦时,总会回忆起秘密入党的这段往事:"有人同我开玩笑,你做核潜艇,以后整个人生就是'不可告人'的人生了!是的,我很适应,我在交通大学上学时就开始'不可告人'的地下党人生了!"

时至今日,我辈年轻人在面对黄旭华时,很容易以为,像他这样天赋过人、聪明勤奋的佼佼者,是国家和时代选择了他。然而走近他才会懂得,是他选择了这样的人生。1945年"弃医从船"的选择,与1958年隐姓埋名的选择,1988年一起深潜的选择,是一条连续的因果链。

他一生都选择与时代相向而行。

### 是母亲的信箱,是妻子的"客家人"

人生是一场"舍得",有选择就有割舍。被尊称为"中国核潜艇之父"的黄旭华,他的割舍远远超出人们的想象。

从1938年离家求学,到1957年出差广东时回家,这19年的离别,母亲没有怨言,只是叮嘱他:"你小时候,四处打仗,回不了家。现在社会安定了,交通方便了,母亲老了,希望你常回来看看。"

黄旭华满口答应,怎料这一别竟是30年。"我既然从事了这样一份工作,就只能淡化跟家人的联系。他们总会问我在做什么,我怎么回答呢?"于是,对母亲来说,他成了一个遥远的信箱号码。

直到1987年,广东海丰的老母亲收到了一本三儿子寄回来的《文汇月刊》。她仔细翻看,发现其中一篇报告文学《赫赫而无名的人生》,介绍了中国核潜艇黄总设计师的工作,虽然没说名字,但提到了"他的妻子李世英"。这不是三儿媳的名字吗?哎呀,黄总设计师就是30年不回家的三儿子呀!老母亲赶紧召集一家老小,郑重地告诉他们:"三哥的事,大家要理解、要谅解!"

这句话传到黄旭华耳中,他哭了。

第二年,黄旭华去南海参加深潜试验,抽时间匆匆回了趟家,终于见到了阔别30年的母亲。父亲早已去世了,他只能在父亲的坟前,默默地说:"爸爸,我来看您了。我相信您也会像妈妈一样谅解我。"

提及这30年的分离,黄旭华的眼眶红了。办公室里有深海般的寂静,我们轻声问:"忠孝不能两全,您后悔吗?"他轻声但笃定地回答:"对国家尽忠,是我对父母最大的孝。"

幸运的是,他和妻子李世英同在一个单位。他虽然什么也不能说,但妻子都明白。没有误解,但有心酸:从上海举家迁往北京,是妻子带着孩子千里迢迢搬过去的；从北京迁居气候条件恶劣的海岛，冬天几百斤煤球，妻子和女儿一点点往楼上扛；地震了，还是妻子一手抱一个孩子拼命跑。她管好了这个家，却不得不放弃原本同样出色的工作，事业归于平淡。妻子和女儿有时会跟他开玩笑："你呀，真是个客家人，回家做客的人！"

聚少离多中，也有甘甜的默契。"很早时，她在上海，我在北京。她来看我，见我没时间去理发店，头发都长到肩膀了，就借来推子，给我理发。直到现在，仍是她给我理。这两年，她说自己年纪大了，叫我'行行好，去理发店'。我呀，没答应，习惯了。"黄旭华笑着说。结果是，李世英一边嗔怪着他，一边细心地帮他理好每一缕白发。

"试问大海碧波，何谓以身许国。青丝化作白发，依旧铁马冰河。磊落平生无限爱，尽付无言高歌。"这是2014年，词作家闫肃为黄旭华写的词。黄旭华从不讳言爱："我很爱我的妻子、母亲和女儿，我很爱她们。"他顿了顿，"但我更爱核潜艇，更爱国家。我此生没有虚度，无怨无悔。"

黄旭华的办公桌上有张照片，照片上的他衬衣、领结、西裤，正在指挥一场大合唱。自从2006年开始，研究所每年文艺晚会的最后一个节目，都是他指挥全体职工合唱《歌唱祖国》。

"对您来说，祖国是什么？"

"列宁说过的，要他一次把血流光，他就一次把血流光；要他把血一滴一滴慢慢流，他愿意一滴一滴慢慢流。一次流光，很伟大的举动，多少英雄豪杰都是这样。更关键的是，要你一滴一滴慢慢流，你能承受下去吗？国家需要我一天一天慢慢流，那么好，我就一天一天慢慢流。"

"一天一天，流了93年，这血还是热的？"

"因为祖国需要，就应该这样热。"

（《环球人物》记者　许陈静　郑心仪　姜琨）<br>《环球人物》（2017年第17期）

## "共和国勋章"获得者黄旭华：
# 党的决定我从来没有含糊过

新华网北京9月29日电（记者李由）"共和国勋章"获得者，我国第一代核潜艇总设计师黄旭华，为国家利益隐姓埋名、默默工作，60多年来潜心技术攻关，为核潜艇研制和跨越式发展作出巨大贡献。近日，黄旭华接受了新华网记者的采访。

**以下为访谈实录：**

**新华网：** 得知自己获得"共和国勋章"后，是什么样的心情？

**黄旭华：** 感觉自己蛮幸运、蛮激动的，但是也感觉压力蛮大。我这工作是集体的产物，我仅仅是一个代表，我时刻记住感谢党、感谢政府，也感谢跟我一道协作的广大的战友，是他们共同努力的结果。我常常讲，我是集体当中的一个成员，站在我的工作岗位上，和大家一起把工作搞好而已，荣誉是属于大家的，是属于集体的，我只是一个代表。

**新华网：** 您在入党申请书里写过这样一段话，"党需要我把血一次流光我做到，党如果不是要求一次流光，而是一滴一滴慢慢流，一直流尽为止，我也坚决做到。"现在回过头看这句话，心里是什么样的感受？

**黄旭华：** 我记得我在入党转正的时候把这句话又重新讲了一下，表示了决心。因为我入党后按照党的要求准备这一生全部都献给党的事业，没有其他想法。现在想一下，时间长一滴一滴慢慢流，是一个很严重的考验，不像一次流光，一次热情迸发就完了。回忆过去，从入党到现在，党的决定我从来没有含糊过，我也没有向党提出任何个人的要求，"不忘初心"一直记住这个事，一直到现在。

**新华网：** 新中国成立70周年，您觉得有哪些巨大的成就？

**黄旭华：** 新中国成立70年来真正是天翻地覆，变化太大了。仅仅造船行业来看，解放之前造船厂的任务主要是拆船。现在不一样了，现在是核潜艇造出来，航空母舰也造出来。从造船的角度来看变化是天翻地覆的，整个国家更是从站起来、富起来到强起来，这个飞跃是非常感动人的。

**新华网：** 您为什么如此热爱核潜艇事业？

**黄旭华：** 核潜艇跟我原来的志愿"科学救国"，不是造飞机就是造军舰抵御外国的侵略，完全结合在一起，给我这么好的机会，我当然很热爱。居里夫人说了一句话，叫做要反对原子弹，首先你必须自己要有原子弹，你自己没原子弹去反对人家，人家根本不听你的。我们国家1964年原子弹爆炸成功时是发表过声明的，我们发展核武器完全是为了自卫，绝不首先使用核武器，如果人家向我核进攻，我坚决给予报复。那人家向我进攻，我要报复，第一要保存自己，第二要有力量和威力给他报复，靠什么？靠核潜艇。要反对原子弹必须自己要有原子弹。我想在后面加一句：有了原子弹我们国家必须要有核潜艇，我要求自己鞠躬尽瘁也要和大家一道干成这个事。

**新华网：** 您是世界上核潜艇总设计师亲自下水做深潜试验的第一人，当时是怎么想的？

**黄旭华：** 因为我们生产的核潜艇里里外外全部都是中国自己干的，没有一件设备、材料、管道是进口的，应该从我自己来讲我是有把握的，为什么？我设计留有相当的余量，建造过程中还经过严密的检查，我还做了一个及时复查，我有充分的信心。但是另外一点，是不是还有哪些超出我的知识范围，我还没认识到这个潜在危险，最可怕的就是这样子的。那怎么样办呢？我只能跟它一道下去，在深潜的过程中，如果出现了不正常的现象，我可以协助马上采取措施，防止失误的扩大。

人都是爱惜自己的生命的，我也是一样。严格来讲，这也叫做"贪生怕死"，贪生：爱惜我的生命；怕死：是怕没有价值的死。我下去一定要把实验数据完完整整拿回来，而不是硬装好汉，去让大家去牺牲。

**新华网：** 您接下来还有什么目标，什么心愿？

**黄旭华：** 我95岁了，不可能跟大家一样上第一线，我把自己定位为啦啦队的队长。啦啦队干什么？给大家鼓劲、给大家撑腰，年轻人特别是搞新技术的往往会碰到好多困难、好多挫折，我们老一辈有责任给年轻人撑腰。

我想补还我欠父母，欠妻子，欠子女的情债，但不可能，我离开母亲的时候，答应她要常常回家看看，那之后三十年没有回家，我没遵守这个诺言，但我恪守了对组织的承诺，就是绝对保守国家的机密，这点我做到了。因此我虽然有那么多遗憾，但是无怨无悔。

新华网（2019年9月）

# 屠呦呦

## 与青蒿结缘 用中医药造福世界

她60多年致力于中医药研究实践，带领团队攻坚克难，研究发现了青蒿素，解决了抗疟治疗失效难题，为中医药科技创新和人类健康事业作出巨大贡献。

### 屠呦呦

屠呦呦，女，汉族，中共党员，1930年12月生，浙江宁波人，中国中医科学院中药研究所青蒿素研究中心主任。她60多年致力于中医药研究实践，带领团队攻坚克难，研究发现了青蒿素，解决了抗疟治疗失效难题，为中医药科技创新和人类健康事业作出重要贡献。荣获国家最高科学技术奖、诺贝尔生理学或医学奖和"全国优秀共产党员""全国先进工作者""改革先锋"等称号。

## "共和国勋章"获得者屠呦呦——
## 与青蒿结缘 用中医药造福世界
### （国家勋章和国家荣誉称号获得者）

疟疾，世界上最主要的高死亡率传染病。青蒿素的发现，为世界带来了一种全新的抗疟药。以青蒿素为基础的联合疗法已经成为疟疾的标准治疗方法，在过去的20多年间，青蒿素联合疗法在全球疟疾流行地区广泛使用。据世卫组织不完全统计，青蒿素在全世界已挽救了数百万人的生命，每年治疗患者数亿人。

"中医药人撸起袖子加油干，一定能把中医药这一祖先留给我们的宝贵财富继承好、发展好、利用好。"中国中医科学院终身研究员、国家最高科学技术奖获得者、诺贝尔生理学或医学奖获得者屠呦呦的声音铿锵有力。60多年来，她从未停止中医药研究实践。

### "没有行不行，只有肯不肯坚持"

2015年10月5日，瑞典卡罗琳医学院宣布将诺贝尔生理学或医学奖授予屠呦呦以及另外两名科学家，以表彰他们在寄生虫疾病治疗研究方面取得的成就。

这是中国医学界迄今为止获得的最高奖项，也是中医药成果获得的最高奖项。屠呦呦说："青蒿素是人类征服疟疾进程中的一小步，是中国传统医药献给世界的一份礼物。"

20世纪60年代，在氯喹抗疟失效、人类饱受疟疾之害的情况下，在中医研究院中药研究所任研究实习员的屠呦呦于1969年接受了国家疟疾防治项目"523"办公室艰巨的抗疟研究任务。屠呦呦担任中药抗疟组组长,从此与中药抗疟结下了不解之缘。

由于当时的科研设备比较陈旧,科研水平也无法达到国际一流水平,不少人认为这个任务难以完成。只有屠呦呦坚定地说:"没有行不行,只有肯不肯坚持。"

通过整理中医药典籍、走访名老中医,她汇集了640余种治疗疟疾的中药单秘验方。在青蒿提取物实验药效不稳定的情况下,出自东晋葛洪《肘后备急方》中对青蒿截疟的记载——"青蒿一握,以水二升渍,绞取汁,尽服之"——给了屠呦呦新的灵感。

通过改用低沸点溶剂的提取方法,富集了青蒿的抗疟组分,屠呦呦团队最终于1972年发现了青蒿素。据世卫组织不完全统计,在过去的20年里,青蒿素作为一线抗疟药物,在全世界已挽救数百万人生命,每年治疗患者数亿人。

### "研究成功是当年团队集体攻关的结果"

每当谈起青蒿素的研究成果,屠呦呦总是会说:"研究成功是当年团队集体攻关的结果。"而鲜为人知的是,起步时的屠呦呦团队只有屠呦呦和两名从事化学工作的科研人员,后来才逐步成为化学、药理、生药和制剂的多学科团队。

中国中医科学院首席研究员、青蒿素研究中心学术委员会主任姜廷良说:"对青蒿素作用机理的研究,需要'大协作'思维。"在这样的思路下,屠呦呦的团队结构发生了变化。

目前,屠呦呦团队共30多人,这些研究人员并不局限于化学领域,而拓展到药理、生物医药研究等多个学科,形成多学科协作的研究模式。屠呦呦介绍,未来青蒿素的抗疟机理将是她和科研团队的攻关重点。

"在对青蒿素抗疟机理研究方面,我们目前正在深入探讨'多靶点学说',并已取得一定研究进展。"中国中医科学院研究员、青蒿素研究中心学术委员会副主任廖福龙说,"青蒿中除青蒿素以外的某些成分虽然没有抗疟作用,但却能促进青蒿素的抗疟效果。"

不仅如此，科研人员在对双氢青蒿素的深入研究中，发现了该物质针对红斑狼疮的独特效果。屠呦呦介绍，根据现有临床探索，青蒿素对盘状红斑狼疮和系统性红斑狼疮有明显疗效。

据中国中医科学院中药研究所透露，"双氢青蒿素治疗红斑狼疮"已获国家食品药品监督管理总局批复同意开展临床试验。这也是双氢青蒿素被批准为一类新药后，首次申请增加新适应症。

### "未来我们要把青蒿素研发做透"

世界卫生组织发布的《2018年世界疟疾报告》显示，全球疟疾防治进展陷入停滞。多项研究表明，在大湄公河次区域等地区，出现不同程度的对青蒿素联合疗法的抗药现象。

2019年4月25日，第十二个世界疟疾日，中国中医科学院青蒿素研究中心和中药研究所的科学家们在国际权威期刊《新英格兰医学杂志（NEJM）》提出了"青蒿素抗药性"的合理应对方案。

屠呦呦团队提出，面对"青蒿素抗药性"现象，延长用药时间，疟疾患者还是能够被治愈。除此之外，现有的"青蒿素抗药性"现象在不少情况下其实是青蒿素联合疗法中的辅助药物发生了抗药性。针对这种情况，更换联用疗法中的辅助药物，就会取得更好的效果。

屠呦呦说，青蒿素价格低廉，每个疗程仅需几美元，适用于疫区集中的非洲广大贫困地区人群。因此研发廉价青蒿素联合疗法对实现全球消灭疟疾的目标意义非凡。

"中国医药学是一个伟大宝库，青蒿素正是从这一宝库中发掘出来的。未来我们要把青蒿素研发做透，把论文变成药，让药治得了病，让青蒿素更好地造福人类。"屠呦呦说。

（据新华社北京9月24日电　记者　侠克）

《人民日报》（2019年10月5日2版）

## 没评上院士的屠呦呦，却拿了这个世纪大奖！
## 比肩居里夫人、爱因斯坦，秒赞！

"我是搞研究的，只想老老实实做学问，把自己的事情做好，把课题做好，没有心思也没有时间想别的。"

今年89岁的屠呦呦，没想过这辈子能与爱因斯坦、居里夫人等人被共同提名。

本月初，英国BBC新闻网新版块"偶像（ICON）"栏目发起了"20世纪最伟大人物"评选，旨在选出对人类当前生活影响最大的杰出人物。

在14日公布的"科学家篇"名单中，出现了中国首位诺贝尔生理学或医学奖得主屠呦呦的名字，与她一起入围的还有居里夫人、爱因斯坦以及数学家艾伦·图灵。

值得注意的是，屠呦呦是科学家领域唯一在世的候选人，也是所有28位候选人中唯一的亚洲人。

BBC列出了她入选的三大理由：艰难时刻仍秉持科学理想，砥砺前行亦不忘回望过去，她的成就跨越了东方和西方。

虽然目前四位科学家中，得票数最多的为艾伦·图灵，但无论最终投票结果如何，屠呦呦对全世界的贡献毋庸置疑。

40多年前，她在"文革"中埋头实验室；40多年来，"出国热""博士热""院士热""SCI（美国《科学引文索引》的缩写，是科技文献检索系统，其收入量是中国科学界重要的评定依据）热"里都没有她。如今，青蒿素这份来自特殊年代的礼物，循着特殊的路径，把屠呦呦带入了世界的殿堂。

### 代号"523"

2011年，多年从事中西药结合研究的中国药学家屠呦呦，获得被视为诺贝尔奖风向标的拉斯克医学奖，获奖理由是发现青蒿素。4年后，屠呦呦真的摘得诺贝尔奖，成为中国大陆第一个自然科学领域的诺奖得主，也是中国诺奖获得者中唯一的女性。

自1969年正式接触抗疟药至今，50年的岁月中，屠呦呦的名字一直和青蒿素连在一起。

1965年，越美交战，双方士兵备受疟疾折磨，装备落后的越共军队更是苦不堪言。当时越南共产党向中国求援，希望中国帮助他们研制抗疟药物。为了支援越南，也为了消除中国南方存在的疟疾疫情，毛泽东和周恩来亲自指示，以军工项目的名义紧急启动抗疟新药的研发。1967年5月23日，国家科委和解放军总后勤部等部门召开了"疟疾防治药物研究工作协作会议"，制定了研究计划。为了保密，就以"523"作为任务的代名词。

一年多过去，因为研究团队内部缺乏专业精英人才，"523"任务进展并不顺利。1969年初，"523"任务的负责人来到中医研究院（现中医科学院），希望能得到科研支持，当时39岁的屠呦呦作为院里的骨干也参加了会谈。中医研究院在接受任务后，很快成立了课题组，并任命屠呦呦为科研组长。

### 成功，在190次失败之后

其实早在"523"成立之前，国内其他科研机构已筛选了4万多种抗疟疾的化合物和中草药，都没能有令人满意的发现。

屠呦呦决定，首先系统地整理历代医籍。她四处走访老中医，专门整理出了一本包含640多种草药的《抗疟单验方集》，其中就有后来提炼出青蒿素的青蒿。不过，在第一轮的药物筛选和实验中，青蒿提取物对疟疾的抑制率只有68%，还不及胡椒有效。在其他科研单位汇集到"523"办公室的资料里，青蒿的效果也不是最好的。在第二轮的药物筛选和实验中，青蒿的抗疟效果一度甚至只有12%。因此，在相当长的一段时间里，青蒿并没有引起大家的重视。

但屠呦呦心有不甘。她重新把古代文献搬了出来，一本一本地细细翻查。有一天，在翻阅东晋葛洪《肘后备急方·治寒热诸疟方》时，其中的几句话吸引住了屠呦呦的目光："青蒿一握，以水二升渍，绞取汁，尽服之。"为什么这和中药常用的煎熬法不同？

原来古法里面用的是青蒿鲜汁，而温度更是提取青蒿的关键所在。"温度！这两者的差别是温度！很有可能在高温的情况下，青蒿的有效成分就被破坏掉了。如此说来，以前进行实验的方法都错了。"屠呦呦立即改用沸点较低的乙醚进行实验，她在60摄氏度下制取青蒿提取物。"1971年10月4日，那是第191号样品。"

1972年，屠呦呦在抗疟药研究内部会议上报告了她的研究成果。后来，屠呦呦和她的同事们将其命名为"青蒿素"。著名医学家、诺贝尔奖得主戈尔斯坦曾说，"发现和发明是生物医学进步的两条不同路径"。青蒿素诞生，屠呦呦完成了发现，下一步便要着手发明，也就是将青蒿素用于临床试验，转化为治疗疟疾的有效药物。

为了帮助临床实验，工作人员首先要制备大量的青蒿素。他们买来7个盛水大缸当提取锅使用，所有工作人员都要三班倒，周末也不休息。屠呦呦因为每天要接触大量乙醚，身体的多个系统都受到了损伤。当时正值中医研究院初创期，条件艰苦，实验室连基本通风设施都没有，研究人员只能戴个无法防御有毒物质的棉纱口罩。屠呦呦一天工作下来时常头晕眼胀，还因此得了中毒性肝炎，可她依然不肯放弃试验。

屠呦呦想着尽快验证青蒿素对人体的药性和副作用，还和科研团队成员们以身试药。因为之前在个别动物的病理切片中，提取物出现了疑似的毒副作用，有人认为必须对提取物进行反复试验，确保无毒后才能上临床。屠呦呦听闻后，主动要求自己试药，并且后果自负；获得领导同意后，她和课题组的另外两位同事一同在自己身上做起了试验，最终三人都无大碍。他们还发现比起片剂，青蒿素原粉直接装胶囊的形式更有效果。

终于在1986年，青蒿素通过了新药审批。这颗拯救了人类的蓝色小药片，更被非洲人民称作是"来自东方的神药"！

### "呦呦鹿鸣，食野之蒿"

其实，早在出生之时，屠呦呦就已与青蒿结下不解之缘。

屠呦呦的故乡在浙江宁波。在3个哥哥之后出生的她，是家中唯一的女孩，更是家里的掌上明珠。早在1930年12月30日，父亲以《诗经》中"呦呦鹿鸣，食野之蒿"为其取名。

她的父亲是一名银行职员，但工作并不稳定，靠出租祖辈遗留的房产作为主要经济来源。父亲很重视教育，20世纪30年代末，屠呦呦到了该读书的年纪，虽逢时局动荡，却依然接受了完整的教育。屠家楼顶有个摆满各类古典医书的小阁间，这里是屠呦呦童年时的阅览室：《黄帝内经》《神农本草经》《伤寒杂病论》《千金方》《四部医典》《本草纲目》《温热论》《临症指南医案》……虽然读得磕磕绊绊，但这里成了她医学梦想萌发的摇篮。

1945年，屠呦呦入读宁波私立甬江女中初中。次年一场灾难降临，她不幸染上肺结核，被迫暂停了学业。那时得上这个病，能活下来就已经很不容易了。经过两年多的治疗调理，她终于好转并继续学业。也就是在这时，屠呦呦对医学产生了浓厚的兴趣。

1951年春，屠呦呦高中毕业，考入北京医学院，选择了一个在当时比较冷门的专业——生物药学。她觉得这个专业可以接近具有悠久历史的中医药领域，又符合自己的志趣和理想。大学期间，屠呦呦学习非常勤奋，在大课上表现优异，后来在实习期间跟随生药学家楼之岑学习。在专业课程中，她对植物化学、本草学和植物分类学有着极大的兴趣。1955年，屠呦呦大学毕业，被分配到卫生部直属的中医研究院工作。

### "三无科学家"

在中医研究院，屠呦呦一待就是六十余载。

由于没有博士学位、留洋背景和院士头衔，屠呦呦被媒体报道为"三无科学家"。她曾4次申报院士，但都没有成功。外界普遍认为，这与青蒿素的发现多年来被强调是集体成果有关。"任何一个发现青蒿素的人想评院士，就会遭到参与项目的其他人反对。所以与青蒿素有关的科研人员都没有评上院士。"一位知情人士透露。早在屠呦呦获得科技部科技进步二等奖时，就有人专门到科技部投诉，认为屠呦呦"将成绩独占"，还专门指出她在引用别人论文的时候只写前三个人，后面用"等"代替了，认为"这明显是抹杀他人的劳动成果"。

"好在屠呦呦秉性坚强，对院士评选一事并无多言。她虽然不是院士，但是作为一个纯粹的科学家，她将自己的一生都奉献给了青蒿素事业。"上述知情人士说。

在屠呦呦的家中，奖杯和证书数不胜数，但在生活中，屠呦呦被同事们评价为"为人低调，而且是长期低调"。

宁波市科技系统曾经拿到一张屠呦呦的名片，整张名片有大片的空白，上面的内容也很简单：单位、姓名、职务、地址和电话。她曾和身边人说："我是搞研究的，只想老老实实做学问，把自己的事情做好，把课题做好，没有心思也没有时间想别的。我这把年纪了，身体又不太好，从来没有想过去国外，更没想到要得什么奖。"

2017年1月9日，屠呦呦获得2016年度国家最高科学技术奖，这也是该奖设立17年来首次授予女科学家。2018年12月18日，党中央、国务院授予屠呦呦同志改革先锋称号，颁授改革先锋奖章。

众多奖项的背后，是屠呦呦牺牲小我，对中国医药事业的无私奉献。为了一门心思放在科研上，她甚至将4岁的大女儿送到别人家寄住，把尚在襁褓中的小女儿送回了宁波老家。

2019年年初，屠呦呦在采访时曾说，"荣誉越多，责任越大，我们还有很长的路要走"。

在中国，像屠呦呦这样的老一代科学家还有很多，他们抵得住诱惑、耐得住寂寞、坐得住冷板凳，潜心研究、攻坚克难勇担当，实属不易。在他们的身上，不仅有熠熠生辉的科学成就，更有打动人心的人格魅力，这样的科学家堪称"国宝"，值得我们代代致敬。

(《环球人物》记者　路琰　李静涛　朱东君　二水)

《环球人物》微信公众号（2019年1月29日）

# 屠呦呦，非常诺奖之路

诺贝尔奖像神话里的魔法杖，所指之处，冷板凳变成烫手热，小众的科学家转眼街知巷闻。

屠呦呦的生活被突如其来的诺贝尔生理学或医学奖改变了。8年前，《环球人物》记者与她相识时，她的家是京城一隅平静的书斋，几无访客，偶尔登门的记者得从"什么是青蒿素"这种扫盲级问题开始采访。当时的屠呦呦有充裕的时间耐心讲述，攀高俯低打开一格格的抽屉，拿出一沓沓的资料佐证。

10月5日获得诺奖后，屠呦呦的家里日日贵客盈门。蜂拥而来的中外记者在楼梯口一边等候一边高谈阔论青蒿素的发现史。访客们个个喜气洋洋，85岁的屠呦呦反倒表情严肃，言简意赅。她的先生李廷钊代行话务员和接待员之责，不断向来客解释："实在太累了，实在没时间……抱歉，请回吧。"

这热闹来得太急太欢，以至于大家都没留意到一个细节——诺贝尔奖评委会还找不到屠呦呦。当屠呦呦从电视上知道自己得奖时，在瑞典斯德哥尔摩，评委会的新闻官见到《环球人物》记者，立即拜托道："你能帮我们找到屠教授的联系电话吗？"第二天上午，评委会常务秘书终于打通了屠家的电话，亲口告诉她授奖决定，并邀请她12月赴瑞典参加颁奖仪式。

从往日的寂静到今日的喜庆，中国人的诺贝尔科学奖情结终于找到了宣泄的出口。然而科学本身应是寂静的，一场场"寂静的革命"推动了人类社会的持续进步。更何况屠呦呦走的是一条比其他科学家更寂静的路。40多年前，她在"文革"中埋头实验室；40多年来，"出国热""博士热""院士热""SCI热"（美国《科学引文索引》的缩写，是科技文献检索系统，其收入量是中国科学界重要的评定依据）里都没有她。青蒿素是一份来自特殊年代的礼物，循着特殊的路径，把屠呦呦带入诺贝尔奖的殿堂。

## 军工项目中的年轻人

1965年，在发动针对越共的"特种战争"4年后，美国终于坐不住了，开始直接派美军前往越南参战。在越南的热带丛林中，交战双方饱受疟疾折磨，装备落后的越共军队更是苦不堪言。北京大学医学部医学史专家张大庆告诉《环球人物》记者："当时越南共产党向中国求援，希望中国帮助他们研制抗疟药物。为了支援越南，也为了消除中国南方存在的疟疾疫情，毛泽东和周恩来亲自指示，以军工项目的名义紧急启动抗疟新药的研发。这意味着，研制新型抗疟药不再是单纯的科研工作，更是一项政治任务。"1967年5月23日，国家科委和解放军总后勤部等部门召开了"疟疾防治药物研究工作协作会议"，制定了研究计划。"为了保密，就以'523'作为任务的代名词。"

一年多过去了，"523"任务进展并不顺利。"医学研究作为高端的科学研究，需要专业的精英人才。但是在'文革'期间，许多医药领域的专家都被打倒了，正蹲在牛棚里。"张大庆说。在这种情况下，"523"任务四处寻找年轻的研究人员加入。

1969年初，"523"任务的负责人来到中医研究院（现中医科学院），希望能得到科研支持，39岁的屠呦呦也参加了会谈。中医研究院在接受任务后，很快成立了课题组。"屠呦呦当时很年轻，在单位属于第二代科研人员，但科研能力受到广泛认可。"与屠呦呦共事多年的中医科学院首席研究员姜廷良告诉《环球人物》记者。

但正式进入军工项目"523"任务之前，屠呦呦遇到了些许波折。政审时，有人提出屠呦呦亲戚中有海外关系，不能参与机密项目。好在屠呦呦大学毕业后不久就在防治血吸虫病的研究上取得成果，还曾被评为"社会主义建设积极分子"，于是负责的领导以此为证，批准屠呦呦加入了项目，还担任了课题组组长。"有人叫屠先生'三无科学家'，调侃她没有国外留学经历。在那个时代,她要真留过学的话,也就进不了这个项目了。"张大庆说。

20世纪五六十年代,引起疟疾的疟原虫已经对原有的药物产生了抗药性,导致原有药物效果不佳,因此屠呦呦的主要任务是寻找新药。姜廷良对《环球人物》记者说:"接受任务后,屠呦呦整理历代医药书籍,请教老中医专家,还仔细查阅了各地群众的献方。在此基础上她精编了包含640个方药的《抗疟方药集》。"后来,屠呦呦被派往海南疟区工作了一段时间。在疟区的临床试验中,她发现研究人员之前关注的胡椒并不能根治疟疾。

### 古籍中的灵感

这时,屠呦呦开始整理先前的研究思路:历代医学典籍中经常提到青蒿能有效治疗疟疾,为什么在试验中效果不佳?"从1969年1月开始,我们的研发工作经历了380多次试验、190多个样品。其实我们很早就注意到了青蒿提取物的作用,但后续的实验结果显示,青蒿提取物对鼠疟原虫的抑制率只有12%到40%。我们分析,抑制率上不去的原因可能是提取物中的有效成分浓度太低。"屠呦呦对《环球人物》记者说。

屠呦呦沉下心来,重新翻看一本本中医古籍。当她读到东晋医药学家葛洪所著的《肘后备急方》时,其中的一句话引起了她的注意——青蒿一握,水一升渍,绞取汁,尽服之。屠呦呦回忆道:"当时我就想,这书里说的为什么和中药常用的煎熬法不同?原来里面用的是青蒿汁。后来顺着这个思路,改在较低温度下提取。"

早先,屠呦呦用过乙醇等物质做实验,没有成功。后来,改用乙醚冷浸法进行,效果有了明显提升,这证明低温提取是保证青蒿提取物效果的关键所在。1971年10月,在第191次试验中,屠呦呦发现提取物对疟原虫实现了100%的抑制。

在外行人看来,改用乙醚提取这微小的一步就是关键,似乎青蒿素的发现也没有想象中难。事实远非如此。当换了一批青蒿时,实验效果又出现了反复。屠呦呦回忆:"不同品种的青蒿效果并不相同,而且只有青蒿叶子里才有青蒿素。因此只有找对了青蒿品种，选准了采收季节，才能从叶子里提取出青蒿素。取得这些进展，也是经历了很长的研究过程。"当时的科研条件非常艰苦，很多药厂都停产了，提纯熬制设备紧缺，屠呦呦等人只有采用土办法，把大量青蒿叶收集起来，用乙醚泡，再回收乙醚。屠呦呦的先生李廷钊至今记得，她当时回家总是一身酒精味。

1972年，屠呦呦在抗疟药研究内部会议上报告了她的研究成果。后来，屠呦呦和她的同事们将其命名为青蒿素。著名医学家、诺贝尔奖得主戈尔斯坦曾说，"发现和发明是生物医学进步的两条不同路径"。青蒿素诞生，屠呦呦完成了发现，下一步便要着手发明，也就是将青蒿素用于临床试验，转化为治疗疟疾的有效药物。

临床实验首先要制备大量的青蒿素。屠呦呦买来盛水大缸当提取锅使用，所有工作人员都要三班倒，周末也不休息。中医科学院中药研究所副所长朱晓新向《环球人物》记者讲述了当时的情形："由于每天要接触大量乙醚，乙醚又会对身体多个系统产生损伤。当时的实验室防护很差，再加上通风条件不好，屠老师一天工作下来时常头晕眼胀，还因此得了中毒性肝炎。"

新的问题又出现了。在个别动物的病理切片中，提取物出现了疑似的毒副作用。有人认为还必须对提取物反复试验，确保无毒后才能上临床。屠呦呦于是要求自己试药，并且后果自负。朱晓新说："当时任务紧急，屠老师希望快速验证青蒿素是否有效。再加上疟疾是季节性疾病，错过发病季节，研究就得耽误一年。这么做虽然也是无奈的选择，但她的科学献身精神是毋庸置疑的。"

获得领导同意后，屠呦呦和课题组的另外两位同事一同在自己身上做起了试验，最终三人都无大碍。今天提及此事，屠呦呦的先生李廷钊很平静："人家抗美援朝还志愿牺牲呢，吃药算什么！"

"青蒿素临床试验的第一种药剂是片剂，病人服用后出现了不适反应，这让屠呦呦有些失望。后来他们发现失败原因是片剂分解有问题，影响了药物的吸收，就转而采用青蒿素原粉直接装胶囊的形式，最终取得了满意的效果。"姜廷良说。1973年，屠呦呦在评估青蒿素的衍生化合物时，发现了更加稳定、有效的双氢青蒿素。

1977年，我国以"青蒿素结构研究协作小组"的名义在学术性刊物《科学通报》上首次发表了青蒿素的化学结构。第二年，"523"任务的科研成果鉴定会最终认定：青蒿素的研制成功，"是我国科技工作者集体的荣誉，6家发明单位各有各的发明创造……"在这个长达数页的结论中，只字未提发现者是谁。

在那个特殊的年代，一项科研成果很少会署上个人的名字，科学家个人的努力被淹没在巨大的集体之下。这给日后的青蒿素之争埋下了隐患。

### 从故纸堆里打捞起这个名字

疟疾被称为"穷人的疾病"，青蒿素被发现后，拯救了越南及非洲大陆数百万疟疾患者的生命。然而在长达几十年的时间里，他们并不知道自己的救星是谁，屠呦呦的名字湮没无闻。从历史的故纸堆里打捞起这个名字的功臣之一，是北京大学生命科学学院终身讲席教授饶毅。

2011年8月22日，饶毅发表了一篇博文——《今日中国谁最该做院士》。开篇，他就为"标题是为了吸引眼球"而抱歉，真正的标题是《中药的科学研究丰碑》。他介绍了两位中国科学家，并说这两位都不是院士，但他们的贡献都值得获诺贝尔医学奖。其中一人，就是屠呦呦。"这篇文章的主旨就是希望中国重视一些在国内做了工作，而未获得适当承认的科学家。"饶毅说。

早在20世纪初，饶毅就开始关注青蒿素了。他对《环球人物》记者说："那时，我让中国科学院自然科学史研究所的一个研究生做青蒿素的历史，但他后来改行当记者去了。2007年我全职回国后，与北大医学部的张大庆老师联合指导研究生黎润红，我再次建议她研究青蒿素的历史。"饶毅还提醒黎润红，国内研究经常把科学史变成宣传，所以一开始就要做到只重事实，不重任何个人，要以事实理清中国科学的一个经典。

当时，多家曾经参与"523"任务的科研机构都自觉对青蒿素的发现、提取起到了重要作用，事实也确实如此。但青蒿素的发现究竟有没有代表人物？

谁是代表人物？这才是饶毅等人所关心的。

黎润红对《环球人物》记者说："在梳理过往文献时，我发现多篇文献都提到了屠呦呦的名字。"

2009年4月21日，黎润红第一次敲开屠呦呦办公室的门。长谈中，屠呦呦详细回顾了青蒿素的发现过程，还提到一件事："1981年WHO（世界卫生组织）来中国开会，安排我做青蒿素化学研究的报告。会议高度认可青蒿素的贡献。一位法国记者问，当时是为了战争，现在世界都用青蒿素救命，你有什么感想？我说，我很高兴，作为一个医药科技人员，工作就是要为人类健康服务。"

黎润红十分直接地向屠呦呦提到了有关国家发明奖的争议——1979年，抗疟新药青蒿素获国家二等发明奖，当时对外公布了包括中医研究院在内的6家主要研究单位，此后对获奖单位和发明人的排名问题一直存有争议。屠呦呦回应道："出现不同认识也不奇怪，但客观事实不会是多版本的。首先要认定事实，不然只能浪费时间和精力做无谓的争论。我们需要向前看，国家需要大力促进科学发展，实现科教兴国。科技工作者要有责任感，要努力创新。"

同时，黎润红走访了北京、上海、云南、四川等地多位"523"任务的参与者，并从他们手中获得了不少内部资料。这些讲述和资料完整地串起了青蒿素的研发历史。2011年，黎润红发表了论文。"我们就是把青蒿素发现过程中谁做了什么，做对了什么都罗列出来，至于其中谁最重要，就由大家来评判吧。"黎润红对《环球人物》记者说。

在黎润红前期调研的基础上，饶毅进行了再次梳理、提炼。"黎润红接触了很多'523'任务的参与者，都有笔录，我看过笔录，看过材料，还有他们的来信。"饶毅对《环球人物》记者说，他据此和黎润红、张大庆合作写就了《中药的科学研究丰碑》一文。由于饶毅一向敢言，是科学界的明星人物，此文又发表于他宣布不再参加院士评选之际，当即被广泛传播，屠呦呦的名字得到了一次社会化的普及。

屠呦呦获得诺贝尔奖后的第二天，饶毅来到屠呦呦家，向她表示祝贺。屠呦呦对他笑道："别人都以为我们应该很熟啊，其时我们没有说过话，也没见过面。"饶毅大笑着补充说："好在通过电话。"这是他们第一次见面。饶毅向《环球人物》记者强调："我没有直接接触个人，我不希望变成个人关系，这是历史研究。我们是科学史的研究者，是根据事实、进行分析而得出结论，不是对个人进行宣传或者推举，不是推手。"

饶毅认为，把屠呦呦视作"发现青蒿素的代表性人物"，依据有三："一、屠呦呦提出用乙醚提取，对于发现青蒿的抗疟作用和进一步研究青蒿都很关键；二、具体分离纯化青蒿素的钟裕容，是屠呦呦研究小组的成员；三、其他提取到青蒿素的小组是在会议上得知屠呦呦小组发现青蒿粗提物高效抗疟作用以后进行的，获得纯化分子也晚于钟裕容。"

### 美国疟疾专家年年推荐她

在《中药的科学研究丰碑》发表的几乎同一时间，另一篇介绍青蒿素及屠呦呦贡献的文章——《青蒿素：源自中草药园的发现》发表在大洋彼岸的《细胞》杂志上。《细胞》是生物领域的顶级期刊，这篇文章的影响力可想而知。文章的作者是美国国家科学院院士路易斯·米勒和美国国家卫生研究院资深研究员苏新专。也正是这两位，将屠呦呦推向了荣誉的巅峰。

诺贝尔奖评选的第一步是推荐候选人，推荐者包括诺贝尔奖得主、诺贝尔奖评委会委员和一些有资格的教授等。"如果没有被推荐，自然不可能获奖。"苏新专对《环球人物》记者说，"米勒就是推荐人之一，从2010年起，他所推荐的候选人年年都是屠呦呦。"米勒由于身在欧洲，所有接受采访的事宜都交给了苏新专处理。

"米勒对疟疾的研究是全心全意的，几乎对所有与疟疾相关的东西都感兴趣。21世纪初，青蒿素类药物开始在国际市场上大量投放。米勒认为，青蒿素的发现非常重要，救了很多人的命。"苏新专说，"一次，我们在吃饭时聊天，说青蒿素的发现可以得诺贝尔奖，但又不知道该推荐谁。米勒对我说，你懂中文，帮我查一查，问一问。"

苏新专与"523"任务参与者之一、广州中医药大学教授李国桥相识多年。"我直接和李国桥联系，他寄给我一些资料，我也进行了一些搜索。我看到1996年香港的'求是奖'奖励了屠呦呦等10位为青蒿素的发现作出贡献的科学家，另外还有包括牛津大学学者在内的一些人也在文章中提到了她。知道了屠呦呦这个人后，我就直接打电话给她单位，联系上了她的助手。助手寄来了一些材料，包括屠呦呦的简历、'523'任务的会议记录、屠呦呦的发言稿以及相关证书等。"

2011年，苏新专在北京见到了屠呦呦和其他几位"523"任务的参与者。"那次屠呦呦给我的感觉是一个蛮好的老太太，蛮热情，对疟疾研究也很有兴趣。她那几年在关注抗药性问题，她一直说，青蒿素是好药，但不能滥用，有一些商家希望把青蒿素做成预防药，她对此并不支持。"谈到自己的贡献时，屠呦呦说得并不多，她给了苏新专一本书——《青蒿及青蒿素类药物》。"她说，我要说的东西都在那本书上。那本书的开篇部分简要提到了她的研发经历，内容和我收集到的资料差不多。李国桥也和我说过好几次，要论'523'任务里谁贡献最大，屠呦呦应该是第一个。"

在推荐屠呦呦参评诺贝尔奖的同时，米勒也推荐屠呦呦参评了拉斯克奖，这是美国最具声望的生物医学奖项。"拉斯克奖方面要求米勒等推荐人写一篇介绍被推荐人的文章，米勒就和我一起写了《青蒿素：源自中草药园的发现》。"苏新专说。这篇文章的发表与屠呦呦获得2011年拉斯克奖几乎同步。"那次颁奖典礼，我也在现场。自那之后，我和屠呦呦就没有联系了。"

"今年的诺贝尔奖，可能也有别人提名屠呦呦，可能也有人推荐了其他参加'523'任务的科学家。重要的是，诺贝尔奖评委会最终选择了屠呦呦和青蒿素。"苏新专说，"米勒曾经告诉我一个例子。人乳头状瘤病毒的研究成果曾经获得诺贝尔奖，但奖颁给了发现病毒的人，而不是研发疫苗的人。这说明诺贝尔奖更看重原始的发现。如果不是屠呦呦1972年在会议上提出有关青蒿素作用的报告，其他人可能就研究别的药去了。当然，不可否认的是，这个项目是很多人共同做出来的，全靠中医研究院一家单位也不能走到今天。"

屠呦呦获得诺贝尔奖，除了让争议杂音再现，也引发了各种讨论。其一是中国的院士制度，因为屠呦呦并没有被评上院士。苏新专1986年就到美国学习和工作，熟悉两国不同的科研机制："美国院士评选时，候选人都是保密的，中国则是公开的，这也许给被提名人留下了活动的空间。但实际上，中外院士的提名都受人际关系的影响，西方有的院士也不是自己领域内最顶尖的。"

其二是中国科学界的创新能力，有人称青蒿素是国际上唯一认可的中国原创新药。苏新专却不这么看。"青蒿素发现的同时，其实还研发了很多其他药，也很好用。中国人的创新能力绝对是有的，比如我比较熟知的生物领域，中国发展就很快，很多回国人员做的工作和欧美学者没什么差别，甚至更好。只是现在做得比较好的是基础研究，普通人看不到。"

"当然，当下的中国学术圈也存在一些问题，比如，大家太在乎发什么文章，发多少文章，有时候把时间都折腾在文章上了，而忽略了真正该做什么。"当年，屠呦呦和她的同事们所能做的，只是一心扑在自己的实验上。在苏新专看来，这恰是屠呦呦乃至任何科学家成功的根本："你真的得白天也干，黑夜也干。在科研领域，想每天只工作8小时是不可能成功的。如果能做到在8小时外也在想你的研究，那就说明你是真心喜欢正在做的这件事，那才有可能获得真正的成功。"

(《环球人物》杂志记者　李静涛　朱东君　曹磊等)
《环球人物》(2015年第27期)

# 屠呦呦：一生倾情青蒿素

**个人简介**：抗疟药青蒿素和双氢青蒿素的发现者，中国中医科学院终身研究员兼首席研究员、青蒿素研究中心主任。1930年12月30日出生于浙江省宁波市，其名"呦呦"源自《诗经》中的诗句"呦呦鹿鸣，食野之蒿"。1951年，考入北京大学医学院药学系生药专业；1955年毕业后到卫生部中医研究院（中国中医科学院前身）中药研究所工作至今。

2011年荣获拉斯克奖临床医学奖，2015年荣获诺贝尔生理或医学奖，2016年荣获国家科技最高奖。

屠呦呦荣获2016年度国家科技最高奖，可能又创造了一个"第一"：在2000年至今获此奖27位国家科技最高奖得主中，她"婉拒"了多家媒体的采访。

好在，从她同事的讲述中，我们也能"窥见"其人其事、其心其志。

## 临危受命

把两个女儿安置好后，屠呦呦全身心投入一项秘密任务

1969年1月底，39岁的卫生部中医研究院实习研究员屠呦呦，忽然接到一项秘密任务：以课题组组长的身份，研发抗疟疾的中草药。

疟疾，中国民间俗称"打摆子"，是由疟原虫侵入人体后引发的一种恶性疾病，已经在全球肆虐了几千年，患者得病后高烧不退、浑身发抖，重者几天内就会死亡。19世纪，法国化学家从金鸡纳树皮中分离出有效的抗疟成分奎宁；二战期间，科学家又发明了奎宁衍生物——氯喹，并成为治疗疟疾的特效药。但到20世纪60年代，疟原虫对氯喹产生了耐药性，疟疾再次在东南

亚爆发。在越南战争中，疟疾成为比子弹、炸弹更可怕的敌人，严重影响了美越双方的部队战斗力。美国为此专门成立了疟疾委员会，投入大量人力物力研究新型的抗疟药物。到1972年，美国筛选了21.4万种化合物，但都无果而终。

应越南的请求，在毛泽东、周恩来的指示下，中国军方从1964年起开始抗疟药研究。1967年5月23日，国家科委和解放军总后勤部在北京召开"抗疟防治药物研究工作协作会议"，代号为"523"项目的大规模药物筛选、研究在全国7省市展开。截至1968年，参研机构筛选了万余种化合物和中草药，均未取得理想结果。在这种情况下，1969年1月21日，中医研究院受命加入"523"项目。

她的同事、曾任中药研究所所长的姜廷良研究员告诉记者，当时正值"文革"，年老的专家"靠边站"，大学时学生药学、毕业后又脱产学习过两年中医、科研功力扎实的屠呦呦，遂被委以重任。

"屠呦呦的责任感很强，她认为既然国家把任务交给她，就要努力工作，一定要把这个事情做好。"据屠呦呦的同事、中药所廖福龙研究员介绍，由于丈夫李廷钊被下放到"五七干校"、两个孩子无人照看，她就把4岁的大女儿送到托儿所全托班，小女儿送回宁波老家由老人照顾，自己则全身心投入抗疟中草药的研发。

### 历经波折

*经过无数次失败，屠呦呦终于在中医古籍的启发下获得高效的青蒿提取物*

最初，课题组只有屠呦呦一个人。阅读大量历代中医典籍、查阅群众献方、请教老中医专家……她用3个月时间，收集了包括植物、动物、矿物药在内的2000多个方药，并在此基础上编辑成包含640个方药在内的《疟疾单秘验方集》，送交"523"办公室。

此后，屠呦呦以常山、胡椒、青蒿等为主要对象，进行重点研究。截至

1971年9月初，她和同事对包括青蒿在内的100多种中药水煎煮提物和200余个乙醇提物样品进行了各种实验，但结果都令人沮丧：对疟原虫抑制率最高的只有40%左右。

"重新埋下头去，看医书！"脾气倔强的屠呦呦又开始用心阅读中医典籍，从中寻找灵感。一天，她在阅读东晋葛洪《肘后备急方》时，被其中的一段话"醍醐灌顶"：青蒿一握，以水二升渍，绞取汁，尽服之。

屠呦呦意识到：温度是提取抗疟中草药有效成分的关键！经过周密思考，屠呦呦重新设计了新的提取方案，从1971年9月起对既往筛选过的重点药物及几十种后补药物，夜以继日地进行实验，结果证明：青蒿乙醚提取物去掉其酸性部分，剩下的中性部分抗疟效果最好！

10月4日，在历经数百次的失败后，"幸福终于来敲门"：实验证实，191号青蒿乙醚中性提取物对鼠疟原虫的抑制率达到100%！

## 以身试药

### "我是组长，我有责任第一个试药"

"获得有效样品只是第一步，要应用还必须先进行临床试验，这就需要大量的青蒿乙醚提取物。"姜廷良回忆，当时找不到能配合的药厂，课题组只好"土法上马"：用7口老百姓用的水缸作为实验室的常规提取容器，里面装满乙醚，把青蒿浸泡在里面提取试验样品。

"乙醚等有机溶媒是有害的化学品，当时实验室和楼道里都弥漫着刺鼻的乙醚味道。"姜廷良说，当时设备设施简陋，又没有排风系统，更没有防护用品，大家顶多带个纱布口罩。

在这样的环境中日复一日的工作，科研人员除了头晕眼胀，还出现鼻子流血、皮肤过敏等症状，但没有一个人叫苦叫累。

这还不算。临床前试验时，个别动物的病理切片中发现了疑似毒副作用。到底是动物本身存在问题，还是药物所致？搞毒理、药理实验的同事坚持：只有进行后续动物试验、确保安全后才能上临床。

为不错过当年的临床观察季节,屠呦呦向领导提交了志愿试药报告,并郑重提出:"我是组长,我有责任第一个试药!"

1972年7月,屠呦呦等3名科研人员一起住进北京东直门医院,成为首批人体试验的志愿者。经过一周的试药观察,未发现该提取物对人体有明显毒副作用。

当年8—10月,屠呦呦亲自带上样品,赶赴海南昌江疟疾高发区,顶着烈日跋山涉水,在病人身上试验,完成了21例临床抗疟疗效观察,效果令人满意。

此后,课题组再接再厉:在1972年11月获得有效的青蒿素晶体,1973年上半年完成了系列安全性试验,当年秋天用青蒿素胶囊在海南进行了首次临床试用;与中科院生物物理所、上海有机所等单位合作,在1975年底测定了青蒿素的化学结构。结果表明,青蒿素是一种不含氮的结构完全不同于氯喹的全新药物!

1977年,经卫生部同意,研究论文以"青蒿素结构研究协作组"的名义,在《科学通报》上发表,首次向全球报告了青蒿素这一重大原创成果。1986年10月,青蒿素获得卫生部颁发的《新药证书》。

不仅于此。1973年9月,屠呦呦课题组还首次发现了疗效更好的青蒿素衍生物——双氢青蒿素。1992年,她历时多年主持研发的青蒿素类新药——双氢青蒿素片获得《新药证书》,并转让投产。该研发项目当年被评为全国十大科技成就之一,是屠呦呦对中国乃至世界作出的又一重要贡献。

### 国际大奖找上门

"荣誉属于中国科学家群体",大部分奖金捐献

2000年以来,世界卫生组织把青蒿素类药物作为首选抗疟药物,在全球推广。"2005年,全球青蒿素类药物采购量达到1100万人份,2014年为3.37亿人份。"姜廷良介绍说,世界卫生组织《疟疾实况报道》显示,2000年至2015年期间,全球各年龄组危险人群中疟疾死亡率下降了60%,5岁以下儿童

死亡率下降了65%。"青蒿素类药物作为治疗疟疾的主导药物，发挥了相当大的作用。"

青蒿素在国际上被誉为"东方神药"，名副其实。

名至实归的，还有屠呦呦荣获的两个国际大奖：2011年拉斯克临床医学奖和2015年诺贝尔生理学或医学奖。这两项大奖，均为中国本土科学家的"零突破"。

"在人类的药物史上，如此一项能缓解数亿人疼痛和压力、并挽救上百个国家数百万人生命的发现的机会并不常有"——拉斯克奖评委、斯坦福大学教授露西·夏皮罗这样评价青蒿素的发现；

"屠呦呦是第一个证实青蒿素可以在动物体内和人体内有效抵抗疟疾的科学家。她的研发对人类的生命健康贡献突出，为科研人员打开了一扇崭新的窗户"——诺贝尔生理学或医学奖评委让·安德森如此评价屠呦呦的贡献。

对于这两个全球瞩目的国际大奖，屠呦呦本人如何看待？

对于拉斯克奖，她说：这是中医中药走向世界的一项荣誉。它属于科研团队中的每一个人，属于中国科学家群体。

对于诺奖，她说：这不仅是授予我个人的荣誉，也是对全体中国科学家团队的嘉奖和鼓励。

"当我在台下听到这句话时，特别感动！"陪同屠呦呦到斯德哥尔摩领奖的中国中医科学院院长张伯礼回忆说，"虽然青蒿素是特殊时期团队协作的结果，但屠呦呦的贡献是非常关键的发现。在过去很长一段时期，我们强调集体，忽视了对科学家首创贡献的认可。"

"其实这两个大奖都是主动找上门来的。"廖福龙告诉记者，"对于名利她真的是非常淡泊，只要自己的研究得到认可，她就很满足。对于国际奖项，她更看重的是'为国争光'。"

"'不要推荐我！'"国家中医药管理局科技司司长曹洪欣向记者说了一件事："2009年中医科学院推荐屠呦呦参评第三届唐氏中药发展奖，她听说后直接打电话给我表示拒绝：我这么大岁数了给我干嘛？"

屠呦呦获得的诺奖奖金为46万美元，折合成人民币是300多万元。据张伯礼介绍，其中200万元分别捐给了北京大学医学部和中医科学院，成立了屠呦呦创新基金，用于奖励年轻科研人员；其余的钱主要支付她的家人到瑞典领奖的相关费用等。

## 本色不改

### 只关注青蒿素新适应症的药物研发，不希望被打扰

"屠呦呦性格的执着、对工作的执着，谁也改变不了。"曹洪欣笑着说，"我曾多次陪有关领导给她拜年，领导都会问她生活上有没有困难，她从来没提过什么困难，但一说到青蒿素，她眼睛就发亮。"

"工作就是她的爱好，或者说她的工作跟生活是一体的。"1995年加入屠呦呦团队的杨岚研究员告诉记者，"我觉得她整天想的就是青蒿素，怎么把它继续做下去、让它的作用发挥到极致。"

据介绍，近些年来屠呦呦一直关注青蒿素"老药新用"的问题——研究新的适应症。可喜的是，青蒿素治疗红斑狼疮的动物实验疗效不错，目前已经获得临床批件。

荣获国际大奖后，屠呦呦的生活发生了哪些改变？

"据我了解，没有什么改变。"廖福龙说，"如果说有改变，就是家里的电话多了，她有点不适应。包括媒体采访，她基本谢绝，希望不要打扰她的生活、能安安静静地做自己的事。"

"不光是采访，包括各种公开活动，她也极少参加。"张伯礼补充道，"她多次跟我说：就到这吧，我不习惯这种场合上的事，咱们还是加紧青蒿素研究吧。"

（本网记者　赵永新）

人民网科技频道（2017年1月9日）

# 我要把青蒿素"做透"

### 得奖之后在干啥？把青蒿素"做透"！

这两年在党和政府各个部门的热心关怀、大力支持下，青蒿素研究中心实验室建设、项目资助等各方面都有了明显的完善，我们团队的各项具体工作也在有序推进。

我们既然已经下定决心把青蒿素研究中心建起来，那就要建得比以前更完整、更完善，要把它（青蒿素研究）做"透"了。

我们的团队现在都在为青蒿素做抗疟作用机理研究。青蒿素在生物体内如何起作用，多年来争论颇多，我们在抗疟作用的机理研究方面就要做得深入一点。

青蒿素是一个新结构类型的抗疟新药，要全面深入地了解它的作用机理才能进一步做工作，比如现在我们正在研究青蒿素为基础的联合用药，怎么用才能更好提高它的疗效。另外，我们研究中还有了新的进展，发现青蒿素可能的新的临床应用等。科学是要实事求是的，这些新的进展还需要通过继续研究以证实，目前团队的工作量比较大。

现代科学在不断发展，中医药要继承好、发展好，还有很多工作要去做。

### 青蒿素的意义是什么？开辟了中医药创新发展新模式

从青蒿里面找到青蒿素不太容易，我们是在青蒿素研究工作里受到老祖宗的启发。青蒿素的研究和探索为中医药创新发展开辟了一个新模式，但这不是唯一途径，中医药的发展创新可以有多种途径。现在，国家大力提倡进一步发展中医药，大家都来继承发展中医药的话，一定能够把它做得更好。

### 青蒿素有何启示？青年科学家要抓住"科学性"

中医药经过几千年的发展，对中国人民的保健工作起到不可取代的作用。对于中医药研究来说，药的关键是客观疗效。青年科学家在研究工作中应该深入地抓住"科学性"，要做出"结果"来。青年科学家应该青出于蓝胜于蓝。

现代科学在不断发展，在继承传统中医药方面，我们应该取长补短。要解决疗效，要能给人治病，那么，其中的机理要深入研究，机理清楚了药才能物尽其用。所以我们现在的工作是要进一步把药（青蒿素）的有效性充分发挥出来，另外青蒿素除了抗疟作用，可能还有别的临床疗效需要研究。

我们现在的工作就是青蒿素抗疟机理方面的研究，因为以前做得不够，所以要深入研究，而且除了抗疟外，青蒿素还有一些其他方面适应症的苗头也在做研究。现在来看，工作还是比较多而且复杂。由于原来力量不够，所以我们现在需要引进人才。

### "做透"青蒿素还缺啥？得建个中医药国家实验室

我们的科研团队在人才方面还是缺，特别是一些高层次人才。我们团队许多人都已经七八十岁了，已经到退休年龄，可大家都还在为这个事业努力。现在我们希望能建成一个中医药国家级实验室，水平高一点，这样的话，才能吸引高层次人才。

我们不是光得一个奖就完了。这是一个创新，有很多值得做的工作要做，而且做出来的结果，大家要觉得确实可以、确实有用。咱们不是为得奖而得奖，而是要让青蒿素更好地为人们健康服务。

新华访谈

# 让中医造福全人类

## 专访共和国勋章获得者屠呦呦

**屠呦呦：**

中国中医科学院终身研究员兼首席研究员

中国中医科学院中药研究所青蒿素研究中心主任、博士生导师、药学家

诺贝尔生理学或医学奖获得者

全国优秀共产党员、共和国勋章获得者

**编者按**：疟疾是全球关注的重要公共卫生问题之一，广泛流行于世界各地，据世界卫生组织统计，每年都有2亿多新病例报道。全球每年40万疟疾死亡人数中，90%以上来自撒哈拉以南非洲。据估计，2017年，全球有43.5万人死于疟疾。与之相比，2016年疟疾死亡人数是45.1万人，2010年是60.7万人。新中国成立前疟疾连年流行，尤其南方，由于流行猖獗，造成大量劳动力丧失。由于当时没有有效药物治疗，疟疾病死率也很高。1967年5月23日国家有关部门召开"疟疾防治药物研究工作协作会议"，拉开了抗疟新药研究的序幕。1969年39岁的女科学家屠呦呦临危受命，挑起中药抗疟科研组组长重担，和她的团队经过艰苦努力，攻坚克难，于1972年成功提取到分子式为$C_{15}H_{22}O_5$的无色结晶体，后命名为青蒿素，攻克了抗疟治疗的世界性难题。40多年来，她和她的团队创造性地研制出抗疟新药青蒿素、双氢青蒿素等青蒿素衍生物，推动了在世界范围内广泛应用青蒿素联合疗法，大幅度降低了全球疟疾病死率，为中医药走向世界指明了方向，为中医药科技创新

和人类健康事业作出了巨大贡献。她荣获共和国勋章、国家最高科学技术奖、诺贝尔生理学或医学奖、"全国优秀共产党员"、"全国先进工作者"、"改革先锋"等称号。日前,《龙》杂志总编辑贾正书面专访了当代杰出女科学家、中国中医科学院中药研究所青蒿素研究中心主任屠呦呦。专访全文如下:

**问**:屠老您好!欣闻您日前荣获联合国教科文组织2019年度联合国教科文组织—赤道几内亚国际生命科学研究奖项,在此向您表示真诚祝贺。联合国教科文组织在公告中说,您因在寄生虫疾病方面的研究获奖。由您发现的全新抗疟疾药物青蒿素在20世纪80年代治愈了很多中国病人。世界卫生组织推荐将基于青蒿素的复合疗法作为一线抗疟治疗方案,拯救了数百万人的生命,使非洲疟疾致死率下降66%,5岁以下儿童患疟疾死亡率下降71%。请问您对这次获奖有何感想?

**答**:感谢联合国教科文组织授予我2019年度赤道几内亚国际生命科学研究奖,这是联合国对来自中医药学成果的高度认可,也是对于我们中医药走向世界的强有力的支持,我感到非常自豪和感激。感谢联合国教科文组织!距离青蒿素发现已经过去了40多个春秋,我也已快90岁了。回顾过去的50年,青蒿素经历了从化学物质变成药物的过程,并作为抗疟首选药物在国内外抗疟临床得到广泛应用,为全世界人民带来健康福祉。希望我们科技工作者能够肩负振兴中华的时代使命,奉献于祖国的科技创新发展,努力发掘,加以提高。中医药是人类伟大的宝库,必将走出国门,造福全人类。

**问**:您出生在一个动荡年代,国民政府的腐败无能,日本鬼子入侵,宁波沦陷,家庭饱受浩劫之苦。在这种环境中,您的童年是如何度过的?对您一生的事业发展有何影响?

**答**:我1930年12月生于浙江宁波。解放前家里生活比较困难,父亲虽是一名银行职员,但工作并不稳定,主要靠出租祖辈遗留的房产维持家庭生活。当时虽然生活很拮据,但父母依然重视对子女的教育。作为家中唯一的女孩,和哥哥一样接受了从小学到大学的完整教育。我5岁入幼儿园,6岁上初小,11岁上高小,13岁在宁波私立器贞中学读初中,15岁就读于宁波私立甬江女中。我小时候不是很活泼，在班上不声不响，成绩中游，并不拔尖。因为父亲喜好读书，家中楼顶那个摆满古籍的小阁间，既是父亲的书房，也成为我小时候最喜欢去的地方。父亲去看书时，我也会坐在一旁，拿本书看，其实也看不太懂内容。我那个时候比较喜欢中医药方面的书，因为中医书大多配有插图，很喜欢看。在父亲的引领下，我经常上完课就回家看书，慢慢养成了读书习惯。我从小有个特点，只要自己喜欢的事情就一定会坚持做下去。14岁时，哥哥给我写了一封信，告诉我说："呦呦，学问是无止境的。当你局部成功的时候，千万不要认为满足；当你不幸失败的时候，亦千万不要因此灰心。学问决不能使诚心求她的人失望。"可以说是哥哥的这一席话点亮了我内心的明灯，坚定了做学问的信心，为我指出了一条正确的道路。

**问**：作为新中国首批女大学生，当时您为什么要选择医药学这个冷门专业并为此默默奉献了一辈子？

**答**：我是误打误撞走进医药学领域的。小时候经常看到中医治好了很多病人，当时就想，学医可以让这么多人免除病痛，是一件很高尚的事情。但说实话，我并没想过自己将来会一辈子沉浸在医药学的世界中。1946年，我16岁的时候不幸染上了肺结核，被迫终止了学业，那时医学还不发达，得肺结核能活下来实属不易。经过两年多的治疗，病情才得以好转。这次经历让我对医药学产生了极大兴趣。既然喜欢就要努力去做，1951年高中毕业，我就报考了北京大学医学院药学专业，大学毕业后被分配到中医研究院中药研究所工作。那时，毛主席提出，中国医学药学是个伟大宝库，要继承发扬、努力发掘，号召要中学西，西学中。为此，1959年我参加了为期2年半的卫生部全国第三期西医离职学习中医班，系统地学习了中医药理论。1969年1月，我第一次接触了代号"523"的神秘的抗疟药物研究项目，认准了"523"任务就是自己的担当，暗下决心，一定不负重托，把党和国家交给我的任务完成，就这样一直工作至今。

**问**：1969年，您39岁时接受了国家"523"抗疟药物研究的艰巨任务，被任命为中药抗疟科研组组长，开始抗疟药的研制，去攻克千百年来一直威胁人类生命安全的难题。当时是怎样的历史背景？又有着怎样的艰辛过程？

答:"523"最初是一项国家援越战备紧急军工项目,为了保密,就以1967年5月23日的开会日期为代号称为"523"任务。"523"的目的十分明确,就是通过军民合作开发防治疟疾药物,对所开发防治药物的要求是高效、速效、预防药物要长效。当时中医研究院是"文化大革命"的重灾区,科研工作全面停顿,但"523"是政治任务,就接受了。中医研究院把任务交中药所来完成,指令中药所成立了科研组,我担任课题组长负责全面工作。1969年我接受"523"抗疟研究任务时,作为一名年轻的科研人员,深感国家对我的信任,深感责任的重大和任务的艰巨。尽管20世纪70年代的科研条件比较差,但我们团队的每个人都不畏艰辛、抛家舍业、勇于担当,实验和临床紧密结合,高强度工作,几度深入海南疫区,为疟疾患者送医送药。我们曾以民用的大水缸作为提取容器,整个团队在接触大量有机溶剂又缺乏通风设备的条件下,不顾健康日以继夜地工作。为了青蒿提取物尽快上临床,在初步动物安全性评价后,团队成员争相以身试药。回顾往事,正是团队的责任感与担当精神引领了青蒿素的快速研发,从发现青蒿有抗疟苗头到青蒿素首次临床试用只用了两年时间。

问:据了解,当时研究小组将青蒿用于动物实验时,多数动物表现正常,但有些动物疑似中毒,没人敢说这种药物用于人体是否安全,而您却坚信青蒿提取物有效且对人体无毒害,主动要求在自己身上做试验,是第一位做临床试验的人。您坚持以身试药是对祖国传统中药理论的信任还是对自己信念的追求?当时您考虑过失败的后果吗?

答:当时在动物实验中,个别动物出现了肝脏损伤,这个抗疟药物青蒿素到底适不适合人类服用,团队出现了争议,但如果再重新做实验不知道还得多久。在那时候这是个军工项目,也是世界头号医学问题,不可能再往后推了,必须在年底拿出临床结论。当时只有坚持信念,没有退路,也没有时间考虑有什么失败后果。为了赶进度,尽快让青蒿素投入使用,我向领导打报告请示,我是组长,我有责任,我先试服,还有另外两名课题组成员也积极参与了试药。我们住在东直门医院,经过一周观察,未发现该提取物对人体有明显毒副作用,我们三个受试者情况良好。考虑到临床用药方案可变动的灵活性,以充分显示其抗疟疗效,便又在所内补充五例增大剂量的人体试服，结果没有发现疑似的毒副作用，为青蒿素铺平了临床试用之路。

**问：**对疟疾治疗，美国当时也花巨资进行了研究，但都失败了。面对当时国内艰苦条件和陈旧落后的设备，为什么你和你的团队能够获得突破并创造出奇迹？

**答：**在那个动乱年代，科研工作处于完全停滞状态，我们能接受这样光荣的任务很是振奋。首先，心情是激动的，但难度太大了。那个时候不仅美国做了很多，前面几年国内也已经筛了上万个化合物、中草药等等，都做了不少的工作，但结果都不满意。但我还是坚信能够获得突破，首先"523"项目是举全国之力要办的大事，且由中国科学院生物物理所、中国科学院上海有机所、广州中医药大学、上海药物所、军事医学科学院等全国几十个单位的500余位专家组成了疟疾防治药物研究团队。二是我觉得就像小时哥哥勉励我的，学问决不会使诚心求她的人失望，功夫不负有心人。中华民族悠久文明史的中医药学一定蕴藏着精华，只要努力在挖掘上狠下工夫，广泛收集整理历代医籍，走访民间，请教老中医，就一定能够闯出一条路。三是我们的团队有强烈的爱国主义精神，有着对国家使命的高度责任感与担当，整个团队的奋斗与奉献，团结与协作，必将促进创新与发展。所以，我一直坚信我们的团队一定能够创造奇迹，挽救众多疟疾患者的生命。

**问：**您是第一位获得诺贝尔科学奖项的中国本土科学家、第一位获得诺贝尔生理学或医学奖的华人科学家、第一位获得最高科学技术奖的女科学家。至今以青蒿素类药物为基础的联合用药疗法（ACT）仍为WHO推荐的抗疟的最佳治疗方法，为人类健康和中医药科技创新作出了重要贡献。您最大的人生梦想是什么？

**答：**我最大的梦想就是用古老的中医药，促进人类健康，让全世界的人们都能分享到它的好处。我从毕业以后就分配在这个地方，一直从事药物研究工作，没动。自己一辈子想的，就是老老实实把科研做好，把课题做好，希望对青蒿素的研究更深入，开发出更多药物来，造福更多人，这也是我自己的兴趣所在。除此以外，没有心思想别的。我都这把年纪了，身体又不好，没想到要得什么奖。我做科研的目的也不是为了得奖。获得诺贝尔奖这是中国科技工作者为祖国捧回的一件礼物,更是具有5000年文明的中华民族为全人类奉献的一件礼物。对我个人来讲,党和国家培养了我一辈子,获得诺贝尔奖只是一个交代。国家需要我做什么,我就努力去做好,国家需要就是我努力的方向。只要身体还可以,我还得继续,继续为祖国医药事业再做一些事。能够在我们自己的国家工作,让我们的中医药学走向世界,为全人类造福,我想这才是中医药科技工作者真正应该感到荣幸的事情。

**问:** 您已89岁高龄,早已功成名就,您目前的生活是怎样的?计划如何安排晚年时光?

**答:** 我是搞研究的,只想简简单单地生活,老老实实地做事,近期的国际奖项只说明国际上对于中医药学更加重视了。这几年获奖,前来采访的人也多了起来,这让我有点不太习惯。有时候家里的电话一天到晚响个不停,我基本拒绝了绝大多数采访。其实我是个爱清静的人,现在上了岁数,更喜欢清静。由于年轻的时候经常做实验,那时的实验室条件也不好,那些有毒有害的化学物质,也没做足够的防护,落下病根,腿脚也都不太好,所以很少参加社会活动,也没有回宁波老家。现在荣誉多了,责任更大,我还有很多事要做。目前对青蒿素的研究远远没有结束,随着研究的深入和研究方法的升级,希望能诞生更多的新药,课题组需要做的工作依旧很多,现在年轻的组员都很能干。休息时间基本上在家看书和看论文,等外孙女放暑假了过来看我,我们一家人团聚一下。我的生活非常简单,工作就是我最大的乐趣。生活的乐趣来源于工作,工作有进展乐趣自然就来了。我一辈子都是在忙碌的实验中度过,现在也改不了了。但我毕竟老了,力不从心了,必须承认这一客观规律,我寄希望于年轻的一代,祝愿他们超越我们,为人类创造一个更加美好的明天!

**问:** 2015年,习近平总书记在致中国中医科学院成立60周年贺信中曾提到,要充分发挥中医药的独特优势,推进中医药现代化,推动中医药走向世界。您认为未来中医药应当如何发展?如何走向世界?

**答:** 中国医药学是一个伟大的宝库,可供挖掘的资源还非常多。青蒿素就是中国传统医药献给世界的一份礼物。近年来,中医药在世界上的影响力日益提升,受到越来越多国家、国际组织的认可和国际友人的喜爱,中医药宝库已是世界医药不可或缺的组成部分。党的十九大报告指出，实施"健康中国"战略，坚持中西医并重、传承发展中医药事业。在中国发展已经步入新时代的大背景下，中医药在国际上的地位也正不断提高，国际化之路将越走越稳。中医药研究不能单打独斗，要重视中医各学派的交流合作，要重视中医与西医的结合，要重视中医药学科与其他学科的合作攻关。中医药研究确实具有科学性、合理性以及很强的发展潜力。不仅要继承中医理论，也要在中西医结合和现代生命科学知识的融汇中，运用严谨的科学研究方法来创新中医药研究，要进行更多深入和细致的工作，才能为人类作出更大贡献。

**问：** 据了解，您将获得的400万瑞典克朗，约265万人民币的诺贝尔奖金几乎悉数捐赠于科研。其中的200万元分别捐给了北京大学医学部和中医科学院，成立了创新基金，用于奖励年轻科研人员。您是怎么想的？

**答：** 希望这对中国年轻一代科研人员起到激励作用。不仅在医药研究领域，在各科学领域都能结合中国传统瑰宝，产生更多的发现和创新，更好地为人类服务。刚才我说传承经典与现代多学科结合这个模式可以做出创新发现，但这仅是方法学层面的一种模式，也可以有不同的模式。我们还需要更加关注精神层面的模式，也就是科学研究的驱动力。人们常说，好奇心和兴趣是科学研究的驱动力。这话不错，这样的事例也比比皆是。全国"523"团队的研发工作显示了另一种驱动力，那就是对国家使命的高度责任感与担当。在这种爱国精神驱动下，就有了奋斗与奉献，就有了团结与协作，就有了创新与发展，才使得青蒿素联合疗法挽救了众多疟疾患者的生命。中国科技工作者肩负着振兴中华的时代使命，投身于科技创新发展义不容辞，这也就是我们科技工作者未来的责任与担当。习近平总书记曾说过："不忘本来才能开辟未来，善于继承才能更好创新。"龙是中华民族的图腾，是智慧和力量的代表，是发展与进步的标志，更是团结和统一的象征。我们是龙的传人，希望年轻一代继承发扬中华民族胸怀祖国、敢于担当、情系苍生、淡泊名利的龙精神！

（作者：辛闻）

中国网（2019年11月15日）

# 钟南山

## 大医精诚写大爱

我国呼吸疾病研究领域的领军人物，敢医敢言，勇于担当，提出的防控策略和防治措施挽救了无数生命，在非典型肺炎和新冠肺炎疫情防控中作出杰出贡献。

## 钟南山

　　钟南山，男，汉族，中共党员，1936年10月生，福建厦门人，广州医科大学附属第一医院国家呼吸系统疾病临床医学研究中心主任，中国工程院院士，第十一、十二届全国人大代表，第八、九、十届全国政协委员。他长期致力于重大呼吸道传染病及慢性呼吸系统疾病的研究、预防与治疗，成果丰硕，实绩突出。新冠肺炎疫情发生后，他敢医敢言，提出存在"人传人"现象，强调严格防控，领导撰写新冠肺炎诊疗方案，在疫情防控、重症救治、科研攻关等方面作出杰出贡献。荣获国家科学技术进步奖一等奖和"全国先进工作者""改革先锋"等称号。

# "共和国勋章"获得者钟南山——
## 大医精诚写大爱

"人的生命是第一宝贵的""为了人民的身体健康和安全，我们可以不惜一切代价"……9月1日晚，由中宣部、教育部、国家卫生健康委、中央广播电视总台联合主办的专题电视节目《开学第一课》现场，"共和国勋章"获得者钟南山为全国中小学生上了一堂生动的爱国主义教育课。

84岁高龄的钟南山现为广州医科大学附属第一医院国家呼吸系统疾病临床医学研究中心主任。从医从教一甲子，钟南山以其专业精神、勇敢担当和仁心大爱，诠释了医者的初心和使命，诚如他在全国抗击新冠肺炎疫情表彰大会上发言时所讲，"'健康所系，性命相托'，就是我们医务人员的初心；保障人民群众的身体健康和生命安全，是我们医者的使命。"

### 专业："科学只能实事求是"

2003年初，非典袭来之际，情况十分危急。

面对这样一种前所未有的疾病，钟南山以其专业学养和丰富经验，否定了"典型衣原体是非典型肺炎病因"的观点，从而为及时制定救治方案提供了决策依据。

敢于下这个判断，是因为钟南山"查看过每一个病人的口腔"。有朋友悄悄问他："你就不怕判断失误吗？有一点点不妥，都会影响你中国工程院院士的声誉。"钟南山则平静地说："科学只能实事求是，不能明哲保身，否则受害的将是患者。"

1936年10月，一名男婴出生在南京一所位于钟山之南的医院，父母为其取名"钟南山"。受从事医学工作的父母的熏陶和影响，长大后，钟南山也走上了学医之路。

20世纪70年代末，钟南山赴英国留学。他刻苦学习，在较短时间内取得多项重要科研成果，赢得了国外同行的尊重。学业结束时，面对学校和导师的盛情挽留，钟南山一一谢绝："是祖国送我来的，祖国需要我，我的事业在中国。"

抗击非典期间，钟南山和他的研究团队日夜攻关，终于在短时间内摸索出一套行之有效的救治办法，为降低病亡率、提高治愈率作出了突出贡献。

面对很多荣誉，钟南山总说自己不过就是一个看病的大夫。然而，就是这个不平凡的大夫，无论是面对非典还是新冠肺炎，始终坚持实事求是，每一次面对公众发声，总能以医者的专业和担当传递信心和安全感。

### 担当："我们不冲上去谁冲上去"

从17年前那一句"把最危重的病人转到我这来"，到17年后"抗击疫情，医生就是战士，我们不冲上去谁冲上去？"钟南山肩上始终扛着医者的担当。

2020年1月18日傍晚，一张钟南山坐高铁赴武汉的照片感动无数网友：临时上车的他被安顿在餐车里，一脸倦容，眉头紧锁，闭目养神，身前是一摞刚刚翻看过的文件……钟南山及时提醒公众"没有特殊的情况，不要去武汉"，自己却紧急奔赴第一线。

两天之后，1月20日，作为国家卫健委高级别专家组组长，钟南山告知公众新冠肺炎存在"人传人"现象。此后，他带领团队只争朝夕，一边进行临床救治，一边开展科研攻关。疫情防控期间，他和团队先后获得部级科研立项5项、省级科研16项、市级5项，牵头开展新冠肺炎应急临床试验项目41项，并在《新英格兰医学杂志》等国际知名学术期刊上发表SCI文章50余篇，牵头完成新冠肺炎相关疾病指南3项、相关论著2部。

钟南山不仅为国内的疫情防控立下汗马功劳，也为全球共同抗击疫情积极贡献力量。他先后参与了32场国际远程连线，与来自美国、法国、德国、意大利、印度、西班牙、新加坡、日本、韩国等13个国家的医学专家及158个驻华使团代表深入交流探讨，分享中国经验，开展国际合作。

钟南山是一名医生，又不只是医生。每一次面临相关突发公共卫生事件之际，他既有院士的担当，又有战士的勇猛，总是毫无畏惧地冲锋在一线。

## 仁心："始终站在治病救人的一线"

如今，钟南山仍坚持每周三上午"院士大查房"、每周四下午半天门诊。周围的工作人员介绍，钟南山在冬天会用手先把听诊器焐热，再给病人听诊，给病人看病时会扶着患者慢慢躺下，等检查完之后，再慢慢扶起来。无论病人多大年纪、何种病情，钟南山都一视同仁。他常说："从医几十年，我最大的幸福，是始终站在治病救人的一线。"

医者仁心，往往就从这样一些细节中流露。

面对新冠肺炎疫情，钟南山知道公众需要专业的指引。他不仅发挥自己在病理学、流行病学等领域的渊博学识，就连如何洗手、戴口罩等细节也要亲自示范、普及；当他看到疫情防控难度增加时，苦口婆心地劝诫人们一定要尊重医学、尊重知识、加强自我隔离。

从"以疾病治疗为中心"到"以促进人的健康为中心"，钟南山近年来一直致力于推动早诊早治，构筑疾病的"防火墙"。他提出既要"顶天"也要"立地"——"顶天"就是要抓住国际前沿理念、攻关国家急需的项目，"立地"就是要能解决老百姓的需求，研发出有效、安全、价廉、方便的器械和药物。

"这么大年纪了，不累吗？""治病救人，就不会觉得很累！"钟南山总是笑答，"父亲曾说过，人的一生在这个世界上能够留下点什么就不算白活。"这句话，他一直记得，也一直在践行。

日前，钟南山入选世卫组织新冠肺炎疫情应对评估专家组，将以专业精神和经验为专家组的工作提供帮助并作出积极贡献。在治病救人的第一线，钟南山始终奔跑并幸福着。

（本报记者　姜晓丹　贺林平）

《人民日报》（2020年9月9日6版）

# 敢医敢言，生命至上

## 记"共和国勋章"获得者钟南山

"什么是最大的人权？我们保住了这么多人的命，这是我们最大人权的表现。"新学期开学之际，中国呼吸疾病研究领域的领军人物钟南山通过电视动情地说。

这是全国中小学生特殊的"开学第一课"。2020年，一场突如其来的新冠肺炎疫情席卷全国，84岁的钟南山再次迎疫而上，以实际行动诠释了"人民至上、生命至上"的理念。在非典型肺炎和新冠肺炎疫情防控中，他敢医敢言，勇于担当，提出的防控策略和防治措施挽救了无数生命，作出了巨大贡献。

### 敢医敢言：科学只能实事求是，不能"明哲保身"

2020年1月19日，两张照片在网上广泛流传。一张照片里，钟南山神情疲惫地靠坐在一列高铁餐车的座位上；另一张照片，显示了两张1月18日从广州前往武汉的高铁车票。

两张照片引发网民的强烈反响，因为就在几天前，钟南山还向全国民众发出呼吁，希望普通人如果没有迫切需要，不要前往武汉，但他自己却毅然"逆行"。

1月18日，临危受命担任国家卫生健康委员会高级别专家组组长的钟南山登上从广州开往武汉的高铁，为的是查明在武汉报告的一种未知的"新型肺炎"。

在武汉实地调研后，国家卫生健康委员会高级别专家组确认，这种"新型肺炎"已经出现"人传人"现象。1月20日，钟南山在北京接受媒体采访时，果断向社会公布新冠肺炎存在"人传人"的情况，拉响了全国新冠肺炎疫情防控的警报。

此后，他多次出席新闻发布会，接受境内外媒体采访，为公众答疑解惑，为一线战疫注入信心。

"全国帮忙，武汉是能够过关的！武汉本来就是一个英雄的城市。"1月28日，在武汉抗击新冠肺炎疫情最为焦灼的时候，钟南山接受新华社专访时动情地说。

这并不是钟南山第一次"敢医敢言"。早在2003年非典疫情期间，他就在"衣原体是病因"几乎已经成为定论的背景下，以客观事实和临床经验为依据，提出并证实非典病因是一种新型冠状病毒。他还面对极大的外部压力，坦言当时北京的疫情传播没有得到有效防控，为当时疫情防控工作走上正轨起到了关键性作用。

"科学只能实事求是，不能明哲保身，否则受害的将是患者。书本上没有的，只能在实践中摸索。"钟南山曾在接受采访时这样说。

2020年8月11日，国家主席习近平签署主席令，授予84岁的钟南山"共和国勋章"，以表彰他在抗击新冠肺炎疫情进程中作出的杰出贡献。"共和国勋章"建议人选的公示称，在新冠肺炎疫情发生后，钟南山敢医敢言，提出存在"人传人"现象，强调严格防控，领导撰写新冠肺炎诊疗方案，在疫情防控、重症救治、科研攻关等方面作出杰出贡献。

### "人民至上、生命至上"

钟南山出生于医生之家。父亲钟世藩毕业于北京协和医学院，是著名的儿科专家；母亲廖月琴，同样毕业于北京协和医学院。

"我读小学时身体比较弱，听说通过锻炼可以使身体更强壮，所以就喜欢上了踢球、跑步。"1955年，在广东省的一次田径运动会上，读高三的钟南山在400米项目上打破当时的全省纪录，并在之后的全国比赛中获得第三名。

也是在这一年，钟南山在报考大学时决定学医。"跟爸爸讨论了半天，他说学医的话，不单是自己身体要好，而且要帮别人身体也健康，我于是决定读医学。"

1955年，钟南山考入北京医学院，走上从医道路。"我非常佩服运动员的拼搏精神，其实我们搞医疗也一样，不到最后，不能放弃。"钟南山说。

从此，"不到最后不放弃"，厚植于钟南山医生心中。

在抗击非典中，钟南山"把最危重的病人送到我这里来"那句话，落地有声、铿锵有力；在抗击新冠疫情中，他再次作出"绝不放弃任何一个患者"的庄严承诺。

8月27日，一位使用体外膜肺氧合（ECMO）辅助支持长达111天的新冠肺炎患者从广州医科大学附属第一医院康复出院，创造了新的救治奇迹。

"做体外膜肺氧合有风险，很容易引起出血，也很容易引起凝血，还可能引起感染，这三个'关'是很困难的。"钟南山介绍说，"在救治过程中，只要有一线希望，我们可以不惜一切代价。即便看起来必死无疑的患者，我们还是要像绣花一样抢救回来。"

### 传染病无国界，相互支持少走弯路

"传染病是没有国界的。只要有一个国家不作干预，全球新冠疫情就不会消失。"钟南山说。

在一线指导救治的同时，钟南山始终坚守在国际医学研究一线，第一时间分享中国的抗疫做法经验。截至6月，他与10余个国家和地区医学同行进行了30多场连线……

"通过交流，可让其他国家少走弯路。"钟南山说，"因为我们走过了艰难的路，所以要相互支持。"

他表示："从抗击非典到抗击新冠肺炎，我国科研攻关能力在战疫中历经锤炼。如果说抗击非典时我们更偏重救治患者,此次战疫中我们把科研攻关提高到与临床救治同样重要的位置。这次,不单将论文写在祖国大地上,也写在了地球大地上。"

2020年1月21日,科技部组织召开"新型冠状病毒联防联控工作机制科研攻关组第一次会议"。会议宣布成立以钟南山院士为组长、14位专家组成的新型冠状病毒感染的肺炎疫情联防联控工作机制科研攻关专家组。

2月13日,钟南山团队宣布从新冠肺炎患者的粪便样本中分离出新冠病毒;2月14日,在钟南山指导下,呼吸疾病国家重点实验室联合中科院广州生物医药与健康研究院等研发出新冠病毒IgM抗体快速检测试剂盒;2月28日,钟南山与全国30多位作者共同完成"中国2019年新型冠状病毒感染的临床特征"研究,并在国际医学期刊《新英格兰医学杂志》发表。该研究收集了来自全国552家医院的1099例确诊患者的临床信息,提出严格、及时地采取流行病学措施,对遏制疫情迅速蔓延至关重要。

如今,钟南山带领的广州医科大学呼吸疾病国家重点实验室科研团队已经在快速检测、老药新用、疫苗研发、院感防控、动物模型等方面取得了一系列成果,在疫情防控中发挥了重要作用。

9月4日,外交部发言人华春莹在回应钟南山入选世卫组织专家组时表示,钟南山院士是中国传染病防控领域的权威专家,享有很高声望,相信钟南山院士的专业精神和经验将为世卫组织新冠肺炎疫情应对评估专家组的工作提供帮助并作出积极贡献。

(作者:徐金鹏　肖思思　王攀　徐弘毅)

(据新华社广州2020年9月8日电)

# 钟南山成长记

84岁逆行抗"疫"一线,给全国人民吃下"定心丸"——这就是中国工程院院士、呼吸病学专家钟南山。由接力出版社和党建读物出版社联合出版的《钟南山:生命的卫士》电子书在全网发布,供读者免费阅读,向青少年讲述钟南山的成长经历和战斗在抗击病毒一线的故事。

## 从鲁莽少年到运动健将

新闻里的钟南山,总是精神矍铄、目光坚毅,如山一般稳健。但《钟南山:生命的卫士》一开篇,却讲述了一个鲁莽少年因为爱冒险、与死神擦肩而过的故事。

11岁的钟南山,趁父母不在家,拿着家里最大的一把布伞,从三楼的窗子跳了下去。"他太想像空中的鸟儿一样飞翔了。"这就是少年钟南山,像很多男孩子一样调皮、贪玩,也有着惊人的勇气。

少年渐渐长大,天赋的才能在他身上绽放。1955年,高三学生钟南山参加了广东省田径比赛,获得了400米比赛的亚军,并打破了广东省纪录。随后,他又代表广东省参加全国田径运动会,获得了第三名的骄人成绩。这时,中央体育学院来信,希望他能到国家队去训练。面对抉择,父亲钟世藩建议儿子还是放弃当专业运动员,选择学业。听从了父亲的建议考入北京医学院的钟南山,依然是运动场上耀眼的明星。1956年,他作为北京高校"三好学生"代表受到周恩来总理接见。

运动还为钟南山牵起了红线。在备战全运会期间,他与中国女篮的主力队员李少芬相恋，从此携手一生。

如今，84岁的钟南山仍然坚持运动，一身肌肉令年轻人都自愧不如。钟南山说："运动能培养人的三种精神：第一是竞争精神；第二是团队精神；第三是如何在单位时间里高效地完成任务。就像跑400米栏，练了一年，成绩才提高三秒，每一秒都那么宝贵。把体育的这种竞技精神拿到工作、学习上，是极为宝贵的。"

## 35岁受一句话刺激而奋起

出身医学世家，又是北京医学院最优秀的学生，钟南山的医学之路本该是一片坦途。但在那个特殊年代，钟南山当过校报编辑、下放农村锻炼、烧过锅炉……毕业后整整十一年，他都没有从事医疗工作。

直到1971年，钟南山终于从北京调回广州，成为广州第四人民医院的一名医生，也回到了父亲身边。一天，钟世藩忽然问钟南山："南山，你今年几岁了？"钟南山不假思索地答道："三十五岁。""三十五岁了，真可怕……"父亲的这句话深深刺激了钟南山。四十多年后，钟南山回忆，一生中对自己影响最大的一句话，就是父亲当年说的这句话，这句话重新唤醒了他对医学事业的强烈追求。

一切得从零开始。从那以后，钟南山虚心向同事学习，专业能力突飞猛进。他还接下了别人不愿接受的研究慢性支气管炎的任务，没想到竟成为奋斗一生的事业。

43岁那年，钟南山入选公费出国人员名单，获得了赴英国爱丁堡大学深造的机会。面对导师的轻视，他以一场精彩的公开演讲完美亮相；为了做研究，他从自己身上抽血检测仪器、把自己当做小白鼠做一氧化碳吸入实验……对于心爱的医学事业，他奉献了全部身心。

学成归国后，父亲郑重其事地对他说："你终于用行动让外国人明白了，中国人不是一无是处。"那时，钟南山已经45岁了，这是他自记事起，第一次获得父亲的表扬。

钟南山后来的故事广为传颂。当两次疫情肆虐国家，给民众带来危难之时，钟南山逆行而上，用精湛的医术挽救了无数危重患者。

在《钟南山：生命的卫士》一书中，作者李秋沅总结道："他的天赋与意志力，赐予他生命发展的多种可能，但他最终专注于医学，执着探索，并将自己的才干，发挥至极致。"

## 从父母身上学到博爱和敬业

《钟南山：生命的卫士》是一本面向青少年读者的书籍。因此，对于钟南山青少年时期的成长故事，李秋沅用足了笔墨。她还将写作的重点之一，放在了钟南山的家风上。

"钟南山父亲的教育背景，在公开资料中相对完整，而母亲的相对较少。"写作期间，李秋沅得知他的母亲是毓德女中毕业之后，非常欣喜。"20世纪二三十年代毓德女中所教育出来的女子，都拥有大气魄、多才多艺。钟南山之母精通英文，运动、口才、音乐等各方面的才能都很拔尖。有这样的母亲，培养出钟南山，也就不足为奇了。"

父亲钟世藩在北京协和医学院获得博士学位，母亲廖月琴毕业于北京协和医学院护理学专业，他们给孩子创造了开明、讲理、充满爱的家庭环境。父亲严谨勤奋，对工作尽职尽责，回到家还带着钟南山一起做实验；母亲温柔善良，在家里并不宽裕的情况下，依旧资助钟南山的同学上大学。父母都是医德高尚、医术精湛的医生，从他们身上，钟南山学到了医者的博爱与敬业。

在钟南山的成长中，有几个故事特别打动李秋沅，其中一个，关乎"诚实"。小学时，钟南山曾将父母给他的伙食费偷藏起来买零食吃，还撒谎瞒着父母。事情败露后，一向严厉的父亲，只对他说了一句话："南山，你自己想一想，像这样的事应该怎么办。"钟南山一宿无眠，谎言被揭穿后的羞耻深深印在他的心里。从那以后，他一直告诫自己，要讲实话，做老实人。

另一个故事，关乎"承诺"。钟南山11岁时，妈妈许诺，如果他能考上岭南大学附属中学，就奖励他一辆自行车。要知道，这对于当时的钟南山很不容易，但后来钟南山真的实现了这一目标，然而家里生活突然困难起来。不过，母亲还是说到做到。这件事对钟南山的触动很大，他记住了，只要是答应过的事，就一定要做到。

### 后记　疫情突然暴发紧急加写最后一章

《钟南山：生命的卫士》是"中华先锋人物故事汇"系列第二辑中的一本，原计划2020年5月纸质书先上市，再推出电子版。就在编校工作有条不紊地推进之时，新冠肺炎疫情开始肆虐中华大地。钟南山再次临危受命，登上了开往武汉的列车。他在拥挤的餐车一隅，蹙眉阖目休息的照片，令多少民众揪心感怀。而他对疫情的每一次权威解读，又让全国人民打消疑虑、坚定信心。

《人民日报》官微评价他："八十四岁的钟南山，有院士的专业，有战士的勇猛，更有国士的担当。"而这样的故事，必须被记录、被书写。很快，李秋沅便根据最新资料，补充了书稿内容。该书的编辑、审校等加班加点，加速运作，让电子版提前上线，供读者免费公益阅读。

在紧急加写的最后一章，李秋沅写道："钟南山曾说过这么一段话：'始终不安于现状，这好像是我生命的主轴……假如每个人都能这样，这个社会就会进步很快，国家也会进步很快'——钟南山执着向前，用行动诠释着对国家之爱，对人民之爱，对生命之爱。"

她希望小读者们能在钟南山的故事中感受到医者的风骨，汲取到战胜疫情的力量。"从钟南山院士身上，我们看到人之为人的高贵，看到了'担当''诚信''实事求是''百折不挠'的精神光芒。他是当之无愧的中国脊梁、中国国士，更是中国当代青年的榜样。"

（记者　李俐）

《北京晚报》（2020年2月26日）

## 现实版"一门三进士"！
## 钟南山不惜生命做逆行者，
## 原来是传承了这样的好家风！

要问这个春节出现在热搜上最多的人是谁？应该非钟南山莫属。

在新型冠状病毒感染肺炎暴发初期，他一边告诉公众"尽量不要去武汉"，一边自己登上去武汉的高铁，挂帅出征；

他还曾多次前往北京，参加新型冠状病毒感染肺炎疫情防控工作座谈会，并第一个站出来直言疫情存在人传人，提醒大家一定要注意防范；

在他的主场——广州医科大学附属第一医院，他每天到医院后要做的第一件事就是听取专家组汇报省内重症患者的病情，并逐一打电话询问治疗情况，给予临床指导意见……

无论在广州、武汉，还是在北京，84岁的钟南山一直为疫情奔走着。即使上了飞机，他也不肯休息，坚持工作，研究危重病人的治疗方案，并认真地做记录。

最令人感动的是，他在采访中几度哽咽，眼含泪光说，"全国帮忙，武汉是能够过关的"。简短的话语，成为老百姓心中的"定海神针"。

是什么样的信念，让这位年逾八旬的逆行者有自信和勇气帮助武汉"过关"？又是怎样的力量支撑着他毅然挑起千钧重担？

### 与妻子因体育结缘

钟南山为疫情不停奔波的辛苦，妻子李姨看在眼里，疼在心里："你们能不能让他多睡一会？"

但陪伴了钟南山半个多世纪的她更深知，这个男人绝不会轻易下火线，"劝是劝不住的，因为他太在乎自己的病人了。"

李姨是周围人对钟南山妻子的称呼，却很少有人知道她的名字叫李少芬，更鲜有人知道她曾是篮球国手。

1952年，16岁的李少芬通过选拔成为中国女篮首批队员之一。一年后，她随队参加在罗马尼亚举行的世界青年友谊运动会，那是她第一次参加国际大赛。可惜的是，女篮打得很糟糕。回到国内后，周恩来总理提出让女篮姑娘们到苏联去学习球技。

在那之后的五年时间里，女篮每年都要在苏联训练至少四五个月。除了训练，她们还到东欧各个地方打比赛，以赛代练。

其间，谢晋导演拍摄了以女篮为原型的影片《女篮五号》，李少芬还曾在影片中客串过欢送"球员"的群众。

渐渐地，李少芬的球技得到了提高，并成为国家队的核心球员。因技术十分全面，场上的五个位置，她均可胜任。此外，她的中距离投篮十分精准，而且还是用单手跳投。

留苏归来后，李少芬和队友们先后获得了1963年第一届新兴力量运动会和1964年四国女篮赛的冠军。

打出了成绩的李少芬，自然成为其他国家球探相中的目标。一家由法国军火商掌控的篮球俱乐部找到了她，"法国人当时给我开出了很高的薪水，还许诺带我们一边打比赛一边周游世界。"但她拒绝了对方的邀请，一来是不想让国家好不容易培养的体育人才流失，二来是她在当时已和钟南山确定了恋爱关系。

钟、李两家原是世交，两家家长是医院的同事。但让两个年轻人真正走到一起的是体育。

1955年，钟南山考入北京医学院（现北京大学医学部）医疗系，且成为一名田径队运动员。后来因为要参加全运会，为了加强训练，他申请到训练条件较好的国家队训练，这才有机会和同在北京训练的李少芬熟络起来。

自然而然，体育成为他们的共同话题，训练场也成了他们的约会地点。

1963年底，李少芬与钟南山在北京结婚。两人的婚礼简单而朴素，没有婚纱和礼服，连婚房也是体委安排的一间不足10平方米的小屋，里面除了一张床和简单的家居用品，再无下脚的地方，但李少芬对此毫无怨言，与钟南山过着幸福的日子。

1966年，李少芬从国家队退役。本可以留京做教练的她，因考虑到公婆无人照料，主动提出回到广东队继续打球。

直到1973年，38岁的李少芬正式告别运动员生涯，此后又担任广东女篮教练、中国篮协副主席等职务。1999年，她被选为新中国篮球运动员50杰之一。

如今，钟南山和李少芬的子女也继承了他们的衣钵。儿子钟惟德做了一名医生，是广州市第一人民医院泌尿科主任医师，国家级百千万人才，同时也是医院篮球队的主力；女儿钟惟月则继承了优秀的运动基因，成为一名游泳运动员，获得过世界短池游泳锦标赛100米蝶泳冠军，还曾在1994年打破短池蝶泳世界纪录。

这样一家子，唯有用"强悍"来形容了……

### "在我的生活中，对我影响最大的是我的父亲"

名满天下的钟南山为人却十分谦虚，常常说："我不过就是一个大夫。"而这正源于他从父亲那里继承的医术仁心。

钟南山的父亲钟世藩，是我国著名儿科专家，曾被世界卫生组织聘为医学顾问。

当年，21岁的钟世藩考入中国医学界最高学府——北京协和医学院。经过8年的专业深造，他在博士毕业后留校当了一名儿科医生（同期入学的40人只有8人顺利毕业）。

1946年，已在医学界颇有名气的钟世藩被任命为广州中央医院（现广东省人民医院）院长，同时兼任儿科主任。

3年后，正值新中国成立前夕，蒋介石政府败逃台湾，想带着钟世藩等众多医学专家一起撤离。面对国民政府的威逼利诱，这位一身正气的医生不为所动，冒着生命危险拒绝前往台湾，选择留在大陆。

20世纪50年代，钟世藩首创儿科病毒实验室，这也是我国当时规格最高的临床病毒实验室。此前，他都是自费买小白鼠在自家顶楼做实验，儿子钟南山的医学启蒙就是从那里开始的。

除了做病毒研究，钟世藩还坚持在每周二一早做主任查房。在查房过程中，他会不时地向年轻医生们提问。为了应对他的提问，医生们会在查房前一天晚上开夜车跑图书馆查资料，还要找时间亲自动手为患儿做化验检查。

其实，钟世藩的目的不是为了考倒医生，而是希望年轻人能够重视基本技能，不仅要动口，还要动手。他还要求，医生的病例记录要字迹端正，清楚易懂，汇报病情时必须脱稿，倒背如流。时至今日，这个查房传统仍在延续着。

钟世藩踏实勤恳的科研及工作作风、对待病人的亲切态度，让儿子钟南山耳濡目染。

在钟南山的记忆中，父亲永远是孜孜不倦，勤学好问的人。钟世藩晚年时，因长期超负荷的工作导致视力急剧下降，看东西非常费力。可他心系我国儿科诊断水平，即便是在眼疾非常严重的情况下，老人家坚持用一只手捂着一只眼睛，另一只手查阅大量国内外儿科资料，并结合自己几十年的临床经验，历时四年写出了《儿科疾病鉴别诊断》。因考虑到许多基层医生文化程度偏低，他在书中用的都是通俗易懂的文字。

钟南山很心疼父亲，劝父亲说："你年纪这么大了，写得这么辛苦，就不要写了吧！"父亲一口回绝："不要写让我干什么？让我等死吗？"

该书出版后，反响空前，一连加印了6版，被广泛刊发给全国基层医院。后来，钟世藩得到1500元稿费，却丝毫不留，拿出700元给了帮自己抄书的一位医生，剩下的800元则用来帮助他人。

1987年，钟世藩临终前还在和钟南山讨论病毒相关的专业话题，并嘱咐他，自己死后千万不要开追悼会，节约大家的时间做更有意义的事情。

可以说，父亲的言行为钟南山树立了一生的榜样："在我的生活中，对我影响最大的是我的父亲钟世藩。"

## 一家走出八位医学专家

与父亲钟世藩相比，母亲廖月琴及其家族的故事更具传奇色彩。

廖月琴是国内护理学专家，也毕业于协和医学院，曾被当时的卫生署派到美国波士顿学习高级护理。新中国成立后，她担任过现中山医科大学肿瘤医院副院长，是广东省肿瘤医院创始人之一。

廖月琴刚当副院长的那段期间，钟南山常看见她去上夜校，读的书也都是关于解剖、肿瘤的。钟南山问母亲学这些干嘛，当时已经50岁的廖月琴说，自己既然当了肿瘤医院的领导，总不能连肿瘤是什么都不知道。

令人惋惜的是，廖月琴在"文革"期间不幸去世，离世时才56岁。

而从廖家走出来的医学专家，不只廖月琴一位。

钟南山的大姨妈廖素琴是上海第一医院营养室主任，她的丈夫戴天佑是著名的肺科专家。他们的儿子，也就是钟南山的表哥戴尅戎，是骨科生物力学专家，也是中国工程院院士。

钟南山的舅舅廖永廉是原上海圣约翰大学医学博士，回鼓浪屿后成为厦门第二医院内科主任，曾在1957年发现福建省第一例钩端螺旋体病。他的妻子陈锦彩也是学习护理出身，参加过"八·一三淞沪会战"战地救护工作。待人热情的陈锦彩，一生热心于鼓浪屿大大小小的公共事务和邻里红白事，大家都亲切地称她"廖医生娘"。

也许是命中注定，廖氏家族中单是廖月琴这一系就有8位医生，而且个个都在医学界颇有建树，这才是实至名归的"医学世家"！

最近几年，人们经常讨论何为名门。真正的名门，不是家财万贯挥金如土，而是代际沿袭的精神财富，担当国民栋梁的格局和能力。

钟南山的家人们，正是从自己的家庭中汲取到无穷的力量与勇气，并反哺于他们深爱的小家和大家。

父亲曾对钟南山说："一个人，要在世界上留下点东西，那他在世界上就不算白活了。"如今，钟南山对自己的后代说："钟家优良传统有两个，第一就是要永远有执着的追求；第二办事要严谨，要实在。"

他们对后代的寄语，让我们了解到了一个人的成功与其良好的家风密不可分。

钟南山继承了父辈良好的家风，传承了下去，并以身作则，潜移默化地影响着子女在自己的岗位上为祖国和人民奉献力量。

2020年的春节有些不一样，正是因为有这些舍小家为大家的人们，保护着中华民族这个大家，我们才能安稳度日。谢谢你们！

（作者：二水）

环球人物网（2020年2月11日）